자본주의 국가

마르크스주의의 관점

국립중앙도서관 출판예정도서목록(CIP)

자본주의 국가 : 마르크스주의의 관점 / 지은이: 최일봉, 크
리스 하먼, 알렉스 캘리니코스, 폴 블랙레지, 콜린 바커, 팀
포터 ; 엮은이: 최일봉. — 서울 : 책갈피, 2015
    p. ;   cm

참고문헌 수록
ISBN 978-89-7966-116-3 03300 : ₩14000

자본 주의 국가[資本主義國家]
마르크스 주의적 국가관[--主義的國家觀]
사회 주의[社會主義]

340.245-KDC6
335.4-DDC23   CIP2015032331

자본주의 국가

마르크스주의의 관점

최일붕 편저, 크리스 하먼, 알렉스 캘리니코스 외 저

책갈피

자본주의 국가
마르크스주의의 관점

지은이 ㅣ 최일붕(편저자), 크리스 하먼, 알렉스 캘리니코스, 폴 블랙레지, 콜린 바커 등
펴낸곳 ㅣ 도서출판 책갈피
등록 ㅣ 1992년 2월 14일(제2014-000019호)
주소 ㅣ 서울 성동구 무학봉15길 12 2층
전화 ㅣ 02) 2265-6354
팩스 ㅣ 02) 2265-6395
이메일 ㅣ bookmarx@naver.com
홈페이지 ㅣ http://chaekgalpi.com

첫 번째 찍은 날 2015년 12월 7일

값 14,000원

ISBN 978-89-7966-116-3
잘못된 책은 바꿔 드립니다.

차례

엮은이 머리말

자본주의 국가는 자본가계급의 다양한 정치조직 중 단연 가장 강력하고 효과적인 기구로, 사회를 변혁하려는 사람들이 반드시 직면할 가장 크고 중요한 문제다. 자본주의 국가의 성격을 둘러싸고 좌파들 사이에 오랜 논쟁이 있었다. 120년 전 독일 사회민주당 안에서 '수정주의자' 에두아르트 베른슈타인과 '급진파' 로자 룩셈부르크가 '개혁이냐 혁명이냐' 하는 논쟁을 벌인 이래 자본주의 국가가 사회 개혁이나 변혁의 수단이 될 수 있는지 논쟁돼 왔다.

오늘날에는 개혁이냐 혁명이냐 하는 구분이 무의미하다는 견해가 좌파들 사이에서 흔하다. 그러나 개혁주의와 혁명적 사회주의의 이분법을 넘어섰다던 그리스 '급진좌파 정당' 시리자가 집권하자마자 봉착한 난관과 잇단 후퇴는 고전적 사회민주주의 정당들이 집권기에 보인 혼란과 동요, 배신의 모습과 별로 다르지 않았다. 가혹한 긴축정책을 중단하라는 노동계급과 서민의 염원과 투쟁 속에 집권한 시리자가 대중적 긴축

거부 의사를 완전히 거슬러 긴축정책의 집행자가 되기까지 겨우 6개월 밖에 걸리지 않았다.

세계적으로 많은 좌파들의 기대를 모았던 시리자가 실패한 지금, 들 뜬 기대는 가라앉았지만, 시리자의 실패를 낳은 이론적·정치적 뿌리가 무엇인지 규명하며 교훈을 이끌어 내려는 좌파의 글은 찾아보기가 힘 들다.

시리자의 실패를 단지 그 지도자들 다수의 문제로만 여기는 시각이 있지만, 문제의 근원은 그보다 훨씬 깊다. 시리자의 집권으로 좌파가 자 본주의 국가기구를 장악해 사회 개혁/변혁의 수단으로 사용할 수 있다 는 전략이 시험대에 올랐고, 시리자의 심각한 후퇴는 이런 좌파적 개혁 주의 전략이 실패했음을 뜻한다. 이 점을 이해하는 것이 중요하다. 시리 자에 대한 환상은 다소 수그러들었지만, 많은 좌파들이 여전히 좌파적 개혁주의의 전략에 담긴 약점을 직시하지 않고 있기 때문이다.

이 책은 자본주의 국가에 대한 좌파 이론가들의 견해를 비판적으로 살펴보며 자본주의 국가의 작동 방식을 규명하고 효과적인 근본적 사 회변혁 전략을 제안하는 마르크스주의자들의 글을 묶은 것이다.

1부에는 자본주의 사회 국가와 자본의 관계를 역사적·변증법적으로 분석하며 자본주의 국가의 작동 방식과 그 형태를 심층 분석하는 글 세 편을 실었다.

크리스 하먼은 "오늘날 국가와 자본주의"에서, 마르크스주의자들 사 이에서 흔한 국가관(국가를 단순한 상부구조로 이해하거나 자본과 동 일시하는 견해)을 비판하며 자본주의 국가가 역사적 발전 과정에서 자 본과 상호작용하는 구체적 방식을 분석한다. 하먼은 신자유주의와 세계화로 자본이 매우 자유롭게 이동하고 강대국 간 제국주의적 갈등이 사라졌다는 흔한 주장을 비판적으로 검토하며 오늘날 자본주의에서 국가의 구실과 국가와 자본이 맺는 복합적 관계를 논한다.

'토대와 상부구조'는 사회를 건물에 빗댄 마르크스의 은유로서 이론적 시사점이 매우 많지만, 오늘날 좌파의 대부분은 이 시사점들과 은유 자체를 받아들이지 않고 있다. 크리스 하먼은 "토대와 상부구조"에서 역사유물론의 여러 쟁점을 논하면서 이 논의에 담긴 함의를 짚는다.

(크리스 하먼의 두 글은 1994~1995년 각각 《오늘의 세계경제: 위기와 전망》과 《현대 프랑스 철학의 성격 논쟁》의 일부로 번역·출판된 적이 있지만, 이 책에서는 완전히 새로 번역했다. 그 덕분에 이 중요한 두 글을 이해하기가 훨씬 쉬워졌다.)

알렉스 캘리니코스는 "자본주의 국가의 다양한 형태"에서 부르주아 민주주의, 파시즘, 국가자본주의 등 자본주의 국가의 다양한 형태와 그 특성을 설명한다.

2부에는 좌파적 개혁주의와 혁명적 사회주의 사이의 전략 논쟁을 다루는 논문을 실었다.

최근 그리스 시리자의 집권, 급진좌파인 제러미 코빈의 영국 노동당 당 대표 선거 압승, 스페인 포데모스의 급성장 등 세계적으로 좌파적 개혁주의가 부상했다. 실로 40년 만이다. 폴 블랙레지는 "좌파적 개혁주의, 국가, 그리고 오늘날 사회주의 정치의 문제"에서 좌파적 개혁주의 운동의 재부상을 환영하면서도 좌파적 개혁주의의 약점과 한계를 상세히 짚는다.

'좌파 정부' 문제를 둘러싼 혼란은 어제오늘의 일이 아니다. 1970년대

중후반 이탈리아와 프랑스에서도 좌파 정부 수립을 놓고 논쟁이 있었다. 크리스 하먼과 팀 포터가 1977년에 쓴 "노동자 정당이 집권하면 노동자 정부인가?"는 좌파 정부 집권을 통해 사회주의로 나아간다는 전략의 난점을 비판하며 혁명가들이 추구해야 할 전략과 전술을 제시한다.

오늘날 좌파적 개혁주의 운동에 영감을 주고 있는 이론 하나는 니코스 폴란차스의 중간주의적 이론이다. 콜린 바커가 쓴 "니코스 폴란차스의 정치 이론 비판"은 사회 변화에서 계급투쟁이 하는 핵심적 구실을 기각하는 폴란차스의 이론이 어떻게 개혁주의로 귀결될 수 있는지 분석한다. 바커는 의회 민주주의를 이용해 사회주의로 나아가는 '민주적 길'을 열 수 있다는 폴란차스의 주장을 상세히 논박한다.

자본주의 위기가 지속되면서 세계적으로 지배계급의 공세가 강화되는 상황에서 노동계급 운동은 자본주의 국가기구를 이용해 변혁을 성취하려는 좌파적 개혁주의 전략에 담긴 이론적·정치적 문제를 숙고해야 한다. 이것은 당면한 투쟁과 미래의 새로운 사회 건설 모두에 핵심적으로 중요하다.

이 책에 실린 글들을 나와 함께 번역한 이수현·김종환 등에게 고마움을 나타내고자 한다. 번역상의 실수를 줄이고 용어를 통일하기 위해 최대한 노력했다.

자본주의 사회에서 국가란 무엇인가?

박근혜 정부 하에서 국가기관들의 대선 개입 실태가 드러나고, 통합
진보당 마녀사냥이 자행되고, 노동자 파업과 민주노총 집회(민중총궐기)
에 정부가 초강경책으로 대응하는 것을 보면서 당연히 많은 사람들이
국가기관들의 부패성과 억압성, 비민주성에 혀를 내두르고 있다. 인상에
불과하지만, 어떤 사람들은 정부가 유신체제로 회귀했다고 탄식하고 심
지어 파시즘으로 바뀌었다고 보는 사람들도 있다. 이런 상황은 자본주
의 국가의 성격과 형태에 관한 마르크스주의의 견해를 살펴볼 계기를
제공한다.

마르크스주의에서 '국가'에 관해 말할 때는 '나라country'라는 통상적

___

이 글은 최일붕이 쓴 "자본주의 사회에서 국가란 무엇인가?", 〈레프트21〉 118호(2013년 12월
21일)를 조금 수정한 것이다.

의미보다는 통치자들을 통틀어 가리키는 의미로 쓰인다. 곧, 대통령, 총리, 장관, 지방자치단체장들을 포함한 행정기관장, 국회의원, 고위 판검사, 경찰 간부, 교도소장, 군 장성, 공기업 사장, 공공서비스(공공 의료·교육·교통) 기관장 등을 통칭하는 용어다. 그러므로 KBS 사장이나 MBC 사장, 한국은행 총재, 민영화됐어도 여전히 정부가 임명하는 KT 사장이나 포스코 사장, 서울대학교 총장 등 국립대학교 총장, 서울대병원장 등 국립대병원장 등도 포함된다. 그리고 지방의회 의원도 국가의 일부다.

이 사람들은 조직돼 있다. 그 조직들을 국가기관 또는 국가기구라고 한다. 이 조직은 철저하게 비민주적·권위주의적·비밀적·형식적인 데다 그 기관장 개개인은 몰개성적이다. 그래서 국가는 해당 인물들을 통칭할 뿐 아니라 그들이 관리하는 기관들을 통칭하는 말로도 사용된다.

이 사람들 또는 이 기관들이 하는 활동의 원리와 방법과 규칙, 조직 구조를 다룬 게 바로 헌법이다(그러므로 심상정 정의당 의원에게는 죄송하지만 노동계급 운동이 헌법을 고스란히 지켜야 할 이유는 없다).

국가의 활동 방식이나 국가기관의 작동·운용 방식에 관한 갖가지 공식 설명들, 가령 국가 관료나 주류 언론이나 정치학·행정학·법학 교과서 등의 설명은 국가에 대한 이상화된 이미지일 뿐, 실제 현실과는 관계없다.

현실은 뭐고 하니, 국가는 경제적 지배계급인 자본가계급의 이해득실에 즉각 호의적으로 반응한다는 점이다. 국가는 자본가계급의 다양한 정치조직 중 가장 강력하고 가장 효과적인 정치조직이다.

국가와 자본의 상호의존

국가가 자본가계급의 이해득실에 즉각 호의적으로 반응하는 이유는 국가가 자본에 의존하기 때문이다. 중요한 경제 현상들, 가령 투자, 물가, 실업, 금리 등은 대기업들이 내린 결정의 결과다. 이런 대기업들에는 사업의 범위가 한국에 국한된 기업뿐 아니라 한국을 포함해 여러 나라에서 사업을 하는 다국적기업도 포함되고, 또 공기업이나 심지어 국립대학도 포함된다. 노동자들을 비롯한 보통 사람들의 바람은 사회에 별 영향을 못 미치는 반면 대자본가들의 결정은 큰 영향을 미친다. 이들이 생산적 자원을 지배하고 생산 체제를 지배하고 있어서 그들에게 권력이 있기 때문이다.

자본가들의 결정에 가장 주된 영향을 미치는 건 단지 그들의 즉각적 이익뿐 아니라 무엇보다 수익성인데, 이와 연관된 쟁점들이 경제신문과 일간신문의 경제면을 도배하고, 정부 각료들의 뇌리를 사로잡는다.

국가기관장들은 자본가들의 분명하고 노골적인 메시지뿐 아니라, 간접적으로 경제지표들을 통해서도 자본가들의 필요를 읽어 낸다. 그들은 경제성장이 둔화하고 실업이 증대하면, 자기들의 출세 전망이 흐려지고 자기들과 친한 정치인들의 선거 전망이 어두워지므로 재빨리 대응한다. 또, 공무원 봉급이 전부 세수입에서 나오고 세수입의 원천이 생산적 경제부문이므로, 국가 관리자들은 경제성장을 촉진시키려 애쓰고, 특히 자본의 이윤율이 떨어지지 않게 하는 데 도움을 준다.

국가가 자본에 의존하는 결정적 이유는 국제적 국가체계 속에서 해당 국가의 위상이 그 국가와 연계된 자본들의 크기와 상당한 관계가 있기 때문이다(《강대국의 흥망》 저자 폴 케네디에게는 죄송하지만, 정비례 관계는 아니다).

국가가 자본에 의존하듯이, 자본도 국가에 의존해 왔다. 국가는 기업 활동에 도움을 주고자 SOC(사회간접자본: 통신·수도·전력·가스·항만·도로·철도·공항 등)를 제공한다.

국가는 경제행위의 규칙들을 법률로 확정하고 집행한다.

국가는 금리와 환율에 영향을 미치는 정책 등을 통해 경제성장을 촉진하고, 산업의 국제경쟁력을 높이려 애쓴다. 그런 정책에는 노동계급을 통제하는 노동정책도 포함된다.

기본적으로 국가는 다른 국가나 노동계급으로부터 자본을 보호한다. 그래서 국가의 활동은 기본적으로 탄압이다. 국가는 법·질서의 이름으로 경찰·군대·법원·감옥 등을 통해 폭력 행사를 독점한다. 그 법·질서는 자본가들의 법이고 자본가들의 질서다. 결국 사법제도라는 것은 폭력 사용에 의존하는 것이다. '공권력'의 이름으로 말이다.

군대는 다른 나라 지배계급에게서 자국 지배계급을 지키는 일뿐 아니라 때때로 노동자 파업을 깨뜨리는 일에도 동원된다. 2010년 스페인에서 공항 관제사들이 파업했을 때 정부는 군대를 투입해 파업 투쟁을 진압했다. 2013년 박근혜 정부가 철도 파업을 분쇄하기 위해 대체인력으로 군인들을 투입한 것도 본질적으로 똑같은 짓이다. 물론 군대는 광주 민주화 항쟁 같은 긴급사태에 대비한 비상대책을 갖고 있다. 그런 사전대책을 점검하기 위해 기무사가 사찰 활동을 한다. 가령 2013년 9월 통합진보당 이상규 의원은 기무사가 국정원 및 검찰·경찰과 함께 태스크포스를 구성해 정당들을 사찰했다고 폭로했다.

국가는 적절한 노동력을 자본가계급에 공급하고자 보건정책·교육정

책·복지정책을 시행한다. 교육은 기업이 원하는 노동력과 관리자를 양성하는 데 도움을 주고자 하는 것이다. 여기에는 기술과 지식뿐 아니라 현실에 순응할 줄 알도록 하는 사상과 관념도 포함된다.

실업수당은 일자리를 잃은 노동자가 다시 노동시장으로 돌아올 때까지 그의 노동력을 재생산하기 위한 것이고, 연금은 노동자에게 노후 보장을 해 줘 그가 '능률적으로'(즉, 높은 착취율을 감수하며) 일하라는 취지로 제공되는 것이다. 그동안 수고했노라고 주는 보상 같은 게 아니다.

흔히들 정부와 재벌의 관계가 독재 정권 시절과 달라졌다고 하지만, 그 본질적 성격 ─ 이해관계를 같이한다는 ─ 은 달라지지 않았다. 어떤 정당이 집권하든 이는 마찬가지였고(김대중과 노무현 하에서 재벌 개혁이 완전히 실패한 것을 들 수 있다), 앞으로도 마찬가지일 것이다.

"권력이 시장으로 넘어갔다"는 노무현 전 대통령의 유명한 말은 FTA와 비정규직 양산, 노동법 개악 등 자신의 신자유주의 정책들을 정당화하려는 변명이었을 뿐이다. '[독재 정권 시절과 달리] 이제 자본이 국가보다 우위에 있다'는 일부 좌파들의 주장도 여전히 강력한 국가의 역할과 자본의 국가 의존도를 과소평가하는 것이다.

세계화 속에서 국가와 자본의 상호의존

지금까지 봤듯이 국가와 자본의 이해관계는 기본적으로 일치한다. 신자유주의 세계화로 국가의 권력이 약화됐다고 주장하는 사람들이나 국가의 '자율성'(이 말 앞에 '상대적'이라는 수식어를 붙이긴 하지만 큰 차이는 없다)을 강조하는 사람들은 국가와 자본의 이해관계의 차이를 강조한다. 물론 제한적인 경우에는 둘의 이해관계가 다를 수 있다. 나치가 티센의 기업을 몰수해 헤르만 괴링 공장을 세운 일, 아르헨티나의 제1차 페론 정부(1946~1955년)가 농업자본가들의 독점이윤을 몰수해 공업 분야 국영기업들 쪽으로 돌려쓴 일, 이집트의 나세르와 시리아의 바트당이 대자본을 몰수해 국유화한 일, 제2차세계대전 종전 후 동유럽 공산당들이 전면적 국유화를 단행한 일 등이 국가의 '자율성' 사례로 언급된다. 하지만 이 사례들을 언급한 크리스 하먼 자신이 강조하듯이 이런 경우는 그다지 흔하지 않거니와, 그나마 자본에게 가장 유리한 조건으로 자본주의적 착취와 축적이 이뤄지는 한에서만 일어날 수 있는 일이다.

개별 자본이 국가의 이익을 거슬러 행동하는 정도에도 한계가 있다. 물론 세계화는 국가와 자본의 상호작용에 영향을 미쳤다. 하지만 그 영향이라는 게 국가와 자본 사이를 단절케 해 자본이 자기 가고 싶은 곳으로 마음대로 가게 해 주는 것이었을까? 그렇지 않다. 금융자본은 세계를 하루에도 몇 바퀴씩 돌고도 남지만, 산업자본은 전혀 그렇지 못하다. 산업자본은 기동성이 비할 데 없이 훨씬 작다. 산업 기업은 사업 지역을 옮기려면 막대한 비용을 들여야 한다. 공장부지, 건물, 설비 장착, 노동자나 기술자의 기술 훈련 등에 드는 비용은 적은 액수가 아니다. 또한 원료나 완제품 운송 면에서 수익성에 큰 차이가 있다.

그리고 기업은 (다국적기업조차) 자기가 활동하는 곳의 국가의 도움을 받아야 한다. SOC 상태도 중요하고, 마케팅이나 금융 환경도 좋아야 한다. 무엇보다 노동계급을 비롯한 아래로부터의 도전을 그곳의 국가가 막아 줘야 하고, 경쟁 자본가들이 영향을 미치는 다른 국가가 사업을 방해하지 못하게도 막아 줘야 한다.

게다가 자기를 뒷받침해 주는 국가가 막강한 군사력을 보유하고 있어 그걸 이용해 다른 국가에 경제적 압박을 가할 수 있다면 그건 자본에게 황금 같은 사업 기회를 제공해 준다. 미국의 국가가 자신과 연계된 자본가계급을 위해 IMF(국제통화기금)나 WTO(세계무역기구) 등을 통해, 또는 이라크 전쟁 등을 통해 하는 일이 이런 사례다.

그러므로 자본은 국가의 규제를 피해 이 국가에서 저 국가로 그저 훨훨 자유롭게 날아다니고 싶기는커녕 오히려 국가를 절실하게 필요로 한다.

세계화와 신자유주의로 국가와 자본의 연계가 끊어진 게 아니다. 자본은 국가와의 연계를 끊는 게 아니라, 연계를 맺는 국가의 수를 늘리는 것이다. 자본은 전과 마찬가지로 국가에 의존하면서도 전과 달리 생산자본의 형태로도 국가 밖으로 진출해, 다른 국가와 연계된 다른 자본들과 연계를 맺고 있는 것이다.

그러므로 신자유주의 세계화에 따른 소위 규제 폐지라는 것은 대개 규제 개편이라고 불려야 맞다. 다시 말해, 국가의 자본축적 촉진 수단이 변모하게 됐다는 게 적절한 표현일 것이다.

'구조적' 상호의존

지금까지 봤듯이, 국가와 자본의 관계는 공생 관계다. 그런 공생 관계 속에서 존속해 오는 가운데 국가기관들에는 자본주의의 사회적 관계들이 구석구석 배어들었다. 이처럼 국가와 자본이 서로 상대방의 구조에 영향을 미치는 것을 두고 영국 마르크스주의자 크리스 하먼은 둘의 '구조적 상호의존'이라고 불렀다.

사기업처럼 국가도 엄격한 위계제로 운용된다. 아래에는 노동자들이 있는데, 이들은 임금을 받아야만 자신과 가족을 부양할 수 있다. 또, 노동과정에 대한 통제력도 없고, 아무런 인적 자원이나 무생물 자원을 지배하지 못한다.

국가기관의 상층에는 국가 관료 또는 중견 정치인이 자리 잡고 있어, 자산과 직원을 사용하고 배치한다. 이 관료 또는 정치관료(공직선거로 선출된 경우)는 사기업의 CEO가 민간 부문의 생산관계 속에서 하는 역할과 똑같은 역할을 국가기관 내에서 수행한다. 그리고 이들은 생산적 자원에 대한 지배 문제나 조직 관리의 권위 문제 등에서 민간 자본가들과 이해관계를 같이한다. 국가 관리자들도 사기업 경영자들처럼 생산성 증가에 지대한 관심을 갖고 피고용인들에게 되도록 적게 주고 되도록 많이 뽑아내려 한다. 이 같은 착취율 제고를 위해 1970년대 말 이후로 국가는 법인화·민영화·아웃소싱 따위를 밀어붙인다.

그러므로 국가를 경영하는 지배계급 부분은 민간 부문을 경영하는 나머지 지배계급 부분과 체제 유지에 이해관계가 같다.

자본으로서의 국가(국가 즉 자본)

생산수단의 국유화라는 사실만을 이유로 국가 부문의 생산을 모두 비생산적 노동이라고 규정한다면 오류일 것이다. 국가는 일종의 자본가일 수 있고, 그것도 생산적 자본가일 수 있다. 물론 이 경우 국가는 특별한 종류의 자본가로, 그 자본가적 성격은 국가라는 형태로 위장된다.

이를 두고 레닌과 부하린은 **국가독점자본주의** 또는 단순히 **국가자본주의**라고 불렀다. 토니 클리프가 창시자인 국제사회주의경향IST은 후자의 용어를 선호했다. 스탈린주의자들인 각국 공산당이 인민전선(계급을 초월한 국민적 연합)을 합리화하기 위해 내놓은 국가독점자본주의 이론과 혼동되는 것을 피하기 위해서였다.

국가자본주의는 단지 옛 소련 블록과 현 북한 같은 국가들에만 해당하는 현상이 아니다. 서방 세계에도 해당하는 현상이다. 서방 각국 경제의 적어도 3분의 1이 국영 산업들이기 때문이다. 이 부문은 체제 바깥에 있는 어떤 것이 아니라(데이비드 하비 같은 탁월한 마르크스주의자도 이렇게 오해한다), 체제의 구성 요소다.

게다가 전에 국영기업이었다가 민영화된 기업들도 사실상 국가의 통제를 받는다. 가령 포항제철과 한국통신은 민영화돼 각각 포스코와 KT로 이름을 바꿨지만, 여전히 정부가 사장을 임명하고 정부는 전과는 다른 방식으로 두 기업의 사업을 돕는다.

국가를 자본이 축적 순환 속에서 거쳐야 할 하나의 필수적 국면으로 이해할 수 있다는 점에서도 국가자본주의를 말할 수 있다. 금융 기업이나 상업 기업처럼 국가도 자본주의적 생산의 지속을 위해 필수적이다. 생산적 자본이 잉여가치를 창조하는 반면 상업자본은 유통과 판매를 통해 잉여가치의 실현에 관여한다. 이 기능 덕분에 상업자본가는 상업 이윤의 형태로 잉여가치의 일부를 자기 몫으로 떼어 받는다. 은행들은 주로 자본가계급 내에서 잉여가치를 재분배하고 자기 몫으로 이자를 떼어 받는다. 국가는 자본축적의 전반적 조건들을 마련하고 그 조건들을 보호하는 구실을 한다. 그 대가로 국가의 관리자들은 자본가계급이 노동계급에게서 추출한 잉여가치의 일부를 (봉급, 금융 자산, 부동산 자산, 뇌물 등의 형태로) 떼어 받는다.

이처럼 자본의 재생산을 확보하는 구실 때문에, 국가를 지배하는 지배계급 부분은 민간 부문을 지배하는 나머지 지배계급 부분과 긴밀하게 접촉한다. 더욱이 그들은 배경이 비슷하고, 학교, 교회, 대학, 동아리, 봉사 활동 등에서 만나 인맥을 형성한다. 민간 기업과 국가기관 사이에 인사 교류도 있다. 장관 하다가 기업 CEO나 컨설턴트로 가거나 그 반대 케이스도 있다. 이런 교류와 접촉 과정에서 민간과 국가, 양대 지배계급 부분은 자본주의적 지배계급으로서 기본적으로 공통의 세계관을 공유한다.

국가자본주의론은 중요하다. 이 이론이 함축하는 가장 중요한 실천적 결론은 제국주의와 군국주의, 또한 전쟁이 오늘날 자본주의의 필연적 결과라는 점이다. 특히, 주변 강대국들인 미국·일본과 중국 사이에 제국주의 간 갈등이 점점 악화돼 가고 있는 데다, 설상가상으로 북한이라는 스탈린주의 국가가 같은 민족 안에 포함돼 있는 남한에서 활동하는 마르크스주의자에게 국가자본주의론은 정말 중요하다.

민주주의

자본주의 하에서는 착취가 숨겨져 있으므로 지배자와 피지배자 사이에 법적 지위와 권리가 같아도 체제가 돌아갈 수 있다('법 앞의 평등'). 경제력이 아무리 격차가 나도 우리 모두는 평등한 시민이다. 자본가도 노동자도 남의 지갑을 훔치다 걸리면 불법이다. 그러나 우리 모두가 법적 권리가 같다는 건 법전에 씌어 있는 얘기일 뿐이지, 현실이 정말 그런 것은 아니다. 현실은 "유전무죄 무전유죄"인 것이다. 형법뿐 아니라 민법도 계급 차별적으로 적용된다. 그래서 노동자와 서민은 보험회사를 상대로 소송해선 좀체 이기지 못한다. 헌법으로 말하자면, 언론·출판의 자유가 있지만, 부유층이 아닌 보통 사람들에게 신문·방송에 대한 접근성은 사실상 없다시피 하다.

국가의 실제 존재 이유는 재산권 집행이고, 재산은 대개 자본가들과 국가 관료들이 소유하고 관리하고 있고, 그 덕분에 그들에게는 권력이 있다. 법과 사법제도는 본질적으로 자본가계급의 재산을 지키는 것이 핵심 기능이다.

경제적 불평등 때문에 기성 정당들도 대개 부자들의 환심을 사려 한다. 주로 정치 자금 때문이다. 기성 정당들은 서로 고함을 치고 싸우지만 그들은 사회의 극소수가 대부분의 생산적 자원을 지배하는 것을 당연시한다.

자본주의 국가는 대중의 정치적 수동성을 조장하고, 노동자는 일에 지쳐 피곤하고 시간이 갈수록 정치적 관심도 무뎌진다. 우리는 몇 년마다 한 번씩 투표하는 동안에만, 그래서 평생 몇십 분간만 민주주의를 누릴 뿐이다. 그리고 나머지 모든 시간을 정치인들이 배신하는 꼴을 그저 두고 봐야만 한다.

자본주의적 민주주의 하의 민주적 의사 결정은 그나마 의회 같은 대의기구에 국한돼 있다. 자본주의적 민주주의는 직장 앞에서 멈춘다. 우리가 사장을, 관리자를 뽑을 수 있는가? 기업과 정부 부서 내에는 민주주의가 아니라 독재가 기다리고 있다.

그래서 자본주의 국가를 노동계급에 이익이 되도록 사용할 수 없다. 개혁주의 지도자들에게는 죄송하지만 말이다. 국가기관은 의회 선거처럼 보잘것없고 결함 있는 민주주의조차 없이 철저히 비민주적이다. 국가기관장은 거의 다 선출되지 않는다. 국정원장, 법무부 장관, 검찰총장, 경찰청장, 국세청장, 금융감독원장, 감사원장, 국방부 장관, 외교부 장관 등은 물론이고 보건복지부 장관, 교육부 장관, 노동부 장관, 지법·고법·대법·헌재의 수장들, 공기업 사장들은 결코 선출되지 않는다.

그런데 대다수 국회의원들보다 바로 이런 기관들이 노동계급의 삶에 비할 네 없이 훨씬 더 큰 영향을 미친다. 이들은 법률을 해석하거나 적용하고, 규칙을 만들고, 임금 인상 상한선을 설정하고, 물가나 월세에 영향을 미친다.

혹시 진보 인사가 공직자로 선출돼도 취임 직후부터 그의 측근에 포진한 고위 관료들이 그를 감언이설로 속여, 결국 그의 처음 개혁안을 누더기로 만들거나 알량한 것으로 만들 수 있다.

자본주의적 민주주의의 이런 결함들에도 불구하고 지구상의 수많은 사람들이 이 제한된 민주주의에조차 굶주려 있다. 국가보안법으로 사상 표현의 자유를 제약받는 우리 나라 좌파의 많은 사람들도 그럴 것이다. 21세기 초 현재, 자본주의적 민주주의가 국가 형태인 나라는 전 세계 나라들의 절반 미만이다! 근대 민주주의의 싹이 튼 게 부르주아 혁명들인 미국 혁명(1776년)과 프랑스 대혁명(1789년)이므로, 그 뒤로

200년이 훨씬 지났는데도 사정이 이렇다.

19세기 중엽 이후 지금까지 민주주의를 결정적으로 증진시킨 건 노동계급 운동과 조직이었다. 가령 1867년 영국에서 도시 숙련 노동자들에게 선거권을 부여한 제2차 선거법 개혁은 노동운동의 투쟁성에 대한 대응이었다. 마르크스와 엥겔스 자신이 제1인터내셔널 활동을 통해 여기에 크게 기여했다.

그러나 마르크스와 엥겔스는 자본주의적 민주주의 하에서는 결국 자본가계급이 정치를 지배하게 될 것이므로 진정한 민주주의는 노동자 민주주의(마르크스와 엥겔스의 용어로 "프롤레타리아 독재")로만 가능하다는 분명한 단서를 붙였다. 특히 1871년 파리코뮌을 겪으면서 마르크스는 노동계급이 기존 국가를 인수해 자신의 목표를 이룰 수 없고, 오직 노동자 권력으로써 기존 국가를 분쇄하고 노동자 민주주의로 대체해야 한다고 강조했다.

트로츠키는 자본주의적 민주주의라는 국가 형태의 사회적 내용이 실은 노동자 투쟁과 조직(노동조합, 노동자 정당, 작업장위원회 등)이라고 강조하면서, 이를 통해 자본주의적 민주주의의 한계를 넘어설 수 있다고 주장했다.

부르주아 민주주의의 사회적 내용이 아래로부터의 노동자 조직이라는 트로츠키의 강조(마르크스의 이론과 실천이기도 하다)는 매우 중요하다. 특히, 박근혜 정부의 매우 억압적인 통치 스타일을 물리치거나 적어도 그 효과를 감소시킬 유일한 방법임을 시사한다.

그람시는 국가가 동의와 강제를 혼합해 헤게모니(주도력, 지배력)를 행사한다고 지적했다. 동의와 관련된 시민사회의 여러 형태들 가운데 오늘날 교회·학교·정당·지방의회 등은 영향력이 감소하고 있지만 매스

미디어는 그렇지 않다. 동의는 흔히 두려움을 이용하고, 이를 통해 국가 탄압을 정당화한다. 박근혜 정부가 북한의 '위협', '종북세력'의 내란 음모, 시위 중에 발생한 사소한 폭력 등을 한껏 부풀려 국가보안법과 형법 내란죄 조항들, 노조 탄압, 법질서 등을 강요하는 것을 들 수 있다.

동의와 강제를 얼마만큼의 상대적 비중으로 혼합하느냐는 다음 네 가지 조건에 달려 있다. (1) 경제의 상태, (2) 지정학적 환경, (3) 국가의 내적 응집력, (4) 노동계급의 자신감과 조직화 수준.

이를 바탕으로 한국에서 국가 탄압의 수준을 전망해 보면 이렇다.

(1) 세계경제의 상태: 별로 좋지 않고 가까운 장래에 회복될 전망도 거의 없다. 그래서 세계 여러 국가들이 비민주적 수단들을 점점 더 많이 사용하고 있고, 허용했던 권리도 도로 뺏고 있다. 미국에서 오큐파이(점거) 운동이 결국 혹심한 탄압을 받게 된 것, 2011년 영국에서 거의 소요 사태에 가까운 대학생들의 등록금 인상 반대 운동이 일어난 뒤 집회·시위 권리들이 크게 침해받고 있는 것 등을 사례로 들 수 있다. 한국의 경우에는 이명박에 이어 좀 더 강경한 우익인 박근혜 정부가 노동계급에 대한 파상 공세를 벌이고 있다.

(2) 동아시아의 지정학적 상황: 간간이 화해 제스처들이 끼어들겠지만, 장기적으로 악화될 것 같다. 한국의 우익은 주로 지정학적 환경에 의해 악화된 남북 관계를 명분으로 집권당과 공안 관련 국가기관들이 나서서 통합진보당을 강제로 해산시켰다.

(3) 국가의 내적 응집력: 앞에서 우리는 국가와 자본의 구조적 상호의존 관계를 살펴봤다. 그런데 자본은 노동 착취와 탄압 문제에선 하나의 단일체처럼 운동하지만, 개개의 자본들은 서로 맹렬하게 경쟁한다. 그래서

자본가들 사이의 경쟁이 국가 내로 반영돼, 국가는 거의 상시적으로 내분하는 경향이 있다. 상이한 국가기관이 상이한 결정을 내릴 수도 있다. 특히 한국의 경우에는 노동계급 투쟁에 대한 대처 방법 문제와 한반도 주변 정세에 대한 대처 방법 문제를 놓고 통치자들이 때때로 서로 매우 날카롭게 충돌할 수 있다.

물론 국가 내 살능의 정도는 자본의 권력과 이윤의 장기적 안정성이 위협받는 수준을 넘지 않는다. 그럼에도 국가의 이런 내분 덕분에, 천대받는 사회집단들, 특히 노동계급이 아래로부터 도전을 제기할 자신이 생길 수 있다.

(4) 노동계급의 자신감·조직화 수준: 박근혜 정부 하에서 때로는 드러나지 않고 수면 아래서, 때로는 두드러지게 드러날 국가 내 균열을 이용해 노동계급 단체들이 투쟁과 조직을 굳건히 건설하는 것만이 박근혜 통치의 효과를 상쇄하고 정치적 공간을 (바라건대 활짝) 여는 유일한 길일 것이다. 그 길로 안내할 길라잡이는 오직 사회의 근본적 변화를 추구하는 조직뿐이다. 물론 그 조직은 다른 노동계급 단체들과, 또 차별 반대 운동 단체들과 함께 공동전선을 구축할 줄도 알아야 한다.

I
국가와
자본주의

오늘날 국가와 자본주의

토대와 상부구조

자본주의 국가의 다양한 형태

오늘날 국가와 자본주의

자본과 국가의 관계는 오늘날 세계의 발전을 이해하는 데서 핵심적인 문제다. 그것은 언뜻 보면 서로 다른 토론들, 즉 제3세계의 미래, 냉전 종식 후 초강대국들의 관계, 옛 소련과 동유럽의 경제 구조조정 성공 전망, 유럽 통합을 둘러싸고 보수당 정부 내에서 거듭된 논쟁, 미국이 벌인 이라크 전쟁의 의미 등을 토론할 때 항상 거론되는 주제다. 이 문제는 좌파들 사이에서 상당한 논쟁을 불러일으켰다. 지난 15년 동안 이 잡지[《인터내셔널 소셜리즘》]에 글을 기고해 온 사람들도 간간이 이 문제로 논쟁을 벌였고, 훨씬 더 많은 좌파가 이 문제 때문에 훨씬 더 큰 혼란을 겪었다.[1]

———

이 글은 크리스 하먼의 "The state and capitalism today", *International Socialism* 51(Summer 1991)을 번역한 것이다.

국가는 상부구조일 뿐

마르크스주의자들이 자본주의 국가를 이해하는 가장 흔한 견해는 국가를 단지 상부구조에 불과하다고, 즉 자본주의 경제체제의 외부에 있는 것이라고 보는 견해다. 이렇게 보면, 자본주의는 기업들이 그 지리적 기반과 무관하게 이윤을 추구하는 체제, 더 정확히 말하면 자본의 자기 증식 체제다. 이와 달리, 국가는 지리적 기반을 가진 정치적 실체이고 국가의 경계선은 개별 자본의 활동을 가로지른다.

국가는 자본주의 생산을 위한 정치적 전제 조건을 제공하려고(즉, 자본주의 소유관계를 보호하고, 지배계급의 성원들이 서로 거래 규칙을 지키는지를 감시하고, 체제의 재생산에 필수적인 특정 서비스를 제공하고, 다른 사회 계급들이 자본가의 지배를 받아들이게 하는 데 필요한 개혁 조처를 실행하려고) 역사적으로 발전한 [상부]구조일 수는 있지만 국가를 자본주의 체제 자체와 동일시해서는 결코 안 된다는 것이다.

이런 국가관은 《공산당 선언》의 다음과 같은 구절을 바탕으로 하고 있다. "현대 국가의 집행부는 부르주아지 전체의 공동 업무를 관장하는 위원회일 뿐이다." 그러나 이 말은 원래 마르크스가 아니라, 그 전의 고전경제학파가 한 것이다. 다시 말해, 《공산당 선언》에서 마르크스는 국가가 최소한의 기능만 하는 '야경국가'론을 주장한 고전경제학파의 견해를 받아들여서 국가의 계급적 성격을 이끌어 냈을 뿐이다.

그렇지만 오늘날 학술적 마르크스주의에서는 대체로 이런 견해가 널리 퍼져 있다. 그래서 예컨대, 《뉴 레프트 리뷰》에서 랠프 밀리밴드와 니코스 풀란차스가 논쟁을 벌였을 때 두 사람 모두 그런 견해를 공유했다.[2] 밀리밴드는 이른바 '도구주의' 국가관을 주장했는데, 국가가 자본가계급과 유착돼 있는 이유는 국가를 이끄는 사람들이 사적 자본 소유자들과 똑같은 사회 환경 출신이기 때문이라는 것이었다.[3]

풀란차스는 밀리밴드의 견해가 국가 구조의 상층에 누가 있느냐에 따라 국가의 성격이 달라진다고 보는, 따라서 국가와 자본주의의 관계를 순전히 우연적인 것으로 보는 견해라고 비판했다. 풀란차스가 주장한 이른바 '기능주의' 국가관에 따르면, 국가는 자신이 포함된 사회의 필요를 충족시켜야 하는데 이 사회가 자본주의 사회이기 때문에 국가는 반드시 자본주의 국가일 수밖에 없다. 풀란차스의 말을 빌리면, 국가는 "계급 세력이 응축된 것"이고, 국가가 "응축하는" 세력은 자본가계급이다.[4]

언뜻 보면 밀리밴드와 풀란차스가 서로 대립하는 듯하지만, 두 사람의 견해는 모두 자본주의 국가를 이용해서 자본주의 사회를 개혁할 수 있다는 결론으로 이어지기 쉽다. 국가의 자본주의적 성격을 보증하는 것이 국가의 인적 구성이라면, 국가의 인적 구성을 바꿔서 국가의 성격도 바꿀 수 있을 것이고 따라서 국가를 사회주의적 목적에 맞게 활용할 수도 있을 것이다. 국가가 그 국가를 포함하는 사회의 기능이라면, 사회가 심각한 계급투쟁에 시달리고 있을 때 이 투쟁은 국가를 통해 표현될 것이다. 그리고 "계급 세력이 응축된" 국가는 지배계급의 압력을 표현할 수도 있지만 노동계급의 압력도 표현할 수 있을 것이다(아마 이런 견해 때문에 풀란차스가 마오쩌둥주의에서 유러코뮤니즘으로 옮겨 갈 때 풀란차스의 이론적 틀이 근본적으로 전혀 바뀌지 않았는지도 모르겠다).

더 최근에는 국가를 자본의 외부에 존재하는 것으로 보는 또 다른 국가관이 좌파들 사이에서 나타났다. 학술적 마르크스주의 안에서는 기업의 축적 드라이브에 바탕을 둔 자본주의 체제와, 역사적으로 서로 얽히고설켜 있는 '국가들의 체계'를 대립시키는 경향이 늘고 있다.[5] 이런 주장을 하는 사람들 가운데 일부는 20세기에 두 차례 세계대전이 일어난 이유가 전쟁으로 나아가는 자본주의의 동역학 때문이 아니라, 자본주의의 발전으로 말미암아 이제야 해체되고 있는 '구체제' 제국들의 충돌 때문이었다고 결론짓기도 한다.[6]

나이절 해리스는 학술적 마르크스주의와 사뭇 다른 전통, 즉 혁명적 전통 출신이다. 그는 자신의 저작에서 항상 국가를 노골적으로 증오했고, 자본주의를 개혁할 수 있다고 믿는 사람들을 철저히 경멸했다. 그러나 지난 20여 년 동안 해리스는 자본의 국제화를 인정하려고 노력하는 과정에서 "국가는 상부구조일 뿐"이라고 보는 학파의 국가관으로 돌아갔다.

해리스는 다음과 같이 주장한다. 자본의 이해관계는 점차 국제적 이해관계가 돼서 이제는 어떤 국경의 제약도 받지 않는다. 개별 자본은 모두 특정 국민국가 안에서 성장했지만, 이제는 거의 모든 국가 안에서 활동할 수 있고 그 국가를 자신의 의지에 굴복시킬 수 있다. 특정 국가는 자본주의 발전의 한 단계에서는 필수적 도구(한때는 자본축적에 꼭 필요한 상부구조)였지만, 이제 더는 그렇지 않다. 자본주의는 과거 자본주의 성장의 동반자였던 국가에 도전하고 있다. 마치 1848년 혁명을 연상시킬 정도로 자본주의는 "독단적이고 부패한 절대주의 국가에 맞서" 행동하고 "부르주아 혁명의 완수를 향해 나아가고" 있는 것이다.[7]

해리스는 국가가 그저 시들어 죽어 간다고 주장하지는 않는다. 결코 그렇지 않다. 국가의 관료적 구조는 여전히 그대로 남아 있다. 국가는 나름대로 보존해야 할 독자적 이해관계가 있다. 그것은 특정 국가의 지리적 영역과 결부된 이해관계로서, 국가는 계급 평화를 유지해야 하고, 다른 국가들과 경쟁하는 데 자본을 끌어들여야 하고, 군사력을 육성해야 한다. 따라서 현대 세계의 특징은 단지 상품과 자본의 교역량이 증대한다는 것만이 아니라, 국경의 장벽이 그런 교역을 방해하기도 한다(자본가의 관점에서 보면 불합리하다)는 것이다. [현대 세계에는] '빵'도 있지만, '총'도 있는 것이다.

국가는 곧 자본

대다수 좌파는 국가와 자본을 서로 대립하는 것으로 봤지만, 국가와 자본을 동일시하는 일부 소수의 전통도 있었다. 그런 전통의 사상적 기원은 제1차세계대전이 한창일 때 레닌과 부하린이 제국주의를 다룬 책에서 제시한 통찰로 거슬러 올라간다.[8] 레닌과 부하린은 국가와 자본의 '융합', '국가독점자본주의' 또는 간단히 '국가자본주의'를 이야기했다. 바로 이런 통찰을 이용해서 토니 클리프는 스탈린 치하 소련과[9] 옛 식민지 나라들에[10] 대한 유일하게 일관된 마르크스주의적 분석을 발전시켰다.

그러나 마이크 키드런은 이 '통찰'을 더 확대해서, 스스로 노후한 자본주의에 관한 완전한 '이론'이라고 부른 것을 발전시켰다.[11] 키드런의 설명에서 개별 국가와 개별 자본은 서로 완전히 일치한다. 그래서 모든 국가는 그 나라에 기반을 둔 자본의 명령에 따라 움직이고, 중요한 자본은 모두 특정 국가에 통합돼 있다. 예컨대, 영국 자본주의의 이익을 말하는 것은 곧 영국 국가의 이익을 말하는 것이다. 또 영국 국가를 말하는 것은 곧 영국 자본주의의 작동을 말하는 것이다. 그렇다고 해서 이런 규칙에 예외가 없다는 말은 아니다. 즉, 국민국가의 통제에서 일시적으로 벗어나는 자본이 전혀 없는 것도 아니고, 일국적[국민적] 기반을 가진 자본의 이해관계를 일시적으로 거슬러서 행동하는 국민국가가 전혀 없는 것도 아니다. 그러나 키드런이 볼 때, 이런 예외는 과거의 유물, 즉 자본주의 체제가 더 발전하면 사라져 버릴 유물일 뿐이다. 사실, 이 논리대로라면 상부구조의 모든 요소, 심지어 노동조합조차 일국적 자본이 외국 자본과 경쟁하는 경향의 표현일 뿐이다. 어떤 점에서는 키드런과 아주 비슷한 견해를 가진 학술적 마르크스주의자들도 있다. 이른바 '자본 논리' 학파 또는 '국가 즉 자본' 학파인데, 그들은 국가의 행위를 결정하는 것이 자본축적의 논리라고 본다. 물론 그들이 생각하는 자본축적의 논리는 다른 국가자본들과 경쟁하는 국가자본의 논리가 아니라, 개별 국가 내부의 사적 자본의 논리지만 말이다.[12]

두 견해의 문제점

두 견해 모두 분석상의 문제가 있고 정치적 실천에도 영향을 미친다. 국가가 단지 상부구조일 뿐이라면, 정치적 영역에서 제기되는 문제와 경제적 영역에서 제기되는 문제는 서로 다른 별개의 문제라고 주장할 수 있게 된다. 따라서 경찰이나 인종차별에 반대하는 투쟁은 계급투쟁과 아무 관계가 없게 되고, 기업주에 맞서 싸우는 것은 핵폭탄에 반대하는 투쟁과 무관한 것이 되고 만다.[13]

바로 이런 논리 때문에 베른슈타인과 카우츠키는 서로 차이를 묻어 두고 제1차세계대전 기간에 제국주의 전쟁을 내전으로 전환시키지 않고도 군국주의에 맞서 싸울 수 있다고 주장했다. 똑같은 논리 때문에 1980년대 중반에 에드워드 톰슨은 국가 간 군사적 경쟁을 '절멸주의'라고 부르면서 이것은 구식 자본주의와 아무 관계가 없으므로 선한 의지를 가진 모든 남녀가 계급을 초월해서 '절멸주의'에 맞서 싸울 수 있다고 주장했다.

국가와 자본을 완전히 융합된 것으로 보는 견해도 실천에 중대한 영향을 미친다. 그런 관점에서 보면, 국가가 유지하는 억압 형태들은 자본의 축적 필요에서 곧장 비롯한다. 국가의 억압 형태와 자본의 축적 필요는 서로 충돌할 수 없다. 성적 억압, 인종차별, 가족 구조, 관료적 위계질서, 정치적 공포, 심지어 전국적 노동조합 조직조차 모두 국가는 곧 자본이라는 '논리'의 산물이다.[14] 그런 견해의 결론은, 자본주의 질서의 토대 자체에 도전하는 근본적인 사회적 충돌과 기존의 제도적 구조를 개혁해서 억제할 수 있는 덜 근본적인 사회적 충돌의 차이를 완전히 무시한다는 것이다. 그 결과는, 모든 억압 형태가 자본축적의 직접적 필요에서 비롯하므로 모든 투쟁 속에 혁명이 임박했다고 보는 초좌파적 자발성주의(예컨대, 전성기 시절의 로타 콘티누아와 나중의 이탈리아 자율주의자들)나 각각의 특정한 억압을 조금씩 거부하다 보면 자본에 필수적인 구조들이 차츰 무너질 것이라고 보는 모종의 개혁주의다. 그러면 다양한 '자율적 운동들'의 '무지개 연합'을 건설하는 것이 전략적 목표

가 되고, 이 다양한 운동을 모두 똑같이 중요한 것으로 여기게 된다.[15]

국민국가와 일국적 자본의 기원

오늘날 국가와 자본의 관계를 올바로 파악하려면 '단순한 상부구조'라는 견해와 '국가는 곧 자본'이라는 견해를 모두 거부해야 한다. 오히려, 자본과 자본주의 국가가 역사적 발전 과정에서 반드시 상호작용하는 구체적 방식을 이해해야 한다. 현존하는 국민국가들은 자본주의 생산방식이 발전하는 과정에서 그 상부구조로서 생겨났지만, 자본주의 생산방식에 반작용해서 그 속도와 방향을 결정하는 데 영향을 미치기도 했다.

마르크스는 《자본론》 2권에서 자본이 세 가지 형태, 즉 생산자본·상품자본·화폐자본의 형태로 나타난다고 지적했다. 모든 자본축적 과정에서는 이 형태가 저 형태로 바뀌는 일이 거듭된다. 예컨대, 화폐자본은 생산수단·원료·노동력을 구매하는 데 사용된다. 이것들은 함께 생산과정에 투입돼서 상품을 만들어 낸다. 그다음에는 이 상품들이 화폐와 교환된다. 이 화폐는 다시 더 많은 생산수단·원료·노동력을 구매하는 데 사용된다. 기타 등등.

자본의 형태들은 끊임없이 상호작용하면서 이 형태에서 저 형태로 바뀐다. 그래서 어느 특정 시점에 전체 자본의 일부는 생산수단의 형태를 취하고, 다른 일부는 판매되기를 기다리는 상품의 형태를 취하고, 나머지 일부는 화폐 형태를 취한다. 그러나 서로 다른 이 세 형태가 부분적으로 분리될 수도 있다. 생산을 직접 조직하는 일, 상품을 판매하는 일, 자금을 공급하는 일을 서로 다른 자본가 집단이 맡을 수 있는 것이다.

바로 이런 분리 때문에, 자본은 모종의 마술적 과정을 통해 규모가 커지는 사물이라는 환상이 생겨난다. 왜냐하면 상품을 구매하고 판매하기만 하는 자본가들, 돈을 빌려주고 이자를 받기만 하는 자본가들에게는 자본이 실제로 그렇게 보이기 때문이다.

이 자본 형태 각각은 특정 영토 안에서 정치적 폭력을 독점하는 기구, 즉 국가와 맺는 관계가 역사적으로 서로 달랐다. 화폐자본은 국가구조와 무관하게 활동할 수 있다(적어도 고전적 형태의 화폐자본은 금이 주요 지급수단이던 시기에 그럴 수 있었다). 마르크스가 지적했듯이, 화폐자본은 자본주의가 일반적으로 발전하기 오래전부터 번창할 수 있었다. 세계의 한 지역에 있는 금융업자들은 다른 지역에 있는 차입자들에게 돈을 빌려주면서, 차입자가 이자를 붙여 돈을 갚으려면 더 많은 돈을 빌려야 한다는 점을 이용한다. 그래서 이탈리아 은행가들은 프랑스 절대왕정에, 독일 남부 은행가들은 스페인 절대왕정에 돈을 빌려줄 수 있었다. 금융업자들은 재산을 몰수당하지 않을 수만 있다면 돈을 벌기 위해 굳이 특정 국가에 얽매일 필요가 없었다.

상품자본도 모든 종류의 정치 구조 속에서 번창할 수 있었다. 즉, 고대 노예제 사회에서도, 봉건제 초기의 서로 싸우는 영주들 사이에서도, 봉건제 말기의 중앙집권적 절대왕정 국가에서도 번창할 수 있었다. 그러나 상품자본이 발전할수록 (자신이 영향을 미칠 수 있는) 국가구조의 보호가 더 필요해졌다. 그러지 않으면 국가를 통제하는 자들이, 예컨대 도로에서 상인 대열을 약탈하거나, 해적들이 해상 운송을 방해해도록 내버려 두거나, 지역 관세를 부과해서 국제시장은 말할 것도 없고 진정한 일국적 시장의 성장도 가로막거나, 이윤 획득의 가능성을 제한하는 가격통제를 강요하는 등 상품자본의 발전을 가로막을 수 있었기 때문이다.

그래서 상인들은 아주 초기부터 자신들이 직접 통제하는 정치 구조의 성장을 부추기는 경향이 있었다. 페르낭 브로델은 중세 시대에 다음과 같은 일이 일어났다고 말한다.

개인과 개인, 도시와 도시, (출신 지역이 같은 상인 집단인) '국민'과 '국민' 사이에 사업상의 경쟁이 벌어졌다. 16세기의 리옹을 지배한 것은 … [피렌체·제노바 출신 상인 집단들이었는데, 이] 서로 경쟁하는 집단들은 저마다 '국민'을 이뤄서 살아가고 있었다. … 그들의 존재가 뜻한 바는 특정 지역들에 제국, 연결망, 식민지가 건설됐다는 것이다. 교역로와 통신망을 지배하는 강력한 집단들은 스스로 그것을 이용하거나 그러지 못하면 적어도 남들이 그것을 이용하지 못하게 막을 수 있었다. 그런 집단들은 유럽에서, 심지어 유럽 밖에서도 조금만 유의하면 쉽게 찾아볼 수 있다.[16]

생산자본은 상인자본보다 훨씬 더 국가권력에 의존할 수밖에 없다. 생산자본은 한편으로 생산수단을 스스로 통제하지 못하면 제대로 기능할 수 없다(생산수단의 확실한 통제는 따지고 보면, '무장 집단'에 의존한다). 다른 한편으로 (노예 소유주나 봉건영주 같은) 다른 사회집단의 강압에서 '자유롭고' 생산수단에 대한 통제에서도 '자유로운' 노동인구가 없어도 생산자본은 제대로 기능할 수 없다.

이런 조건의 형성을 국가권력이 방해하면 생산자본의 발전은 가로막힌다. 그래서 금융자본은 번창했지만 생산적 자본주의는 거의 뿌리내리지 못한 절대왕정 국가도 있었고, 노동자와 생산수단의 분리(단순상품 생산에서 자본주의적 생산으로 나아가는 데 꼭 필요했다) 없이 장인들이 시장을 위해 상품을 생산한 중세 도시들도 있었다.[17]

마르크스가 '자본의 시초 축적'에 대해 썼을 때 그는 단지 초기 자본가들이 (매우 야만적인) 방법을 써서 재산을 축적했다고 묘사한 것만은 아니었다. 더 중요한 점은, 생산수단을 자본가의 수중에 집중시키고 노동인구를 '자유롭게' 만드는 데 꼭 필요한 사회적·정치적 조처들을 지적했다는 것이다. 자본주의가 완전히 발전하려면 상품자본과 화폐자본이 생산자본에 종속돼야 한다. (노동과정에서 노동자들을 착취하는) 생산자본만이 잉여가치의 원천이 계속 증대할 수 있게 하고, 따라서 모든 종류의 자본가에게 돌아갈 더 많은 이윤도 보장하기 때문이다.

생산자본의 발전이, 그리고 정도는 덜하지만 상품자본의 발전도 지리적 국가의 발전과 얽혀 있다면, 자본주의 전체의 발전이 국가의 발전과 얽혀 있다고 할 수 있다. 비록 화폐자본의 형태에서는 자본주의에 국가가 전혀 필요하지 않은 것처럼 보이지만 말이다.

이 점은 중요하다. 왜냐하면 화폐자본은 흔히 '순수한' 자본 형태, 즉 가치의 자기 증식이 가장 생생하게 나타나는 형태처럼 보이기 때문이다. 그러나 다른 자본 형태와 마찬가지로, 화폐자본도 사실은 마르크스가 지적했듯이 "사물이 아니라 관계", 생산 현장에서 사람들을 착취하는 관계다. 그리고 그 착취는 국가의 정치 구조로 뒷받침돼야 한다.

모든 생산자본은 다른 형제자매 자본들과 함께 특정 영토의 범위 안에서 성장한다(마르크스는 이런 자본들을 두고 "서로 싸우는 형제들"이라고 불렀다). 그들은 자원·자금·시장을 서로 의존한다. 그리고 그 영토 안에서 자신들의 목적에 맞는 사회·정치 환경을 조성하기 위해 함께 행동한다.

여기에는 노동을 다른 계급들의 통제에서 '자유롭게' 만들려는 노력, 자신들의 생산물 판매를 가로막는 장애물을 제거하려는 노력, 자신들의 필요에 맞게 사회 기반 시설(항만·도로·운하·철도 등)을 창출하려는 노력, 자본의 상호 관계를 규제하는 일련의 법률(부르주아 재산법)을 제정하려는 노력, 국내외 위협에 맞서 자신들의 재산을 보호해 줄 군사력을 창건하려는 노력 등이 포함된다. 영토 내의 수많은 방언과 언어를 단일한 형태의 구어와 문어로 대체할 수 있다면 이 모든 노력에 큰 도움이 될 것이다. 요컨대, 그들의 목표는 국민국가 권력을(그와 함께 국민 의식과 국어도) 창출하는 것이어야 한다.

서로 다른 일국적 기반을 가진 자본들과 국민국가는 한 가족의 아이들처럼 함께 성장한다. 국민국가의 발전은 일국적 자본의 발전에 중대한 영향을 미칠 수밖에 없다. 그렇다고 해서 국가의 구조가 자본의 필요에서 직접 나온 산물이라는 말은 아니다. 전前자본주의 국가의 많은 요소는 그냥 분쇄되고 대체되기보다는, 그 안에서 성장한 자본의 필요에 맞게 재편됐다. 그러나 전과 사뭇 다른 방식, 즉 자본주의 착취 논리에 부합하는 방식으로 기능할 수 있도록 능동적으로 재편됐다.

자본주의적 생산은 중세 말기에 서유럽에서 시작됐다. 당시 산업자본과 농업자본은 대체로 정치 구조 전체를 좌우할 만큼 충분히 강력하지는 않았다. 그러나 그들의 존재는 오래된 귀족들을 견제하는 상당한 대항력이 될 수 있었다. 그 덕분에 국왕이 중세 초기의 분권적 봉건제를 절대왕정으로 교체하기가 더 쉬워졌다. 이 절대왕정의 '중상주의' 정책은 각 국가의 경계 안에서 상업자본의 광범한 발전과 생산자본의 제한적 발전을 자극했다.

이런 자본주의적 이익집단의 비중은 절대왕정 국가 자체가 위기에 빠졌을 때 결정적으로 커졌다. 1640년대 영국과 1780년대 말과 1790년대 초 프랑스에서 그들은 자신들에게 이익이 되는 통일 국민국가 구조를 수립해서 사회·정치 위기를 확실히 해결할 수 있었다. 그 위기를 해결할 수 있는 유일한 대안은 자본주의 발전을 장려하는 것뿐이었다(비록 이런 대안을 강요한 영국의 크롬웰이나 프랑스의 자코뱅 등은 일부 강력한 자본주의 이익집단의 직접적 염원을 거슬러서 그렇게 했지만 말이다).

그래서 이 국민국가들은 나중에 다른 나라에서 봉건제의 후진성을 극복하고 싶어 하거나 외세의 식민지 지배에서 벗어나기를 원하는 사람들에게 하나의 모델이 됐다. 때로는 이미 발전하고 있던 부르주아 집단이나 프티부르주아 집단이 자신들이 통제하는 국민국가를 수립하고자 할 때도 이 모델을 추구했다. 또, 때로는 지식인이나 군 장교들이 자신들의 독자적 이해관계를 실현하는 가장 좋은 방법은 자본주의적 착취·축적 방식을 나머지 인구에게 강요하는 것이라고 생각하기도 했다.

이 모든 경우에 산업자본과 농업자본 집단의 발전은, 그들이 기반을 두고 있는 영토가 독자적 언어, 사법제도, 은행 체계 등을 갖춘 국민국가로 변화하는 과정과 결코 분리할 수 없다.

국가와 자본의 발전 단계들

고전경제학파가 설명하는 자본주의에서 국가는 무시할 만한 구실을 한다. 그것은 순수한 자본의 이론, 즉 자본이 국경선 따위는 전혀 개의치 않고 자기 증식한다는 이론이었다. 마르크스는 《자본론》에서 바로 이런 이론적 설명을 받아들여 그 논리적 결론을 이끌어 내면서, 자본주의는 가장 추상적으로 살펴볼 때조차 내재적 모순이 있음을 보여 줬다.[18]

그러나 자본주의의 구체적인 실제 역사는 항상 국가의 역사와 매우 긴밀하게 얽혀 있었다. 고전경제학파는 사실은 자본주의 체제의 단지한 국면, 즉 역사적으로 제한된 국면인 19세기 중반의 자본주의를 경험적으로 묘사했을 뿐이다. 애덤 스미스가 《국부론》을 썼을 때[1776년]만 해도 사정은 사뭇 달라서, 스미스 자신은 영국 자본가계급이 제국 건설에 몰두한다며 불평했다.

고객이 될 외국인들을 늘리려는 단 하나의 목적을 위해 대제국을 건설하는 것은 언뜻 보면 소小상인들의 나라에만 적합한 계획인 듯하다. 그러나 그것은 소상인들의 나라에는 전혀 적합하지 않은 계획인 반면, 정부가 소상인들의 영향을 받는 나라에 아주 적합한 계획이다.[19]

스미스 이전 200년 동안 영국 자본주의의 성장은 실제로 국가의 후원과 정부의 경제활동에 매우 의존했다. 인클로저 법률, 항해조례, 동인도회사를 필두로 국가의 후원을 받는 대규모 독점기업들, 군대, 특히 해군을 증강하기 위한 국가지출 등이 모두 영국 자본주의의 성장에서 결정적 구실을 했다. 스미스가 촉구한 자유무역을 바탕으로 영국 자본주의가 세계를 지배할 수 있을 만큼 충분히 발전하기까지는 국가의 후원이 오랫동안 지속된 '중상주의' 시대가 꼭 필요했다.

영국 자본주의는 (곡물법이 폐지되고 인도에서 동인도회사의 지배가 끝난) 1840년대와 1850년대에 와서야 스미스의 학설을 실천하게 됐고, 심지어 그때조차 영국 국가의 군사력이 세계의 나머지 지역에 자유무역을 강요하는 데서 핵심적 구실을 했다. 아편전쟁은 한 사례일 뿐이다.

더욱이, 이 '고전적' 국면은 실제로 50년 이상 지속되지도 않았다. 1880년대와 1890년대에 영국 정부는 아프리카에서 새로운 식민지를 개척해서 아시아와 서인도제도에 있는 옛 식민지에 추가했다. 그리고 비록 1930년대에 '제국특혜관세' 제도가 도입되기 전까지는 식민지 경제와 영국을 묶어 주는 공식 조처(관세, 수출입 한도 등)가 없었지만 비공식 연결 고리는 매우 많았다.

영국에서 자본은 국민국가와 긴밀한 관계를 맺고 기반을 다졌다. 일단 기반을 다지고 난 다음에는 이 일국적 기반을 이용해 세계의 나머지 지역으로 뻗어 나갔다. 수십 년 뒤 다른 나라 자본들이 영국 자본의 우위에 도전하기 시작하자 영국 자본들은 다시 한 번 자국 국가에 의존해서 자신들의 특권 지역을 확정했다.

19세기에 영국과 나란히 등장한 새로운 자본축적 중심들은 전에 영국 자본주의가 그랬듯이 국민국가의 지원에 의존했다. 독일과 이탈리아, 미국 북부의 자본가들이 의존한 국민국가는 모두 외국 자본에 맞서 보호주의 조처를 강력하게 실시했다. 이 나라들에서 토착 자본주의 기업의 성장은 그들의 요구를 들어줄 통일국가의 수립과 밀접한 연관이 있었다(이탈리아의 통일, 미국 남북전쟁에서 북부의 승리, 비스마르크가 이끄는 독일제국의 수립).

자본은 통일국가의 건설을 지원했다. 그리고 통일국가 수립을 위한 투쟁의 성공은 흔히 토착 자본에 엄청난 힘이 됐다(예컨대, 남북전쟁이 끝나고 수십 년 동안 미국 자본주의가 엄청나게 성장했고, 프랑스-프로이센 전쟁 후 독일 자본주의가 엄청나게 성장했다).

따라서 역사적으로 자본은 결코 고전경제학파의 반反국가주의 도식에 따라 발전하지 않았다. 자본은 자국의 국가구조에 영향을 미쳤을 뿐 아니라 그 영향도 받았다. 이 영향은 개별 자본의 구체적 특징에 깊이 각인돼 있다.

자본을 단순히 부의 축적으로만 여기면, 모든 자본은 규모만 다를 뿐 성격은 똑같을 수 있다. 그러나 개별 자본은 개별 상품과 마찬가지로 그 성격이 이중적이다. 즉, 교환가치로 측정될 수 있을 뿐 아니라 구체적 사용가치(생산과정에서 개인과 사물 사이에 형성되는 구체적 관계)이기도 한 것이다. 각각의 특정 자본이 생산과정에서 노동력과 원료와 생산수단을 결합하는 구체적 방식, 자금을 조달하고 신용을 얻는 구체적 방식, 생산물의 유통망과 판매망을 구축하는 구체적 방식은 저마다 다르다.

자본은 이 모든 과제를 해결하기 위해 다른 현지 자본이나 국가의 지원에 의존할 수밖에 없다. 특정 지역 안에서 활동하는 자본은 서로 경쟁만 하지 않는다. 서로 협력하기도 하고 국가와 협력하기도 하면서, 각자 목표를 달성하는 데 필요한 메커니즘을 구축한다. 그리고 이런 협력은 필연적으로 개별 자본의 내부 구조에 영향을 미치기 마련이다. 따라서 특정 자본은 전에 자신과 공존했던 국가나 자본과 관계가 갑자기 단절되면 외부 환경에 대처하기가 매우 어렵다는 사실을 깨닫게 될 것이다.

자본 집단들과 그들이 연계된 국가는 서로 영향을 주고받는 하나의 체계를 형성한다. 개별 자본의 구체적 특징은 다른 자본이나 국가와 상호작용한 결과의 영향을 받는다. 그 특징은 가치를 증식하고 축적하려는 일반적 경향뿐 아니라 개별 자본이 성장한 구체적 환경도 반영한다. 국가와 개별 자본은 서로 주거니 받거니 하면서 긴밀하게 얽혀 있다.

이런 상호작용의 방식은 저마다 다르다. 국가의 법령과 국가기 세금을 걷는 방식은 개별 자본의 내부 조직(소유자와 경영자의 관계, 회계 절차, 심지어 노동자 채용과 해고의 유연성 등)에 영향을 미치기도 하고 영향을 받기도 한다. 또 자본들 사이의 관계 — 생산자본과 상인자본의 융합 정도(기업이 독자적 판매망을 갖고 있는지)나 금융자본과 생산자본의 융합 정도(기업이 '자기' 은행을 이용해서 자금을 조달하는지) — 에 영향을 미치기도 하고 받기도 한다.

국가든 특정 자본이든 이 구조적 상호의존에서 쉽게 벗어날 수 없다. 특정 자본은 이 국가보다는 저 국가 안에서 사업하기가 더 쉽다는 사실을 발견한다. 만약 사업 기반을 옮기면 내부 조직뿐 아니라 다른 자본들과 맺고 있는 관계도 완전히 바꿔야 할 수 있기 때문이다. 국가는 특정 자본의 필요에 적응해야 한다. 왜냐하면 국가가 계속 유지되는 데 필요한 자원, 특히 조세 수입을 자본에 의존하기 때문이다. 만약 국가가 자본의 이익을 거스르면 자본은 유동자산을 외국으로 빼돌릴 수 있다.

이런 구조적 상호의존은 왜 특정 국가에서 성장한 자본이 다른 국가에서 성장한 자본과 다른 경향이 있는지를 설명해 준다. 예컨대, 20세기

초에 영국 자본의 독점화 수준은 흔히 독일이나 미국 자본의 독점화 수준보다 낮았다. 또 제1차세계대전 전에 영국에서 은행이 한 구실은 독일이나 프랑스에서 은행이 한 구실과 흔히 달랐다. 19세기에 영국보다 독일에서 국가가 숙련 노동인구의 형성에서 훨씬 더 중요한 구실을 했다. 오늘날 일본 기업들이 자금을 조달하는 전형적 방식은 영국이나 미국 기업과 다르다. 국가가 민간 자본 투자에 미치는 영향은 미국보다 일본이나 프랑스에서 훨씬 더 크다.

국가와 자본의 그런 구조적 상호 적응은 반드시 뭔가 다른 것, 즉 '도구주의' 국가관을 주장한 사람들이 그토록 강조한 국가와 자본의 인적 결합을 수반하기 마련이다. 특정 국가에 기반을 둔 자본과 그 국가 사이의 관계는 단순히 비인간적 구조들 사이의 관계가 아니다. 그것은 사람들 사이의 관계, 즉 대중을 착취하는 데 관여하는 사람들과 무장 집단을 통제하는 사람들 사이의 관계다. 국가를 이끄는 사람들과 개인적 관계를 맺는 것은 모든 자본가의 목표다. 그것은 모든 자본가가 다른 특정 자본가와 신뢰 관계나 상호 지원 관계를 맺으려 하는 것과 꼭 마찬가지다.

국가의 지배자들과 그 국가의 영향권 안에서 부를 축적한 자본가들 사이의 관계는 그들이 외부 사람들과 맺는 관계보다 훨씬 더 가까운 경향이 있다. 국가를 이끄는 사람들이 주요 자본가들과 같은 학교를 나오고, 같은 클럽에 드나들고, 서로 혼맥으로 연결돼 있다는 사실은 개별 자본가에게 매우 중요하다. 그것은 마치 기업과 그 기업의 부품 공급 업체와 그 기업의 거래 은행 사이에 임원진이 서로 겹치는 것과 마찬가지로 중요하다. '도구주의' 국가관을 비판하는 일부 사람들처럼 이 사실을 부정하는 것은 국가와 자본이 모두 사회관계의 구체적 복합체이고 그 안에서는 지도적 인사들의 [계급적] 성격이 엄청나게 중요하다는 사실을 고려하지 않는 것이다.

고전경제학파와 신고전학파의 시장 모형은 자본을 다른 자본들과 맹목적으로 경쟁하는 고립된 원자로 묘사한다. 현실 세계에서 자본가는 항상 다른 자본가나 야심에 찬 정치인과 동맹을 구축해서 자신의 경쟁력을 강화하려 한다(그 동맹을 굳건하게 하는 데는 돈만 쓰이는 것이 아니라 혼맥·학연·지연과 각종 사교 모임 등도 동원된다).[20] 모름지기 성공한 자본가에게는 적절한 인재를 알아 두는 것이 충분한 자금을 확보하는 것 못지않게 중요한 일이다(사실은 흔히 그런 자금을 얻기 위한 필수적 전제 조건이다).

인맥은 특정 국민국가의 영향권 안에서, 보통은 중요한 특정 도시들을 중심으로 생겨나고 성장한다. 예컨대, 1970년대 중반 미국에서는 '기업 본사의 집중' 현상이 있었다. 그래서 500대 기업의 대다수가 '미국 동부 연안'과 '동북중부' 지방에 본사가 있었다. '선벨트'* 지방에서도 산업이 성장했지만 남부에 본사가 있는 기업은 겨우 12퍼센트에 불과했다.[21] 심지어 다국적기업에서도 이른바 '본사 효과'가 작용한다. 그래서 어떤 평론가는 다음과 같이 지적했다.

다국적기업은 최대의 부가가치를 창출하는 사업, 최대의 경쟁 우위를 확보할 수 있게 해 주는 사업을 되도록 본사 가까운 곳에 배정하는 경향이 있다.[22]

---

* Sunbelt. 태양이 비치는 지대라는 뜻으로, 연중 날씨가 따뜻한 미국 남부와 남서부 지역.

국민국가와 그 국가의 경계 안에서 자본 사이에 구축된 연계가 어느 정도인지는 유럽공동체^{EC}가 극복해야 하는 각종 어려움을 보면 알 수 있다.

각국의 정부, 공공 사업체, 독점기업은 다른 나라 공급업체한테서 제품을 구매하지 않는다. 이와 관련된 시장의 가치는 2810억 파운드, 즉 유럽공동체 경제 생산량의 약 10퍼센트나 된다. 그것은 터빈발전기부터 전화교환기까지 다양한 제품에 대한 수요의 거대한(때로는 유일한) 원천이고, 각국 정부가 외국 경쟁 기업들을 물리치고 국내 주력 산업을 육성하는 데 오랫동안 활용해 온 분야다. … 모든 중앙·지방·지역 공공 발주 가운데 외국 입찰자에게 돌아가는 비율은 5퍼센트가 채 안 되고, 많은 부분은 [자국의] 비경쟁석 단일 입찰자에게 낙찰된다.[23]

국가의 '자율성'

국가를 통제하는 사람들이 자국 영토 안에서 자본을 통제하는 사람들과 단절하는 경우가 있다. 나치는 티센의 재산을 몰수해서 헤르만괴링공장을 세웠는데, 이 공장은 독일 경제의 중요한 구성 요소가 됐다. 아르헨티나에서 1기 페론 정부는 농업 자본가들의 독점이윤을 몰수해서 국가가 통제하는 산업을 발전시키는 데 사용했다. 이집트의 나세르와 시리아의 바트당은 (토착 자본이든 외국 자본이든) 대자본을 몰수해서 국가자본으로 만들었다. 제2차세계대전이 끝난 뒤 동유럽에서 국가

기구를 통제한 자들은 그 국가기구를 이용해서 생산수단을 거의 다 국유화했다.

또 개별 자본이 '자기' 국가의 이익을 해치는 방식으로 행동하는 경우도 많았다. 예컨대, 자금과 투자를 외국으로 빼돌리고, 자국의 다른 자본보다 저가로 공급하는 외국자본과 거래하고, 심지어 자국과 교전 중인 적국에 무기를 팔기도 했다. 그러나 국가가 자국 자본과 단절해서 자유롭게 행동할 수 있는 정도에는 한계가 있고, 그 점은 자본이 자기 국가와 단절할 수 있는 정도도 마찬가지다.

국가가 아무리 특정 자본가의 이익을 무시한다 하더라도 다른 국가에 맞서 자신을 방어할 수 있는 능력과 조세 수입이 결국은 자본축적의 지속에 달려 있다는 사실을 망각할 수 없다는 점에서 국가의 자유에는 한계가 있다. 나치는 티센을 몰수할 수 있었고, 유대인 자본가들의 재산을 빼앗을 수 있었고, 차라리 없는 것이 독일 자본에는 상당한 이득이 됐을 끔찍한 죽음의 수용소를 건설할 수 있었고, 심지어 전쟁에 질 것이 뻔해져서 강화 협상을 시도하는 것이 독일 자본주의에 유리하다는 것이 확실해진 뒤에도 전쟁을 계속하겠다고 고집을 피울 수 있었다. 그러나 (국가자본이든 사적 자본이든) 자본에 가장 유리한 조건으로 자본주의적 착취가 이뤄지고 따라서 자본축적이 지속되도록 확실히 보장하는 한에서만 그 모든 일을 할 수 있었다. 이 점은 페론, 나세르, 바트당, 동유럽 정권 등도 마찬가지였다.

개별 자본이 어려움을 무릅쓰고 한 국민국가 영토에서 다른 국민국가로 어떻게든 옮겨 간다 하더라도 그 자본의 요구를 들어줄 국가가 없으면 결코 오랫동안 사업할 수 없다는 점에서 개별 자본의 자유에는 한계가 있다. 개별 자본은 너무 취약하므로 효과적 국가가 존재하지 않는 '황량한 서부' 같은 상황에서는 제대로 사업을 할 수 없다. 그런 상황에서는 하층 세력이 개별 자본의 정상적 착취 과정을 방해할 수도 있고 다른 자본이나 국가가 개별 자본을 집어삼킬 수도 있기 때문이다.

국가가 자본과 단절하거나 자본이 국가와 단절하는 것은 어렵고 위험한 모험이다. 국가가 사적 자본을 공격하면, 사람들이 단지 사적 자본뿐 아니라 자본축적 자체에도 도전하고 더 나아가서 국가의 위계질서에도 도전하기 시작하는 사태가 벌어질 수 있다. 사적 자본이 '자신의' 국가와 단절하면, 적대적이고 위험한 세계를 혼자 헤쳐 나갈 각오를 단단히 해야 한다. 따라서 쉽고 평화롭게 국가자본주의로 가는 길도 없고, 산업자본이 이 국가에서 저 국가로 쉽게 본사를 옮길 수도 없다.

국가 관료의 계급적 성격

국가와 자본주의에 관한 대다수 논의는 한 가지 중요한 문제, 즉 국가 관료 자체의 계급적 성격이라는 문제를 결코 다루지 않는다. 자본가계급의 지위는 생산수단의 사적 소유에 의해 결정되고 국가 관료는 자본가계급의 수동적 피조물에 불과하다는 것이 통념이다. 때로는 국가 관료도 독자적 이해관계가 있어서 사적 자본의 이해관계를 약간 침해할 수 있다는 듯이 말하는 사람도 있지만, 이런 주장을 자세히 설명하는 경우는 드물다. 보통은 낱낱의 사건을 이해하기 위해 즉흥적으로 제기하는 가설에 불과하다.

그런 견해는 마르크스가 살았던 19세기 중반의 영국 자본주의와 (국가가 최소한의 기능만 하는) '야경국가' 시대에는 어느 정도 타당했다. 당시 국가지출 수준은 매우 낮았고, 조세 징수가 상품 가격이나 사람들의 가처분소득에 미친 영향도 아주 작았다. 그러나 이런 국가관은 절대왕정 시기에 '생산적' 자본주의가 성장했을 때나 20세기의 자본주의와는 전혀 맞지 않는다. 절대왕정 시기와 20세기 자본주의에서는 모두 국가 관료 자체가 매우 중요한 사회계층이고 국가지출이 사회의 발전 방식을 좌우하는 데서 매우 중요한 구실을 하고, 국가의 과세와 차입이 일반적 가격 구조와 다양한 계급의 가처분소득에 결정적 영향을 미친다.

1871년에 마르크스는 《공산당 선언》(1848)에서 주장한 견해보다 훨씬 더 멀리 나아가서 다음과 같이 썼다. "어디에나 존재하는 복잡한 군사·관료·교회·사법 기구를 거느린 ⋯ 중앙집권적 국가기구가 마치 보아 뱀처럼 시민사회를 휘감고 있다. ⋯ 사회집단들의 관계에서 생겨난 사소한 개별적 이해관계는 모두 사회 자체와 분리됐고, 사회와 무관한 것으로 고정됐고, 국가의 이해관계라는 형태로 사회와 대립했다. 그리고 정확히 결정된 위계적 기능을 하는 국가 성직자들[관료들]이 그 국가의 이해관계를 관장했다."

마르크스는 국가 관료가 다양한 사적 자본가들의 착취에 단지 기생한 것이 아니라, 독자적 착취 행위를 덧붙이기도 한다고 강조했다. 국가는 "중간계급[자본가계급]의 강압적 계급 지배 수단이었을 뿐 아니라, 국가라는 가계의 부유한 자리들을 모두 자기네[즉, 중간계급 — 지은이] 가족들이 차지하게 해 줘서, 직접적인 경제적 착취에다 제2의 착취를 덧붙이는 수단"이기도 했다. 국가 관료는 기존 지배계급의 지배를 확실히 보장하기 위해 생겨나지만, 그 과정에서 "심지어 지배계급의 이해관계조차 자신의 지배에 종속시킬" 수 있는 '기생적' 존재가 된다.[24]

노후한 자본주의에서는 흔히 사회의 총소득 가운데 국가의 손을 거쳐 가는 몫이 이윤·이자·지대의 형태로 사적 자본이 직접 가져가는 소득보다 훨씬 더 많다. 국가의 직접투자가 흔히 총투자의 절반을 넘는다.[25] 국가 관료는 착취의 과실 가운데 매우 큰 몫을 직접 처분하고, 수많은 경제활동을 감독한다. 국가 관료의 계급적 성격은 사회가 제대로 돌아가는 데서 매우 중요하다.

많은 자칭 마르크스주의자들이 계급이란 무엇인가를 두고 엄청난 혼란에 빠져 있다. 그들은 계급이 재산의 소유 여부에 달려 있고 따라서 국가 관료는 착취계급이나 착취계급의 일부가 될 수 없다고 주장한다. 그래서 동방 진영 국가들의 지배층이 전에는 지배계급이 아니었다고 주장하면서도 지금은 민영화 때문에 지배계급으로 변모할 수 있다고 인정한다.

그러나 마르크스가 생각한 계급은 물질적 생산과 착취에 대한 관계 때문에 다른 사회집단에 맞서 함께 행동할 수밖에 없는 사회집단이다. 《자본론》 3권의 미처 완성하지 못한 마지막 장에서 마르크스는 계급을 단지 '수입의 원천'으로 규정할 수 없다고 주장했다. 그렇게 규정하면, 계급을 한없이 나눠야 할 것이기 때문이다. 즉, "사회적 분업에 따라 자본가와 지주뿐 아니라, 노동자도 여러 이해관계와 지위로 한없이 세분될 것이다. 예컨대, 지주는 포도밭 소유자, 농장 소유자, 삼림 소유자, 광산 소유자, 어장 소유자 따위로 나뉠 것이다."[26]

다른 곳에서 마르크스는 그렇게 다양한 사회집단을 현대 사회의 주요 계급들로 묶어 주는 것은, 어느 한 집단의 수입이 다른 집단을 착취하는 데서 나오는 방식이라고 주장했다. 사회적 생산·착취 관계 때문에 사회는 양대 집단으로 나뉘고, 한 집단이 다른 집단을 착취한다. 이 두 집단의 역사적 대립 때문에 각 집단은 상대방에 맞서 함께 뭉칠 수밖에 없다. 즉, 하나의 계급으로서 행동할 수밖에 없다.[27]

봉건영주가 하니의 계급을 형성한 이유는 영주 각자의 생존이 농노한테서 수탈하는 잉여에 달려 있었고 그래서 모든 농노에 맞서 다른 봉건영주와 단결했기 때문이다. 계급 지위를 구분하는 이 근본적 규정에 비하면, 봉건영주가 개별 지주로서 농노를 착취하는지 아니면 종교 교단의 고위 성직자나 왕실의 고위 관리로서 농노를 착취하는지는 부차적 문제였다. 바로 이런 이유 때문에 봉건적 착취 관계에 바탕을 둔 국가의 고관대작이 봉건 지배계급의 일부였던 것이다. 지배적 착취 방식을 지지해야만 그들의 존재 자체와 국가에서 그들이 하는 기능이 모두 유지될 수 있었다.

마찬가지로, 성숙한 자본주의에서 국가 관료의 상층부는 자본주의적 착취와 축적의 성공에 의존한다. 그들은 자본주의적 착취와 축적이 성공하지 못하면 국가에 필요한 수입을 얻을 수 없다. 그래서 그들은 자국 국경 내에서 자본축적을 촉진할 조건을 제공할 수밖에 없다. 즉, 한편으로는 착취에 맞서는 대중의 저항을 억제해서 최소한으로 만들어야 하고 다른 한편으로는 외국에 기반을 둔 자본에 맞서 국내에 기반을 둔 자본의 경쟁력을 강화해야 한다.

이런 일을 해내지 못하는 국가 관료는 모두 자신의 특권과 기능을 유지하는 데 필요한 자원이 바닥나는 사태에 직면하게 될 것이다. 국가 관료는 좋든 싫든 자본축적의 대리인 노릇을 하지 않을 수 없고, 자신의 이해관계와 국내 자본가계급의 이해관계는 일치하는 반면 노동계급이나 외국 자본의 이해관계는 그 반대라고 여길 수밖에 없다.

바로 이런 요건 때문에 국가의 '자율성'에는 근본적 한계가 있다. 개별 자본가가 이 사업이 아니라 저 사업을 선택할 수는 있어도 어떤 사업을 선택하든 착취하고 축적하지 않으면 안 되는 것과 꼭 마찬가지로, 국가 관료도 이런저런 방향으로 움직일 수는 있어도 자신의 장기적 미래를 위험에 빠뜨리지 않으려면 국내의 자본축적 요구를 결코 무시할 수 없다. 국가 관료의 '자율성'은 국내의 자본축적 요구를 어떻게 실행할지에 관한 제한적 자유일 뿐, 자본축적 요구를 실행할지 말지를 선택할 수 있는 자유는 결코 아니다.

국가 관료가 자본주의적 착취에 의존한다는 사실은 흔히 그들이 수입을 얻는 방식(소득과 지출에 대한 과세, 정부 차입, '화폐 발행') 때문에 은폐된다. 이 모든 활동은 언뜻 보면 생산 현장의 자본주의적 착취와 사뭇 다른 것인 양 보인다. 따라서 국가는 모든 사회 계급에게 세금을 징수해서 필요한 자원을 마련할 수 있는 독립적 실체처럼 보인다.

그러나 이 외관상의 '독립성'은 국가의 활동을 더 광범한 맥락에서 살펴보면 사라지고 만다. 국가는 개인들에게 세금을 부과해서 수입을 얻는다. 그러나 개인들은 이 구매력 손실을 생산 현장의 투쟁으로 만회하려 할 것이다(자본가들은 더 높은 착취율을 강요하려 하고, 노동자들은 임금 인상을 쟁취하려 할 것이다). 국가가 수입을 늘릴 수 있는지 없는지는 계급 세력 균형에 달려 있다. 국가의 수입은 사회의 총잉여가치 가운데 일부다. 즉, 노동자들이 생산한 생산물의 가치가 노동력 재생산 비용

(노동자들이 집으로 가져가는 임금)을 초과하는 총액 가운데 일부다.[28]

이런 의미에서 국가의 수입은 다양한 자본 부문이 얻는 수입, 즉 지주가 얻는 지대, 화폐자본이 얻는 이자, 상품자본이 얻는 영업이익 등과 비슷하다. 이렇게 다양한 수입의 크기를 둘러싸고 다양한 자본 부문이 끊임없이 충돌하는 것과 꼭 마찬가지로, 국가 관료와 나머지 자본가계급은 총잉여가치에서 자신들이 차지할 몫을 둘러싸고 끊임없이 충돌한다.

때때로 국가 관료는 무력을 독점하고 있는 자신의 특별한 지위를 이용해서 다른 자본가들을 희생시키고 제 잇속을 챙기기도 한다. 그러면 다른 자본 부문도 자신의 특별한 지위를 이용해서 반격할 것이다(산업자본은 투자를 연기할 수 있고, 화폐자본은 돈을 외국으로 빼돌릴 수 있다). 그러나 이 모든 충돌에서 다양한 자본 부문은 상호의존관계를 결코 망각할 수 없다.

국가·화폐자본·상품자본은 생산 영역에서 잉여가치가 창출되지 않으면 그들의 수입을 늘릴 수 없다. 생산자본은 국가가 충분히 숙련된 '자유로운' 노동력의 풍부한 공급을 보장해 주지 않으면 그리고 물리적 방어 수단을 제공해 주지 않으면 잉여가치를 얻을 수 없다. 또, 상품자본이 잉여가치 실현을 보장해 주고 금융자본이 생산 확대에 필요한 자금을 공급해 줘야 생산자본은 잉여가치를 얻을 수 있다. 상품자본은 국가가 국내시장의 안정적 작용을 위한 토대를 놓아 주지 않으면, 그리고 국가의 영향력을 이용해 외국시장을 개방시켜 주지 않으면 제구실을 할수 없다.

[자본의] 각 요소는 인체의 신경처럼 독자적으로 가지를 쳐 나가지만, 다른 모든 요소와 서로 얽혀 있는 거대한 신경마디에 대한 의존에서 결

코 벗어날 수 없다.

이런 신경마디, 즉 다양한 자본 덩어리가 국가 관료(자본이 받쳐 주고 또 의지하는)와 얽히고설켜 있는 매듭이 바로 각국의 자본주의 경제다.

다양한 요소를 운영하는 자들은 어느 정도까지는 마치 완전한 자율성이 있는 것처럼 행동할 수 있다. 특히, 화폐자본과 상품자본은 마치 지리적으로 고정된 산업자본의 생산수단에 전혀 의존하지 않는 것처럼 행동할 수 있다. 마찬가지로, 국가를 운영하는 자들은 어느 정도까지는 자신들의 수입이 자본주의적 착취와 축적의 성공에 달려 있지 않는 것처럼 행동할 수 있다. 개혁주의자들, 포퓰리스트들, 심지어 파시스트들이 국가구조의 일부를 통제해서 사회를 변화시키려 할 때 바로 그런 일이 일어난다.

그러나 이 다양한 요소들의 상호의존관계는 결국 경제 위기(신용 제도나 상품 판매망의 갑작스런 붕괴, 갑작스런 국제수지 위기, 심지어 국가 파산의 위험)를 통해 가장 극적으로 드러난다. 이런 의미에서 국가를 운영하는 자들의 '자율성'은 은행가, 상품 투기꾼, 개별 기업인의 '자율성'과 얼추 비슷하다. 이들은 각각 어느 정도까지는 마치 전반적인 착취·축적 경향을 무시할 수 있는 것처럼 행동할 수 있다.

은행가는 채무자의 부채 상환 능력을 실제로 따져 보지 않고도 돈을 빌려줄 수 있다. 상품 투기꾼은 자본주의 생산이 확대될 때만 이뤄질 수 있는 소비에 자신의 이윤이 달려 있다는 사실을 잊어버릴 수 있다. 개별 기업인은 일시적 성공에 도취해서 자기 기업이 투자 확대와 기술 혁신 추세에 뒤처지도록 방치할 수 있다. 국가를 통제하는 자들은 자국에 기반을 둔 자본의 국제경쟁력을 약화시킬 수도 있는 온갖 야심 찬 계획을 강행할 수 있다. 그러나 이들은 모두 체제 전체의 압력 때문에 결국은 뒤로 물러설 수밖에 없다.

이 사실은 국가 관료를 지휘하는 자들의 계급 위치에 매우 중요한 영향을 미친다. 그들은 개인적으로는 자본을 소유하지 않을 수 있다. 그러나 자본축적의 대리인 노릇을 하지 않을 수 없고, 따라서 마르크스의 정의대로라면 자본가계급의 일부일 수밖에 없다.

《자본론》에서 마르크스는 자본주의 생산이 발전하면 자본가계급 내부에서 기능 분화가 일어난다고 지적했다. 자본 소유자들은 생산과 착취를 실제로 조직하는 데서 직접적 구실을 덜 하게 되고 이 일은 고액의 보수를 받는 경영자들에게 넘어가는 경향이 나타난다. 그러나 이 경영자들이 자본축적의 대리인 노릇을 계속하는 한 이들은 여전히 자본가다. 오스트리아 마르크스주의자 힐퍼딩은 이 주장을 더욱 발전시켜서, 단일한 자본가계급이 다수의 금리생활자 자본가(자신의 주식 지분에서 나오는 거의 고정된 수익률에 의존해 살아간다)와 '창업자' 자본가(거대 기업에 필요한 자본을 끌어모아 초과 잉여가치를 얻는다)로 분화한다고 지적했다.[29] 우리는 여기에 덧붙여서, 개별 자본의 축적을 관리하는 자본가와, 국가를 통해 각 국가 안에서 활동하는 형제자매 자본들의 발전을 촉진하려 하는 자본가(이들을 국가자본가나 정치적 자본가라고 부를 수 있겠다)의 분화도 지적할 수 있을 것이다.

많은 금융자본가는 상인자본가이기도 하고 생산자본가이기도 하다. 많은 기업인 자본가는 주식을 보유한 자본가이기도 하다. 마찬가지로, 국민국가 수준에서 축적에 관여하는 자들은 흔히 기업인 자본가나 주주 자본가 출신이고, 나중에 기업인이나 주식 보유자로 되돌아가는 경우도 흔하다.

그래서 영국의 거대 사기업 우두머리들 중에는 처음에 국유 기업 경영자로서 경력을 쌓은 사람도 있는데, 유명한 사례로 앨프 로벤스와 리처드 마시 두 사람을 들 수 있다. 그들은 노동당 안에서 정치적으로 성공한 것을 디딤돌 삼아 국유 기업의 경영자가 되더니 나중에 사기업으로 옮겨 갔다. 프랑스에서도 자동차를 생산하는 거대 사기업 푸조의 회장 칼베는 공공 부문과 사적 부문에서 모두 경력을 쌓았다. 또, 일본에서도 공공 축적 기관, 예컨대 강력한 통상산업성에서 경력을 쌓은 사람들이 사기업의 고위 경영자로 옮겨 가는 것은 흔한 일이다. 이탈리아에서도 산업부흥공사IRI와 탄화수소공사ENI 같은 핵심 국유 기업의 경영 구조는 오랫동안 집권당, 특히 최대 정당인 기독교민주당의 정치적 위계 조직과 얽히고설켜 있다.

〈파이낸셜 타임스〉의 기자는 이탈리아의 악명 높은 금융 스캔들을 다루면서 다음과 같이 말했다.

이탈리아에서 자금을 마련하려면 은행 대출을 확보해야 한다. 그러나 은행은 정치인들이 쥐락펴락하고 있다. … [1980년대 초에 — 지은이] 이탈리아 은행의 약 4분의 3은 국가 소유였다. 그리고 많은 경우에 은행의 고위직은 정치권의 낙하산 인사가 차지했고, 그래서 자타가 공인하는 권력의 전리품이었다.[30]

1960년대에 "기독교민주당은 … 은행과 수많은 공기업에 대한 통제권을 강화하는 방향으로 나아갔다."[31] '중도좌파 연립정부'가 들어서자, 집권당들 사이에서 공기업 경영자 자리를 차지하기 위한 투쟁이 격화했다.

기독교민주당과 사회당은 이론적 야당인 공산당에 맞서 싸우는 것만큼이나 자기들끼리 서로 경쟁하는 분파들로 분열했다. … 이 분파들과 패거리들은 … 은행과 그 밖의 정부 산하 기관들에서 새로운 전쟁터를 발견했다.[32] 신종 기업인이 등장하고 있었다. 엄밀히 말하면 그들은 국유 기업과 공공 부문을 대표했지만, 실제로는 마치 금융권의 창꼬치처럼* 움직였다. 때로는 자신들을 위해서, 때로는 정치적 후원자를 위해서 행동했지만 항상 공금을 갖고 그랬다. …

가장 험악한 창꼬치는 국영 석유 기업인 탄화수소공사의 회장 에우제니오 체피스였다. … 그는 산업의 '정치화' 사례 가운데 1968년에 일어난 가장 극적인 사건의 배후에도 있었는데, 그 사건은 탄화수소공사가 몰래 이탈리아 최대 화학 재벌인 몬테디손(아직도 사기업으로 남아 있다)의 지배주주가 된 것이었다.[33]

그보다 몇 년 전에 탄화수소공사 초대 회장인 엔리코 마테이는 자신이 관리하는 자금을 이용해 "정치인들을 주물러서 … 이탈리아 최고의 유력 인사로 여겨질 정도였고"[34] 심지어 (이론적으로는 국가 소유인 자금을 사용해) 자기 소유의 신문 〈일 조르노〉를 창간했다.[35]

오늘날 탄화수소공사는 미국을 제외한 세계에서 어림잡아 네 번째로 큰 산업 기업이다.[36]

'정치적 자본가' 개인이 사회에서 차지하는 매우 특권적인 지위는 그들이 보유한 주식 지분에서 비롯하지 않는다. 흔히 정치적 영향력과 개

---

* barracuda. 이빨이 날카롭고 공격적인 꼬치고기과의 물고기.

인적 술책이 그 열쇠다. 그러나 착취와 축적의 수준을 유지하는 데서는 주주나 사기업인과 공통의 이해관계가 있다. 최근 〈파이낸셜 타임스〉는 프랑스에 관해 다음과 같이 지적했다.

> 국유 기업 회장은 임기가 3년인데, 요즘 임기를 연장하는 가장 확실한 방법은 (정치적 연줄이 어떻든 간에) 이윤을 많이 남기는 것이다.[37]

이렇게 행동하는 국유 기업 경영자는 사기업인이나 주주와 마찬가지로 자본가처럼, 즉 노동자들을 착취하는 자본축적의 화신으로서 행동하는 셈이다.

제국주의: 금융자본·산업자본·국가의 융합

이제 우리는 제국주의를 다룬 레닌과 부하린의 저작들에서 매우 중요한 개념인 '국가와 자본의 융합'을 이해할 수 있게 됐다. 자본주의의 논리적 귀결은 자본의 집적과 집중 증대다. 즉, 다수의 소규모 자본이 소수의 대자본으로 대체되는 것이다. 어느 한 나라 안에서 사업하는 이 대자본들은 서로 의존할 뿐 아니라 국민국가에도 의존하고, 국민국가는 산업·상업·금융 자본이 국가를 중심으로 새롭게 통합될 수 있는 토대를 놓는다. 각 국민국가는 자본들이 모이는 마디 점이 되고, 자본은 그 국민국가를 거점 삼아 밖으로 가지를 쳐 나가서 세계 전역으로 침투한다.

그러나 이것이 문제의 끝은 아니다. 각 국민국가와 소수 대자본의 상호의존 때문에 국가와 자본의 경계가 무너지는 경향이 생겨난다. 자본은 국가의 행동 방식을 좌우하기 위해 (시장의 압력을 간접적으로 이용하기보다는) 개인적 영향력을 직접 사용하는 것에 점점 더 의존하고, 국가 관료는 점점 더 특정 기업의 내부 경영에 간섭한다.

일국적 자본과 국민국가의 상호 침투는 자본주의적 경쟁 방식 자체의 중요한 변화로 나타난다. 국민국가의 경계 안에서는 경쟁이 갈수록 규제되는 반면, 국제적으로는 시장 경쟁뿐 이니라 (심지어 그것을 대체해서) 군사적 경쟁 형태도 취하게 된다.

이 '새로운 차원의 경쟁'은 자본과 국가 관료가 자본주의적 착취와 축적에 의존한다는 사실을 결코 부정하는 것이 아니다. 전쟁에서 승리하는 데 필요한 수준의 파괴 수단을 획득하는 것은 시장 경쟁에서 확실히 승리하는 데 필요한 수준의 생산수단을 획득하는 것과 똑같은 경향, 즉 임금을 노동력 재생산 비용까지 떨어뜨리고, 노동생산성을 세계 수준까지 끌어올리고(그래서 일국의 구체 노동을 국제적 추상 노동으로 바꾸는 데서 손실이 전혀 없게 하고), 잉여가치를 축적에 사용하는 경향에 의존한다.

이 점에서 군사적 경쟁과 경제적 경쟁의 유일한 차이는 축적이 취하는 형태의 차이뿐이다. 즉, 새로운 상품을 생산하는 데 사용될 수 있는 사용가치의 축적이냐 아니면 전쟁을 하는 데 사용될 수 있는 사용가치의 축적이냐 하는 것뿐이다. 어느 경우든지 간에, 이 사용가치를 통제하는 자들은 그것을 체제의 다른 곳에서 생산되는 사용가치들과 비교해 보고, 즉 그것을 교환가치로 환산한 결과에 따라 그 사용가치가 얼마나 중요한지를 판단한다. 레닌이 강조했듯이, '평화적' 경쟁의 시기는 전면 전의 시기로 나아가는 길을 준비하고, 전면전의 시기는 '평화적' 경쟁의 시기로 나아가는 길을 준비한다.[38]

그래서 심지어 '평화적' 시기에도 서로 다른 자본들 사이의 관계는 마르크스의 《자본론》에 나오는 모델처럼 단지 시장 관계에 의존하지만은 않는다. 그것은 오히려 '무장한 평화'의 상황, 즉 서로 다른 국가들의 상대적 영향력이 국가와 연결된 서로 다른 자본 블록의 상대적 성공을 결정하는 그런 상황이다. 그리고 이런 상대적 영향력은 결국 각 국가가 군사 장비를 축적할 수 있는 능력에 달려 있다. 바로 이것이 제국을 건설하고 종속국을 획득하고 동맹을 창출할 수 있는 각 국가의 능력을 결정한다.

이 국면의 자본주의 발전 역사는 내가 《경제 위기를 설명한다》에서 간략하게 서술했으므로 여기서 되풀이할 필요는 없을 것이다.[39] 국가와 산업이 융합하는 경향, 즉 레닌과 부하린이 말한 '제국주의'는 19세기 말에 시작됐다고 이야기하는 것으로 충분할 것이다. 그러나 국가와 산업이 융합하는 경향은 1930년대에 와서야 완전히 발전했다. 당시 개별 '사적' 자본은 가만히 놔두면 제힘으로는 경제 위기를 극복할 수 없는 것처럼 보였다. 그래서 이후 40여 년 동안 국가화는 결코 멈출 수 없는 추세처럼 보였다. 어디서나 국가 부문은 거침없이 성장해서, 석탄·철강·운수·발전 산업 같은 오래된 기간산업을 국가가 통제하거나 소유했을 뿐 아니라 첨단 기술 산업들도 국가가 후원(하거나 때로는 소유)했다.

그 과정은 당연히 소련·동유럽·중국 같은 관료적 국가자본주의 체제에서 가장 멀리까지 나아갔다. 그러나 일본·브라질·아르헨티나 같은 다양한 나라에서도 국가는 '사적' 기업이든 국유 기업이든 대기업의 활동에 엄청난 영향을 미쳤고, 집권당이나 국가 관료 체제의 고위직 인사가 대기업 경영진으로 자리를 옮겼다가 다시 복귀하는 경우가 흔했다. 일본 자유민주당, 이탈리아 기독교민주당, 아르헨티나 페론주의 운동의 실세가 되면, 국가뿐 아니라 산업의 의사 결정에도 영향을 미칠 수 있었다(고 그 수입에서 이득을 챙기기도 했)다. 심지어 서방 자본주의 가운데 가장 '자유로운' 자본주의, 즉 미국 자본주의에서도 군사 부문의 핵심 구실 덕분에 국가는 엄청난 영향력을 행사할 수 있었고, 내각은 대체로 기업 수뇌부 출신 인사로 구성되는 경향이 있었다. 제너럴모터스GM에 좋은 것은 미국에도 좋은 것이었고, 로버트 맥나마라 같은 사람은 포드 경영진으로 일하다가 자리를 옮겨서 베트남 폭격을 지시했고[국방부 장관을 지냈다] 그 뒤에는 세계은행 총재가 돼 제3세계에서 성공적인 자본주의를 창출하려고 노력할 수 있었다.

국가자본주의가 성장함과 동시에 국경을 가로지르는 경제 거래의 비중은 감소했다. 일국적 자본주의 복합체는 저마다 자국 국경 안에서 최대한 광범한 경제적·군사적 기능을 떠맡으려 노력했고, 일국적 철강·자동차·화학·조선·전자·군수·항공 산업을 건설하려 했다. 세계 총생산 대비 제조업 상품의 교역량 지수는 1900년 1.0에서 1914년 1.2로 상승했다가 1920년 1.1, 1930년 1.0으로 하락했고 1940년에는 0.7, 1950년에는 0.6으로 급락했다.[40]

영국의 상품 교역은 1914년 이전에 국민생산의 43.5퍼센트를 차지했는데 1950년대에는 30.4퍼센트로 떨어졌다. 다른 나라들의 사정도 비슷했다. 예컨대, 미국은 11.0퍼센트에서 7.9퍼센트로, 일본은 29.5퍼센트에서 18.8퍼센트로, 독일은 38.3퍼센트에서 35.1퍼센트로, 이탈리아는 28.1퍼센트에서 25퍼센트로 낮아졌다.[41] 그 수치가 가장 낮았을 때는 1930년대의 대불황 이후였는데, 당시 모든 주요 강대국과 많은 하위 강대국은 군사적 국가자본주의의 길로 나아가고 있었다.

따라서 한 세대 동안 자본주의 열강들 사이의 무역·금융 흐름은 국민국가 경계 내부의 경쟁적 축적 요구에 종속됐다. 국경을 가로지르는 거래는 국가 수준의 협상에 달려 있었다. 국민국가는 자국 자본에 다음과 같은 것들을 제공했다.

1. 생산수단과 파괴수단의 축적을 위한 지리적 기반, 즉 숙련된 노동력 공급, 보조금과 관세를 통해 특정 영토 안에서 다른 '외국' 자본에 맞서기 위한 특권, 외국 상품 배척, 국가가 생산한 저렴한 원료 등.
2. 외국 국가자본에 맞서 자국 자본을 보호하고 새로운 특권 영역을 개척할 군사력.
3. (안정된 사법제도를 통해) 다른 자본과의 상업 관계를 질서 있게 규제하고, 외국 통화에 대항해서 조작 가능한 자국 통화 공급.
4. 자국의 중요한 자본이 서로 통합돼 있는 다른 자본의 갑작스런 붕괴로 입게 될 예기치 못한 피해에 대한 보상.

마이크 키드런이 묘사한 세계, 즉 자급자족적 국가자본들이 서로 경쟁하는 세계는 바로 이 시기의 세계를 추상한 것이다. 그러나 추상이기 때문에 그것은 구체적 현실의 매우 중요한 요소들을 놓치고 있다. 왜냐하면 자본순환의 서로 다른 국면은 국가자본들의 세계에서도 계속 존재하고, 그런 국면의 실현 필요성 때문에 국가-산업 복합체 내부에서 분산 압력이 생겨나기 때문이다.

그래서 자급자족적 국가자본주의조차 자국 국경 밖에서 자금, 즉 화폐자본을 얻을 수 있다면 더 빠르게 축적할 수 있다. 그리고 일부 국가자본은 국민국가 밖에서 투자할 수 있다면, 특히 그 덕분에 상품시장에 대한 특권적 기회를 얻게 된다면, 축적률을 더 높일 수 있다. 국가의 외교가 화폐자본과 상품의 이동을 조정한다는 사실이 그런 이동이 일어나지 않는다는 것을 뜻하지는 않는다.

따라서 국가와 자본이 완전히 융합된 곳에서조차 자본이 통과하는 서로 다른 국면들은 단일한 국가자본가계급 내에서 서로 다른 이익집단들을 만들어 낸다. 무엇보다 국가와 자본의 완전한 융합이 결코 이뤄지지 않은 곳에서는 융합 경향뿐 아니라 분열 경향도 존재한다. 자본의 다양한 요소와 국가는 서로 묶여 있으면서 계속 분열하려고도 한다.

군사적 경쟁과 경제적 경쟁이라는 서로 다른 압력은 마찬가지로 분산하는 이해관계와 수렴하는 이해관계의 결합을 만들어 낸다. 또, 국가기구의 일부는 군사 장비의 축적을 지지하고, 산업구조의 일부를 끌어들여서 마찬가지로 군비 축적을 지지하게 만들기도 한다. 다른 산업 부문들은 시장 경쟁을 겨냥한 축적에 더 관심이 있고, 그래서 국가 관료의 일부를 자기편으로 끌어들이려 애쓴다.

따라서 심지어 국가자본주의의 절정기에조차 '국가 계획'은 흔히 착각이었을 뿐이다. 실제로 일어난 일은 서로 다른 이익집단이 저마다 정치적 영향력을 이용해서 원하는 바를 이루고자 끊임없이 자리다툼을 했다는 것이다. 그러나 일국적 실체가 완전히 붕괴하는 일은 결코 일어나지 않았는데, 왜냐하면 정치적 영향력을 이용할 수 있다는 것은 곧 전체 국가자본의 이해관계와 관련된 듯한 계획을 제시한다는 것을 뜻했기 때문이다. 서로 다른 자본 부문과 국가의 분산되는 특정한 이해관계들은 일국적 축적과 국민국가 권력의 상호의존 때문에 여전히 서로 묶여 있었다.

국가자본주의를 넘어서

국가자본주의 시기의 특징이었던 경제활동 패턴은 1950~1960년대의 대호황기에 바뀌기 시작했다. 국가자본들은 점차 서로 교역했(고 그 과정에서 생산의 새로운 국제화를 위한 토대를 놓았)다. 세계무역의 성장률은 평균적으로 세계 생산 증가율의 약 2배였고, 1970년대가 되자 세계 총생산 대비 제조업 상품의 교역량 지수는 1900년(과 1930년) 수준과 거의 같아졌다. 그리고 양차 대전 사이 시기와 달리 1970년대 말과 1980년대 초의 경기후퇴 때는 무역이 감소하지 않았다. 1982년에 세계 총생산과 세계무역이 감소하기는 했지만, 1980년대의 나머지 기간 내내 무역은 생산보다 더 빠르게 성장했다.[42] 무역-생산 지수는 1980년대 중반에 1.4까지 치솟았고,[43] 세계무역 총량은 6년 사이에 40퍼센트 증가했다.[44]

그러나 가장 기본적인 통계 수치들만을 보면, 장기 호황과 그 이후의 국제화 수준을 과소평가하기 십상이다. 1914년 이전 시기에 무역의 상당량과 투자의 대부분은 식민지 열강과 그들의 직간접 종속국 사이에서 이뤄진 것이었다. [그러나] 장기 호황기에는 무역 증가의 압도적 부분이 선진 공업국 사이에서 이뤄진 것이었다. 그래서 1914년 이전에는 영국 무역의 약 70퍼센트가 '농업국들'과의 무역이었지만, 1960년대에는 70퍼센트 이상이 공업국들과의 무역이었다.[45]

투자의 성격에서도 비슷한 변화가 일어났다. 1913년에는 영국의 해외 직접투자 가운데 겨우 6퍼센트만이 '상공업' 투자였지만, 1958~1961년에는 제조업에만 20퍼센트가 투자됐다.[46]

장기 호황기에 무역과 투자는 점차 선진 공업국 사이에서 이뤄졌다. 그리고 이런 상황은 1980년대까지 지속됐다. 1970년대에는 무역과 투자가 신흥공업국과 동유럽 나라들(특히 폴란드와 헝가리)로 흘러가는 경향이 있었다. 1980년에 그 흐름은 거의 중단됐지만, 소수의 환태평양 나라들(한국·대만·태국·싱가포르·홍콩)은 예외였다. 자본은 아프리카와 라틴아메리카에서 선진국으로 역류했다. 그리고 심지어 중동의 부유한 산유국들조차 1980년대에는 경제가 지지부진했다.

당시 일어나고 있던 일은 선진국 경제들이 서로 그리고 환태평양 신흥공업국들과 통합되는 것이었다. 세계경제의 나머지 대부분에서 일어나는 일은 그들에게 별로 관심사가 되지 못했다. 특히 중요한 것은 이런 통합이 취한 형태였다. 물론 일국적 자본주의 사이의 무역은 항상 존재했다(심지어 1930년대 국가자본주의의 절정기에도 무역은 이뤄졌다). 또, 국경을 넘나드는 금융의 이동도 언제나 존재했다(국민국가 정부들이 그런 흐름을 통제할 수 없다는 사실이 1930년대 초에 그들로 하여금 국가자본주의 방향으로 나아가게 만든 중요한 요인이었다). 그러나 국경을 가로질러 생산을 직접 조직하는 것은 사실 매우 드문 일이었다. 1950년대 초까지 그런 일은 제3세계 나라들의 채취 산업(석유·야자유·코코아 등)이 제국주의 열강 내부에 자리 잡은 제조업의 필요에 통합되는 정도에 불과했다.[47]

그러나 장기 호황으로 산업이 성장하면서 이런 패턴은 무너졌다. 인수·합병을 통한 산업의 집중은 흔히 국가의 후원 아래 이뤄졌는데, 그 결과로 특정 나라들에서 엄청나게 큰 기업들이 나타났고, 이들은 전에는 꿈도 꾸지 못할 규모로 기술혁신과 생산적 투자에 자원을 쏟아부을 수 있었다. 그 거대 기업들은 자국 시장을 지배할 수 있었을 뿐 아니라, 자기들끼리 세계시장도 분할해서 다른 많은 경쟁 업체들을 폐업 위기로 몰아넣었다. 그러자 이 경쟁 업체들은 무역뿐 아니라 생산에서도 자원을 국제적으로 동원하는 다국적기업이 되지 않으면 살아남을 수 없게 됐다.

다국적기업들(예컨대, ITT, 포드, 코카콜라 등)은 전쟁 전에도 존재했다. 그러나 당시의 다국적기업들은 대체로 통합된 국제적 연구·생산에 바탕을 두지 않았다. 그래서 미국 자동차 기업의 영국 자회사는 대체로 디트로이트에서 무슨 일이 일어나든 상관없이 독자적으로 모델을 개발해서 판매했다. 이런 상황은 1960년대와 1970년대에 바뀌기 시작했다. 국제적 개발·생산·판매 전략을 실행하는 기업들이 성공을 거두기 시작했다. 이미 1950년대 말에 IBM(미국 군대와 막대한 계약을 체결해서 크게 성장한)은 전 세계의 새로운 대형 컴퓨터 산업을 지배할 수 있었고, 보잉(역시 미국 군대와 체결한 계약 덕분에 크게 성장한)은 경쟁 상대인 '일국적' 민간 항공기 제조회사들을 궁지로 몰아넣기 시작했고, 포드와 제너럴모터스는 1970년대 중반부터 이른바 '월드카', 즉 단일한 설계도에 따라 디자인되고 10여 개 나라에서 만든 부품들로 조립되는 자동차에 대해 이야기하기 시작했다. 석유화학 제품 생산은 이제 유럽의 개별 국가 안에 국한되지 않고 정교한 파이프라인을 통해 원료를 이 나라 공장에서 저 나라 공장으로 보내는 방식으로 이뤄졌다.

자본주의 생산의 새로운 단계, 즉 다국적기업에 바탕을 둔 단계가 도래했다. 이것은 그 전 단계, 즉 국가자본주의 단계에서 자라나온 것이었다. 의미심장하게도, 가장 성공한 기업들 자체는 (우월한 경쟁력으로 다른 기업들을 다국적화 방향으로 몰고 갔지만) 많은 경우 다국적기업이 아니라 국가자본주의 시대의 전형적 산물이었다. 일본의 자동차 기업들은 여전히 일국적 기반의 생산 설비를 갖고 있었지만, 그런 일본 기업들의 압력 때문에 포드와 제너럴모터스는 1970년대 말에 월드카를 이야기하지 않을 수 없었다. 또, 미국에 기반을 둔 보잉의 압력 때문에 유럽의 항공우주 회사들은 에어버스[중·단거리용 대형 여객기] 생산에 노력을 쏟아 붓지 않으면 안 됐다. 일국적 기반을 가진 한국의 조선 산업이 크게 성공하자 다른 나라의 경쟁 업체들은 대대적 공장폐쇄와 인원 감축 계획을 세울 수밖에 없었다.

그러나 일단 시작된 생산의 국제화 과정은 결코 멈출 수 없었다. 1980년대 말에는 한 나라의 기업이 다른 나라의 기업을 인수·합병하거나 다른 나라 기업과 전략적 동맹을 맺는 것에 바탕을 둔 국제적 전략을 수립하지 않아도 되는 산업 분야가 거의 없었다.

자동차 산업에서 일본 자동차 기업들은 미국에 생산 공장을 세워서, 미국 3위의 자동차 기업인 크라이슬러보다 더 많은 자동차를 생산했다.

또, 프랑스의 국유 자동차 기업 르노는 미국에서 규모는 비록 작지만 미국 4위의 자동차 기업인 아메리칸모터스를 필두로 일련의 기업 인수를 시작했다. [스웨덴의] 볼보도 미국에서 제너럴모터스의 대형 트럭 생산 부문을 인수했다. 포드와 폭스바겐은 브라질에 있는 자동차 공장을 합병했다. 닛산은 영국 북동부에 조립 공장을 세워서 해마다 자동차 수십만 대를 생산했다. 혼다는 로버[영국 자동차 기업]의 주식 지분 20퍼센트를 사들였다. 타이어 산업에서는 프랑스 기업 미슐랭이 1988년에 미국의 유니로열굿리치를 인수해서 세계 최대 타이어 생산 업체가 됐고, 세계 6위의 타이어 기업인 이탈리아의 피렐리는 세계 4위 기업인 독일의 콘티넨탈을 인수하려 한다.

건설기계 산업에서 국제적으로 세계시장의 절반 이상을 지배하는 양대 기업인 미국의 캐터필러와 일본의 코마츠가 모두 전 세계에서 더 작은 기업들과 동맹을 맺어 왔다. 그래서 코마츠는 3위 미국 기업 드레서의 사업을 대부분 인수했고, 캐터필러는 미쓰비시와 체결한 제조·설계 협정을 확대했다.

영국의 제너럴일렉트릭컴퍼니GEC는 중공업 생산 부문을 프랑스 제네랄일렉트리시테CGE의 자회사인 알스톰과 합병했다. CGE는 그보다 몇 년 전에 ITT의 유럽 사업체들을 사들였고, 이제는 이탈리아 피아트와 서로 상대방의 주식 지분을 상당히 보유하는 거래를 성사시켰고, GEC도 독일의 지멘스와 손잡고 전자 회사 플레시를 인수했다.

미국 기업들이 외국 기업을 인수하는 데 쓴 비용은 1985년에 109억 달러, 1986년에는 245억 달러, 1987년에는 404억 달러였다. 1987년에 일본 기업들이 소유한 미국 기업들의 가치 총액은 약 90억 달러였고, 영

국 기업들은 약 240억 달러어치의 미국 기업을 소유하고 있었다.[48] 프
랑스 기업들의 미국 기업 인수 총액은 1988년 760억 프랑에서 1989년
1080억 프랑으로 늘어났다.[49]

국제적 인수·합병 물결과 동시에 합작 투자와 국경을 뛰어넘는 동맹
의 물결도 일었다. 그래서 1989~1990년에는

> IBM은 지멘스와, 텍사스인스트루먼츠는 고베제강·히타치와, 모토로라는
> 도시바와, AT&T는 미쓰비시전기·일본전기주식회사NEC와, 볼보는 르노와
> 그리고 아마 미쓰비시자동차와도, 필킹턴은 일본판유리NSG와, 다임러벤츠
> 는 프랫앤휘트니와 합작했는데, 가장 야심 찬 사례는 다임러벤츠와 미쓰비
> 시그룹의 (모호한) 합작이었다.[50]

이런 생산의 '다국적화'는 선진국에만 국한되지 않았다. 그것은 (전에
산업의 국가화가 서방보다 훨씬 더 멀리 나아가는 경향이 있던) 제3세
계와 신흥공업국에도 영향을 미쳤다.

아르헨티나와 브라질이 전형적이었는데, 두 나라의 산업 기반은
1940~1960년대에 국가가 개입해서 중공업(흔히 국가 소유 기업들)에 직
접 투자하면서 다져졌다.[51] 그러나 1970년대 초가 되자 (국가 부문이든
사적 부문이든) 더 통찰력 있는 기업인들이 볼 때는 국민경제의 한계를
극복하는 길을 찾지 못하면 세계적 생산성 수준을 따라잡는 데 필요한
자원과 첨단 기술을 얻을 수 없다는 점이 분명해졌다. 그들은 특허권 협
약, 합작 생산 계획, 자금 문제 때문에 점차 외국의 다국적기업에 의존하
(고 그들 스스로 다른 나라에서 다국적기업으로 활동하)기 시작했다.

비슷한 과정은 멕시코에서도 진행됐는데, 멕시코는 국가와 일당독재 체제를 구축한 제도혁명당이 오랫동안 지배적 구실을 해 온 나라였다. 지난 20여 년 동안 미국과 접경지대인 멕시코 북부 지역에서 미국 자회사들이 크게 늘어났다. 자동차 부품 업체부터 식료품 회사, 석유화학 기업, 철강 회사까지 109개의 자회사를 거느린 멕시코 최대 산업 그룹인 알파 같은 기업은 외국 기업들과의 합작 사업을 점차 늘려 왔다. 알파의 금융 담당 임원은 다음과 같이 말했다. "우리 비非철강 사업 4분의 3은 합작 사업이다. 우리에게는 합작 사업의 문화가 있다."

이런 발전 때문에 일부 좌파들은 '민족 독립'을 약화시키는 '신식민주의'가 성장하고 있다고 생각했다. 그러나 그와 동시에 일부 멕시코 기업들은 스스로 다국적기업이 되기도 했는데, 예컨대 유리 제조업체인 비트로는 미국 기업 두 개를 인수해서 "세계의 주요 유리 용기 제조업체가 됐고, 그 판매 시장은 미국과 멕시코로 거의 정확히 반분됐다."[52]

똑같은 전환이 지금 한국에서도 일어나기 시작했다. 한국에서는 국가가 주도한 산업화로 소수의 재벌이 지배하는 중공업이 건설됐다. 이 재벌들은 철강과 조선(일본이 영국을 앞지르고 나서 25년 뒤에 한국이 일본을 앞지른 분야) 같은 일부 중요한 세계시장으로 침투할 수 있었다. 그러나 1980년대 중반에 한국 재벌들은 자동차·전자·석유화학 제품의 대량생산으로 전환할 필요가 있다고 생각했는데, 그것은 주로 일국 수준의 활동이 아니라 다국적 기반 위에서만 가능한 일이었다. 현대자동차는 주식의 10퍼센트를 일본의 미쓰비시에 매각했고, 미국 시장에 소형차를 공급하는 문제를 포드와 의논했다. 현대전자는 캘리포니아의 실리콘밸리에 소규모 자회사를 세우고 (한국 정부가 금지한) IBM 컴퓨터 조립 계약을 체결했다. 한편, 석유화학 분야에서는 삼성과 현대가 모두 1989~1990년에 일련의 대규모 투자를 시작했는데, 그 의도는 단지 한국 시장뿐 아니라 태평양 연안 전체의 시장에서도 큰돈을 벌겠다는 것이었다(대만·태국·싱가포르·말레이시아·인도네시아 기업들과의 경쟁이 격렬했는데도 말이다).[53]

서빙 선진국, 제3세계, 신흥공업국의 다국적화 패턴은 이제 동유럽에서도 되풀이되고 있다. 내가 전에 쓴 여러 글에서 보여 줬듯이, 동구권 기업과 서방 기업의 연합은 이미 1960년대 말에 처음 시작됐다.[54] 1980년대 말쯤 그 과정은 자체 탄력을 얻게 됐고, 동유럽 노멘클라투라의 지도층이 1989년의 정치적 격변에 대응해서 지령 경제와 급격하게 단절하고 '자유 시장'에 관한 논의를 수용하게 만든 한 요인이었다. 1990년 말이 되자 언론에서는 거의 하루도 빠짐없이 동유럽 기업과 서방 기업의 합작회사 설립, 인수·합병, 신규 협력 협정 체결 등에 관한 소식이 흘러나왔다.

금융 세계화

금융의 국제화는 생산의 국제화보다 훨씬 더 빠르게 진행됐다. 국경을 넘나드는 은행 대출은 어느 정도는 항상 존재했다. 그러나 1960년대 말에는 이런 은행 대출이 폭발적으로 성장했다. 그래서 1968년부터 1974년까지 서유럽 은행들의 외환 거래는 8배 증가했고, 1965년부터 1975년까지 74개 저발전국의 총부채는 3배 증가했다. 1970년대 중반과

1980년대 초의 경제 위기도 이런 추세를 막지 못했다. 그래서 1980년대 동안 저발전국의 부채는 다시 2배 증가했고, 미국은 채권국에서 대규모 채무국으로 전락했고, 1985년 9월까지 세계 은행권의 대출 총액은 도합 2조 3470억 달러에 달했고,[55] 유러본드* 시장의 규모는 1985년 한 해에만 70퍼센트 성장해서 채권 발행 총액이 1340억 달러나 됐다.

국제 은행업의 성장과 나란히 국제 외환 거래도 폭발적으로 증가했다. 그래서 1984년에는 하루 총 거래 액수가 1500억 달러나 됐는데, 이는 5년 전보다 2배 증가한 수치였다. 국경을 넘나드는 금융이 이렇게 엄청나게 성장하자 국내 금융계를 통제하려는 정부의 노력은 점차 헛수고처럼 보였다. 1980년대에는 규제 완화 물결도 일어서, 세계 금융기관들은 더 자유롭게 국경을 넘나들게 됐다. 그래서 1980년대 중반 〈파이낸셜 타임스〉는 다음과 같이 지적했다.

규제 완화와 기술 발전 덕분에 세계 금융시장이 자본의 단일한 대형 저수지로 빠져들게 되자, 금융업자들은 이제 새로운 전략을 수립해야 했다. 그래서 대다수 금융업자들은 런던·뉴욕·도쿄 같은 주요 금융 중심지뿐 아니라 일부 부차적 금융 중심지에도 상당히 많은 지점을 설립하는 전략을 세웠다.[56]

---

* Eurobond. 유럽 자본시장에서 발행되는 외화 표시 채권. 국제적 신디케이트가 인수해 국제적으로 판매되는데, 대부분 미국 달러 표시의 유러달러 채권이고 그 밖에 독일 마르크, 스위스 프랑 표시 채권 등이 있다.

1987년 4월 〈파이낸셜 타임스〉는 다음과 같이 보도했다.

"유가증권 시장의 국제화"나 "단일 세계시장에서 고객에게 봉사하기" 같은 환상적 문구들이 국제 금융계 고위 인사들의 공개 발언에서 나오고 있다. 개별 자본시장은 주로 스와프* 같은 혁신적 기법을 통해 상호 관계가 실제로 더 긴밀해졌다. … 자유화로 말미암아 많은 국내시장이 새로운 기법과 새로운 참가자들(흔히 외국의 금융업자들)에게 개방됐다. … 투자은행들은 국제적으로 서비스를 제공할 수 있다는 사실을 매우 강조했고, 따라서 미국·런던·도쿄뿐 아니라 다른 나라들에도 지점을 설치해서 상호 협력 체제를 구축하려고 상당한 노력을 기울였다.[57]

은행 대출과 마찬가지로 주식 소유도 국제화했다.

국경을 뛰어넘는 주식시장은 근본적으로 그 규모가 얼마나 큰지 아무도 모른다. 그러나 분명한 사실은 그것이 성장하고 있다는 것이다. …
지난해 말에 미국의 연금 기금은 해외투자 액수가 420억 달러에 달했는데, 이것은 겨우 2년 전보다 거의 3배나 증가한 수치다.

1980년대 말에 외국 유가증권 시장에 돈을 쏟아부은 것은 일본의

---

* swap. 거래 상대방이 미리 정한 계약 조건에 따라 장래의 일정 시점에 서로 다른 두 방향의 자금 흐름을 교환하는 거래. 현물 거래와 선물 거래가 동시에 이뤄지는 특징이 있다. 변동금리와 고정금리를 교환하는 금리스와프, 거래 당사자가 서로 상이한 통화로 차입한 경우 원리금 상환의 자금 흐름을 교환해 이행하는 통화스와프 등이 있다.

기관투자가들이었다. 그들의 유가증권 매입액은 1982년 연간 20억 달러에서 1985년 600억 달러, 1989년에는 1000억 달러로 급증했다.[58]

자본의 국제화와 국가

금융·무역·생산의 대규모 국제화는 이제 자본주의 체제에 국가가 필요없다는 듯이 떠들어 대는 부르주아 이데올로그들의 주장 속에 반영됐다. '세계화', '국제화', '민영화'가 유행어가 됐다. 대표적으로 〈비즈니스 위크〉는 "국가 없는 기업"의 시대를 선언하면서 "다국적기업도 잊어라. 오늘날의 거대 기업들은 정말로 국경을 뛰어넘고 있다"고 주장했다.[59]

그러나 현실을 너 자세히 살펴보면 이것이 매우 과장된 견해임을 알 수 있다. 국제화 추세가 존재한다는 것은 사실이다. 그렇지만 제조 기업의 대다수는 여전히 주로 어느 한 국민국가 안에서 사업하면서 다른 나라로 가지를 쳐 나가고 있다. 〈비즈니스 위크〉가 스스로 내놓은 수치도 이 점을 잘 보여 준다. 〈비즈니스 위크〉는 47개 기업이 "국가 없는 제조업 세계"에 속해 있다고 지적하지만, 각 기업의 주식은 대부분 내국인이 소유하고 있고 겨우 6개 기업만이 지분의 30퍼센트 이상을 외국인이 소유하고 있다. 외국인이 대주주인 기업은 하나도 없다. 또, 자산을 대부분 외국에 두고 있는 기업은 14개뿐이다(그중에서도 절반은 스위스·네덜란드·스웨덴 같은 비교적 작은 유럽 나라들에 기반을 두고 있다). 미국·프랑스·독일·일본 기업의 대다수는 여전히 압도적으로 내국인이 소유하고 있고, 자산의 대부분이 한 나라에 집중돼 있다.

아마 더 중요한 사실은 기업이 국경을 뛰어넘는 합병과 동맹으로 무엇을 얻으려고 하는지일 것이다. 기업들은 세계의 기술 진보를 따라잡는 데 필요한 자원을 얻고 새로운 시장에 접근하려 함과 동시에 그 전에는 닫혀 있던 연줄(외국의 재계와 정부에 영향을 미칠 수 있는)을 붙잡으려고 노력한다. [기업 간] 합병과 협정을 설명하는 사람들은 직접적으로든 간접적으로든 기업들이 그런 영향력을 추구한다고 거듭거듭 지적한다. 그래서 예컨대, 독일 기업 지멘스와 (일본 후지쓰에 인수되기 전의) 영국 컴퓨터 회사 ICL이 상호 협정을 논의하게 된 동기 하나는 "서로 상대방의 국내시장에 접근할 필요성"이었는데, 상대방 국내시장의 많은 부분을 차지하는 공공사업 계약을 노린 것이었다.[60] 유럽의 대형 전력 회사 간 협정이 늘어나는 것은 각국의 국경이 쉽게 무너지지는 않으리라는 가정에 바탕을 두고 있다.

새로운 전력 회사들의 전략은 유럽이 시장을 개방하지 않을 경우에 대비해서 주요 지역 시장에 생산 공장을 소유한다는 것이지만, 그러려면 합리화를 통해 비용을 낮출 수 있어야 한다. 개방된 경쟁 시장이 아니라 보호받는 국내시장에서는 장비 공급 업체들이 30퍼센트나 더 비싼 요금을 청구할 수 있다는 생각이 널리 퍼져 있다.[61]

1986년에 프랑스 CGE와 미국 ITT가 통신 합작 사업을 제안한 목적은 "두 나라의 시장을 분리한 뚫기 어려운 장벽을 제거하려는 것"이 아니라 "그 장벽을 우회해서 ITT의 기존 고객들에게 직접 접근하려는 것이었다. 특히 디지털 전화교환기 사용자를 노린 것이었다. 일단 그 장벽

너머에 확고한 진지를 구축하고 나면, 장벽을 낮추는 일에는 거의 상업적 흥미를 느끼지 않게 된다"고 〈파이낸셜 타임스〉 사설은 불평했다.[62]

[이탈리아] 피아트와 프랑스 CGE 그룹이 동맹을 맺게 된 동기 하나는 두 기업의 세력권이 "서로 딱 맞아떨어졌기" 때문이다.[63] 두 기업이 동맹을 통해 공략하려는 시장은, 그들이 각각 영향력을 행사하는 두 나라 정부의 주문에 의존하는 시장이다. 후지쯔가 영국의 ICL을 인수하게 된 동기 하나는 "대규모 설비를 가진 영국 고객층, 특히 공공 부문의 고객층에게 접근할 기회를 얻기 위해서"였다.[64] 독일의 세제 그룹 벤키저가 이탈리아의 두 주요 세제 생산 업체를 인수했을 때, 벤키저는 "사전 정지 작업으로 … [이탈리아의] 주요 정치인들에게 부탁을 해야만 했다."

런던대학교 경영대학원의 비즈니스전략센터가 내놓은 연구 보고서는 유럽에서 "국경을 뛰어넘는 합병이 더 큰 규모의 경제를 추구하기 위해 이뤄지는 경우는 거의 없다. … 순수한 국내 합병과 달리, [초국적 합병의] 압도적 동기는 새로운 시장에 접근하려는 것이었다"고 불평했다.[65] 네덜란드 은행과 벨기에 은행의 합병이 무산된 이유를 조사한 결과를 보면, 그런 합병은 서로 다른 두 기업·국가 관계에 영향을 미치는 능력에 좌우된다는 것을 분명히 알 수 있다.

은행이 외국시장에서 자립하기는 엄청나게 어렵다. 자기 힘으로 그렇게 하려고 노력하는 은행은 모두 촘촘하게 짜인 현지 관계망 속으로 뚫고 들어가서, 사람들이 자신의 가장 개인적인 문제들조차 믿고 맡기게 할 수 있을 만큼 명성을 확고히 쌓아야 한다.[66]

요컨대, 다국적화 때문에 국가와 기업의 관계가 사라지는 것은 아니라고 말할 수 있다. 거대 기업은 국가와의 연계를 끝장내는 것이 아니라, 연계 맺고 있는 국가의 수(와 일국적 자본주의 네트워크)를 늘리고 있는 것이다. 국가자본주의의 후계자는 모종의 비非국가자본주의가 아니라 ('다국적 자본주의'나 '초국적 자본주의'라는[67] 표현이 함축하는 것과 달리) 오히려 자본이 전과 마찬가지로 국가에 의존하면서도 국가 밖으로 뻗어 나가서, 다른 국가와 연결된 자본과 연계를 맺으려 하는 자본주의다(어쩌면 '초국가'자본주의trans-state capitalism가 가장 적절한 표현일지도 모르겠다).

그러나 초국가자본주의에 도달하기는 쉽지 않다. 서로 다른 국민국가와 그리고 각국의 '재계'와 연계 맺고 있는 기업들이 서로 합병하거나 협정을 체결하려는 노력은 흔히 실패로 끝나고 만다. 초유럽 합병의 초창기인 1960~1970년대에 그렇게 끝난 합병이 많았다. 예컨대, 철강 산업에서 회슈-후고벤스, 고무 산업에서 던롭-피렐리, 항공우주 산업에서 VFW-포커가 그랬고, 그런 일은 오늘날에도 빈번히 일어난다. 그래서 〈이코노미스트〉는 다음과 같이 경고하기도 했다. "많은 기업이 앞으로 몇 년 동안 1980년대 인수·합병의 뒤치다꺼리를 하느라 정신없겠지만, 20세기의 마지막까지도 무모한 결혼의 얽히고설킨 매듭을 풀려고 골머리를 싸매야 할 위험은 여전히 남아 있다."[68] 런던대학교 경영대학원의 연구 보고서는 대다수 합병이 기대한 만큼 성공적이지는 못했다고 지적한다.[69]

합병 기업이 부딪히는 문제들은 때때로 합병 전의 기업에 스며들어 있는 '문화'의 차이에서 비롯한다고들 생각한다.[70] 이것이 실제로 뜻하는 바는 서로 다른 환경에서 성장한 기업들은 내부 경영 구조나 외부 문제 처리 방식이 서로 다르기 십상이라는 것이다. 또는 이 글의 앞부분에서 제시한 분석의 용어로 표현하면, 어느 한 국가자본주의 복합체 안에서 성장한 기업은 다른 국가자본주의 복합체 안에서 성장한 기업과 내부 구조가 다르다는 것이다. 특정한 '일국적 성격'은 자본의 조직 자체 안에 심어져 있다. 자본의 과거는 자본이 미래를 위해 스스로 재편하는 것을 어렵게 만든다.

과거에 국가가 자본을 위해 실행한 네 가지 기능, 즉 숙련 노동력을 공급하고 국내시장을 어느 정도 보호하는 것, 자본 간의 상거래를 질서 있게 규제하고 안정된 통화를 공급하는 것, 대규모 공급자와 구매자가 갑자기 붕괴하는 위험한 사태가 벌어지지 않도록 기업을 보호하는 조처를 취하는 것, [자본의] 이해관계를 보호할 최후의 수단으로서 무력을 제공하는 것은 각각의 개별 자본에 여전히 중요하다.

이런 기능은 결코 '시들어 죽지' 않는다. 사실 그중의 일부는 더 중요해진다. 주요 통화 간 환율이 변동하기 때문에, 어느 한 나라의 정부가 자국 통화의 가치를 고정하려 하면 그 나라 안에서 사업을 하는 기업들의 국제경쟁력은 엄청난 영향을 받을 수 있다. 정부의 영향을 받는 지출은 오히려 기업에 주요 상품의 시장을 제공하는 데서 갈수록 중요한 구실을 한다(통신 체계, 도로 건설, 특히 군수품 구매). 국가는 (예컨대, 국립은행처럼 국가를 중심으로 모여 있는 반쯤 자율적인 금융기관과 함께) 대기업을 구제할 수 있는 하나의 권력으로서 여전히 엄청나게 중요하다. 국가가 구제해 주지 않으면 대기업이 파산해서 국민경제 전체를 붕괴시킬 수도 있기 때문이다(미국의 부시 정부가 5000억 달러를 쏟아

부어서 저축대부조합을 '구제'한 것을 보라).

특정 국가 안에 생산 설비를 갖춘 기업들은 국가의 중요성을 아주 잘 알고 있다. 그들은 사업이 계속 성공하려면 대체로 국가가 자신들이 원하는 대로 환율을 조작하고, 노동비용과 대출금리를 낮추고, 대규모 공공사업 계약을 자신들에게 넘겨주고, 자신들이 볼 때 '불공정한' 국제 경쟁에서 보호해 주도록 국가에 압력을 넣을 수 있어야 한다는 사실을 알고 있다. 그들이 볼 때 기업의 이익을 지켜 줄 국가는 과거를 그리워하다가 그냥 생각나서 덧붙인 것이 아니라, 현재의 경쟁 상황에서 그들에게 절실히 필요한 존재다.

다국적기업의 실천은 이 점을 잘 보여 준다. 다국적기업은 국가에 등을 돌리지 않는다. 오히려 그들이 다국적기업이 되고자 하는 이유 하나는 자신의 영향력을 확대해서 자기 국가뿐 아니라 중요한 시장이 있는 다른 국가들에도 영향을 미치기 위해서다. 미국과 일본 기업이 서유럽 나라들에 투자하는 것은 국경을 '뛰어넘어' 이 국가들과 유럽공동체의 정책에 그 내부에서 영향을 미치기 위해서다. 그래서 미국의 포드와 제너럴모터스 같은 다국적기업이 유럽 각국 정부에 로비를 해서 일본 자동차 수입을 제한하는 조처를 취하게 하고, 또 일본 자동차 기업은 [영국에] 자동차 조립 공장을 세우기 위해 영국 국가와 보조금 지급 협상을 하는 일이 벌어지는 것이다.

이 점은 더 작은 다국적기업 가운데 하나, 즉 1980년대에 규제 완화와 국제화 물결을 타고 엄청나게 성장한 영국-터키 대기업 폴리펙의 행동을 보면 분명히 알 수 있다. 1990년 10월 폴리펙이 파산 위기에 직면하자 영국 정부는 폴리펙의 파산을 막으라고 터키 정부에 압력을 넣었다. "지난 토요일 영국 정부는 강력한 어조의 편지를 터키에 보내서, 터키 정부가 48시간 이내에 1억 파운드의 구제금융을 내놓지 않으면 폴리펙인터내셔널은 법정 관리에 들어갈 것이라고 경고했다."[71]

그리고 폴리펙 회장 아실 나디르가 영국 경찰에 체포되자 "터키의 아크불루트 총리는 '저들이 그를 파멸시키려고 작정한 듯하다'고 말했다고 터키 방송이 보도했는데, 이것은 터키와 영국 사이에 외교적 긴장을 불러일으킬 수도 있는 말이다."[72]

나디르는 터키와 터키령 북키프로스의 국가자본 네트워크 안에 자신의 기반을 확립했고 이 네트워크는 그가 난처한 상황에 처했을 때 그에게 도움이 됐다. 그러나 영국 국가와 지배계급(아크불루트가 불만스럽게 얘기한 "저들") 안에는 그런 기반을 구축하지 못했다. 그래서 그들은 나디르를 운명에 맡긴 채 내버려 뒀다. 다국적 자본과 국가의 상호의존이 그토록 분명히 드러난 경우도 드물다.

자본이 국민국가에 계속 의존한다는 사실은 위기에 빠진 금융자본의 행동에서도 입증된다. 앞서 봤듯이, 역사적으로 금융자본이 국민국가에 내린 뿌리는 생산자본보다 덜 튼튼했고, 1980년대 중반의 호황기에 금융자본은 세계화를 향해 재빨리 나아가는 듯했다. 그러나 1987년 10월의 금융 위기(주식시장 폭락)와 1989년에 시작된 경기후퇴는 모두 금융자본에도 국가가 필요하다는 것을 여실히 보여 줬다.

국가 개입(특히, 미국에서 국가가 천문학적 액수의 돈을 금융권에 쏟아부은 것)이 1987년 10월에 금융 위기가 체제 전체의 위기로 번지지 않은 데서 결정적 구실을 했다. 더욱이, 개별 금융자본가가 위기에 대처하는 방식은 자국 국민국가의 상대적 안정성에 의존하는 것이었다.

금융 폭락이 전 세계 주식형 펀드의 발전에 심대한 타격을 가했다는 증거가 있다. 위기 상황에서 최초의 본능적 행동은 본거지로 돌아가는 것이다. 해외투자를 실험한 많은 기금(예컨대, 미국의 연금 기금)은 국내의 핵심 투자를 매각하기보다는 최근에 취득한 해외 주식을 헐값에라도 팔아넘기려는 것처럼 보인다.[73]

3년 뒤 경기후퇴가 시작되자 이런 패턴은 더 두드러졌다.

체이스맨해튼 … 시티뱅크, 뱅크오브아메리카, 케미컬은 모두 최근에 해외시장에서 철수했다. … 한때 너도나도 외치던 세계화라는 구호는 이제 사람들이 꺼리는 말이 됐다. 예컨대, 영국 은행들은 국제시장에서 공격적으로 성장하려던 의욕을 상실했다. 이것은 특히 그들의 국내 이윤이 해외보다 갑절이나 많기 때문이다. 오직 유럽 대륙의 은행들만이 외국시장으로 대거 진출하고 있다. … 그러나 가장 능동적인 은행 가운데 하나인 도이체방크도 멈칫하고 있다. 도이체방크 최고경영자는 "내 생각에 우리는 당분간 충분히 먹고살 만하다"고 말했다.[74]

심지어 1987년 10월 이후에도 계속 해외로 진출한 일본 금융기관들조차 1990년 가을쯤에는 전보다 덜 그러는 듯하다. "일본 은행들의 해외 지사가 가장 많이 몰려 있는 런던에서 일본 은행가들은 자산 증가율이 한 자릿수로 떨어질 것이라고 넌지시 말하면서 수익성을 매우 강조했다."[75] 어떤 평론가는 위기가 심화하면 "금융기관들은 가능하다면 외국에서 번 이윤을 국내로 갖고 들어와 재무 상태를 개선하려 할 것"

이라고 경고했다.[76]

그런 상황에서는 국가들이 사라지기는커녕 오히려 국제경제를 조정할 필요가 있을 때 오늘날 우리가 목격하듯이 국가들끼리 장기적이고 흔히 고통스런 협상을 통해 조정해 나간다는 것이 결코 놀라운 일은 아니다. G7의 경제 정상회담이 계속되는 것이나 무역 규제를 두고 논쟁이 끊이지 않는 우루과이라운드 협상을 보라.

자본주의를 옹호하는 가장 유명한 이데올로그들은 자유무역을 설파하고 국가의 국제시장 '개입' 종식을 떠들어 댈지 모른다. 그러나 그들이 대변하는 계급의 일부는 꼭 그렇게 생각하지는 않는다. 심지어 그들 스스로 다국적 활동에 점차 참여할 때도 그렇다.

그래서 예컨대, 1990년 말에 유럽의 3대 자동차 회사(모두 점차 다국적기업이 되고 있는)는 일본 차 수입 규제 조처를 요구했고, 프랑스의 핵심 대기업들은 "달러 가치가 비현실적으로 저평가돼 있다"고 "한목소리로 불평"했고,[77] "영국의 일부 방위산업체들"은 "미국 무기 산업과 관계가 확고한" 호주인이 영국 군수물자 조달 책임자로 임명되면 "경쟁이 더 격화"할까 봐 두려워했고,[78] 영국의 4대 청산결제 은행은 "런던에서 외국 은행들의 구실이 커지면, 1990년대 초보다 현재의 침체된 시장에서 구제 활동이 더 어려워질 것"이라고 영국은행에 은밀히 경고했다.[79]

가장 큰 자본들이 국가에 계속 의존한다는 것이 뜻하는 바는 그들과 국가 관료의 이해관계가 달라지기도 하고 같아지기도 한다는 것이다. 그리고 이 관료들은 자본의 일국적 통합을 발전시키는 데 독자적 이해관계가 있다. 그래서 예컨대, 1980년대 말에 미국 국방부가 전에 일본 기업과 경쟁해서 참패한 미국 마이크로칩 산업을 부흥시키려 했을 때

내세운 공식 목표는 미국 군사력의 독립성을 지킨다는 것이었다.[80] 그리고 이 목표는 또, 일부 산업 부문의 염원에도 부합하는 것이었다.

새로운 칩 제조업체의 다수는 산업과 정부의 관계가 근본적으로 달라져야 한다는 것을 인정한다. "자유방임하는 자유시장, 적자생존의 원리가 19세기와 20세기 초에 잘 작동한 이유는 당시 우리가 고립된 경제에서 살았기 때문이다. 그러나 오늘날의 글로벌 경제에서는 모종의 중앙집권적 비전이 필요하다"고 시러스로직의 핵워스는 말했다. LSI로직의 코리건도 동의하며 "누군가는 이 나라의 산업 전략을 갖고 있어야 한다"고 말했다.[81]

영국에서는

브리티시에어로스페이스BA가 1981년과 1985년에 민영화됐다.* 그러나 BA와 공공 부문을 연결해 주는 탯줄은 결코 완전히 끊어진 적이 없다. … BA의 사업 부문 중에서 매출액이 가장 많은 곳은 방위 사업 부문이다. … 해외 판매는 정부 정책과 떼려야 뗄 수 없게 연결돼 있다. BA의 1988년도 매출액 56억 파운드 중에서 영국 정부와 무관한 매출은 아마 10억 파운드밖에 안 될 것이다.[82]

---

* 영국 정부는 1981년에 BA의 주식 지분 51.57퍼센트를 매각했고 나머지 지분을 1985년에 매각했으나 1파운드의 황금주(보유 수량이나 비율과 무관하게 단 1주만 가지고 있어도 적대적 인수·합병 등 특정한 주주총회 안건에 거부권을 행사할 수 있는 주식)를 계속 보유했다.

BA는 점차 다국적기업의 구실을 하기를 원하지만, 영국 국가에 뿌리내린 확고한 기반이 없으면 다국적기업의 구실도 할 수 없다. 이 점은 많은 남유럽 나라들에서도 분명한 사실인데, 그곳에서는 국가가 소유하고 정치적 자본가들이 운영하는 산업체들(이탈리아의 산업부흥공사와 탄화수소공사의 다양한 자회사들, 프랑스의 대형 국유 기업들)이 여전히 국가 관료의 지원에 의존해서 국민경제의 모든 부문을 지배할 뿐 아니라 해외로 가지를 쳐 나가서 다른 나라 기업들을 인수하고 있다.

1990~1991년 겨울에 시작된 경기후퇴는 루퍼트 머독의 뉴스인터내셔널처럼 자유시장 이데올로기를 확고하게 지지하는 다국적기업조차 여전히 국가에 의존한다는(더 정확히 말하면 이 경우에는 세 국가에 의존한다는) 것을 보여 줬다. 뉴스인터내셔널은 사업을 합리화하고 부채 부담을 줄이는 데 방해가 된다고 생각하는 다양한 규제를 완화해 주도록 호주·영국·미국 정부에 직접 정치적 압력을 가했다.[83] 또, 뉴스인터내셔널에 돈을 빌려준 150개 이상의 은행 가운데 일부를 설득해서 부채 70억 달러를 재조정하는 데 동의하게 만들려고 정치적 영향력을 사용한 것은 물론이다. 그러나 한편으로는 뉴스인터내셔널에 돈을 빌려준 채권자들이 대체로 단일한 국민국가 안에 기반을 두고 있지 않다는 사실이 문제를 꼬이게 만들기도 했다. 그래서 〈파이낸셜 타임스〉는 다음과 같이 지적했다.

채권자들의 지리적 다양성 때문에 문제가 더 복잡해졌다. 다른 부채 재조정과 달리 은행들로 하여금 거래, 즉 부채 조정 작업에 동참하도록 권장할 단일한 조정 당국이 없기 때문이다. 최근 영국의 가구·직물 회사인 로라애

슐리와 레저 업체인 브렌트워커의 부채를 재조정했을 때는 영국은행의 개입이 거래 성사에서 중요한 구실을 했다.[84]

초국가자본주의는 국가자본을 단순히 부정하지 않는다. 국가자본을 보존할 뿐 아니라 더 높은 수준으로 끌어올린다. 초국가자본주의는 국가자본주의의 청산이 아니라 변증법적 지양이다. 그런 지양은 쉽게 이뤄지지 않는다. 그리고 그것은 모든 지배계급의 생활을 매우 어렵게 만들 수 있다. 지배계급의 각 부문은 그런 변화 과정에 의해 모순된 방향으로 이끌리게 된다.

민영화와 초국가자본주의

민영화 문제는 체제의 더 광범한 변화와 어떻게 연결돼 있을까? 1980년대에 많은 나라에서 민영화를 추진하는 결정적 전환이 있었다. 그래서 국가 소유 산업 부문이 확대되던 기존 추세가 뒤집어졌다. 이제 제3세계의 많은 나라와 동유럽의 옛 지령 경제체제 대다수가 그 뒤를 따르고 있다.

보수 우파 중에는 애덤 스미스의 경제학에 바탕을 둔 이상적 자본주의관觀을 가진 사람들이 항상 있었다. 그들은 국가가 산업에 개입하는 정책의 '롤백', 즉 되돌리기를 요구했다. 그들의 생각은 때때로 주류 보수 정당의 공약에 반영돼, 별로 중요하지 않은 경제 부문의 국가 통제를 없애기도 했다. 그러나 1930년대 초부터 1970년대 중반까지 거의 반세기

내내 그들은 자본주의 발전의 물결을 거슬러서 헤엄치고 있었다. 그런데 1980년대 초에 갑자기 그들의 생각이 각국 정부의 정책이 되기 시작했다. 단지 보수적 정부만이 아니라 스페인·호주·뉴질랜드 같은 나라의 사회민주주의 정부나 노동당 정부도 그랬다.

전통적 우파의 계획이 이렇게 갑자기 실행되자 개혁주의 좌파는 큰 혼란에 빠졌다. 강력한 국가 부문을 지지하는 것은 국제적으로 사회민주주의와 스탈린주의의 특징 가운데 하나였다. 국유화 때문에 그들은 동유럽 국가들이 비록 기형적이기는 해도 어쨌든 사회주의 국가라는 것을 당연하게 여겼을 뿐 아니라, 서방과 제3세계 나라들의 국가 부문과 자신들을 동일시하기도 했다. 자본주의 안에서 국유화가 확산되면, 자본주의가 평화적으로 합리적 계획 체제로 바뀔 수 있다고 주장하기도 더 쉬워졌다. 따라서 좌파든 우파든, 동방이든 서방이든 민영화의 확산은 사회주의의 잇따른 패배이고 산업의 탈국유화는 반혁명의 특징이라고들 생각했다.

그러나 자본주의를 사적 소유와, 사회주의를 국가 소유와 동일시하는 순진한 견해를 일단 거부하고 나면, 지금 일어나고 있는 일을 다르게 설명할 수밖에 없다. 지금의 상황은 국민경제를 관장하는 자들이 국가의 경제 개입으로 위기를 피할 수 있는지를 점차 의심하게 됐다는 사실로 설명해야 한다. 1970년대 중반에 심각한 경기후퇴가 찾아오자, 1930년대 이전의 낡은 자유시장 개념을 갖고 있다는 이유로 전에는 하찮게 취급받던 우파 이데올로그들(하이에크, 프리드먼 등)이 갑자기 새롭게 각광받았다. 탈국유화는 그들의 더 일반적인 주장, 즉 국가가 '기업'의 목을 조르는 짓을 끝장내라는 요구와 잘 어울렸다. 그 요구가 체제의 지지

자들 사이에서 광범한 매력이 있었던 이유는 뒤집어진 개혁주의를 제공했기 때문이다. 즉, 지배계급의 지위를 전혀 건드리지 않으면서도 경제 위기를 해결하는 묘수를 제공한 것이다.

동유럽의 노멘클라투라 일부도 마찬가지 이유에서 '시장'(과 민영화) 이데올로기에 매력을 느꼈다. 옐친 같은 [소련] 지도자들은 경제 위기를 기업 내부의 위계적 착취 구조 탓으로 돌리지 않고 형식적 소유권이 (민간의 개인이 아니라) 국가의 수중에 있었기 때문이라고 주장하면 경영자와 노동자 모두에게 먹혀들 수 있다는 사실을 발견했다.

한편, 민영화는 실질적 계급 권력을 과거와 똑같은 자들의 수중에 남겨 두는데, 체코슬로바키아의 민영화 담당 장관인 두산 트리스카는 최근에 이 점을 다음과 같이 설명했다.

> 옛 체제에서 승승장구했던 바로 그 사람들이 새로운 승자가 될 것이다. … 옛 국유 기업의 관리자들과 불법 외환 딜러들과 그 밖의 사업가들이 그들이다. … 우리는 이런 불의를 무시해야 한다.[85]

일단 민영화가 실행되면, 그것은 지배계급 전체에게 이데올로기적으로 중요한 또 다른 기능을 할 수 있다. 자본의 소유권이 국가에 집중돼 있으면, 자본주의 체제에서 고통받는 사람들의 요구가 모두 국가로 집중되기 마련이다. 민영화는 정부가 경제 위기로 인한 고통의 책임을 회피하는 데 도움이 된다. 왜냐하면 모든 것을 비인격적 시장의 힘 탓으로 돌릴 수 있기 때문이다. 그래서 자유시장 경제학자이자 모스크바 시장인 가브릴 포포프는 1990년 여름에 쓴 글에서 다음과 같이 주장했다.

우리가 자산의 탈국유화와 민영화를 서두르지 않는다면, 독자적 이익을 위해 투쟁하는 노동자들의 공격을 받게 될 것이다. 그러면 페레스트로이카 세력은 붕괴할 것이고 페레스트로이카의 미래는 불확실해질 것이다. … 우리는 소유 형태의 변화를 더 서둘러야 한다. … 우리는 포퓰리즘에 덜 의존하는 새로운 정치권력 기구와 제도를 찾아내야 한다.[86]

같은 주제를 다르게 표현한 것은 제3세계와 신흥공업국에서 민영화를 정당화하는 많은 주장에서 찾아볼 수 있다. 그 주장인즉, 국가 소유는 산업의 구조조정과 합리화를 방해하는 강력한 장애물을 만들어 낸다는 것이다. 왜냐하면 국가는 자신의 일자리가 유지되기를 바라는 일부 국가 관료와 노동자 모두의 압력을 받기 때문이다. 그들은 산업을 민영화하면 국가가 후퇴할 것이라며, 지금은 자본주의적 경쟁의 요구를 거슬러서 '페더베딩'을* 허용할 수 있는 상황이 결코 아니라고 주장한다.

그래서 코트디부아르에서는 총리 알라산 우아타라가 발전 산업을 민영화한 후 다음과 같이 주장했다. "사람들을 다치게 하지 않고 구조조정을 할 수는 없는 법이다. … 우리는 성장을 촉진하고 우리 경제의 경쟁력을 강화하는 데 필요한 자원을 얻어야 한다. … 경제의 모든 부문에서 민영화가 실행될 것이다."[87] 코트디부아르의 국제적 '후원자들'은 그 조처를 열렬히 환영했다. "그 회사는 가장 비효율적이고 인원이 너무 많은 국가 기업 중 하나로 여겨졌다. 요금은 턱없이 비쌌고, 정치 엘리트에

---

* featherbedding. 노동조합이 일자리를 창출하거나 실업을 방지하기 위해 요구하는 초과 고용 요구나 생산 제한 행위.

게 놀고먹는 일자리를 제공하는 것으로 유명했다."[88]

그러나 약간 다른 민영화 옹호론도 있는데, 그것은 민영화를 체제의 국제화와 직접 연결하는 주장이다. 즉, 가장 일국적 기관인 국가가 체제의 대부분을 소유하고 있으면 진정한 국제적 자본주의 체제는 존재할 수 없고, 따라서 국가 소유는 국제 주주 계급의 소유로 대체돼야 한다는 것이다.

그러나 이런 주장들 가운데 어떤 것도 민영화 추세는 거침없는 것이고 민영화 반대가 곧 자본주의 자체를 반대하는 것이라는 확신을 주지는 못한다. 국가자본주의는 이탈리아·프랑스·오스트리아 같은 중요한 서방 나라들에서 여전히 확고하다. 그런 나라의 국가자본가들은 경쟁 상대인 민간 자본가들에 맞서 자기 입지를 지키려고 격렬하게 싸우고 있다. 그래서 1980년대에 유럽공동체 전체에서 "막대한 국가 보조금을 지원받는 대규모 철강 그룹들 때문에 민간 부문의 소규모 철강 업체들은 문을 닫아야 했다. … 유럽의 대다수 철강 회사를 소유한 국가가 소유권을 포기할 조짐은 거의 없다."[89]

프랑스에서는 "정부·산업체·금융기관의 고위직은 대부분 긴밀하게 유착된 기술 관료 엘리트가 여전히 차지하고 있다. 국가 통제 전통의 교육을 받은 그들은 여전히 정치권력의 핵심부와 확고하게 연결돼 있다.[90] 오스트리아에서는 "정부가 많은 기업의 주식을 매각했다. 특히, 오스트리아항공, [전력 회사인] 페어분트공사, 석유 회사인 OMV의 주식을 매각했다. 그러나 대주주는 여전히 정부다."[91]

국가자본가들은 흔히 민영화 추세에 맞서 자신들을 보호하려 할 때 국가에 의지할 수 있었다. "리언 브리턴이* … 최근 국유 기업에 대한 통제를 강화하기로 결정하자 이탈리아[보수적인 기독교민주당이 집권당이다 — 지은이]와 그 밖의 몇몇 나라가 분노했는데, 그들은 브리턴이 월권행위를 하고 있다고 주장한다."[92]

강력하게 자리 잡은 국가자본주의 부문이 끈질기게 존속하면 인모스Inmos 사례 같은 이례적 상황이 벌어질 수 있다. 원래 1970년대 말에 영국 노동당 정부가 국가적 마이크로칩 산업을 건설하려고 설립한 인모스를 1980년대에 보수당 정부가 민영화했다. 그런데 1989년에 이탈리아-프랑스 컴퓨터 그룹인 SGS-톰슨이 인모스를 인수했다. 그러나

SGS-톰슨의 지배주주는 프랑스 전자 회사인 CSF와 이탈리아 지주회사인 IRI/핀메카니카이고, 둘 다 국가 소유다. 그래서 영국 정부는 민간 구매자를 찾아서 인모스를 매각하기로 결정했지만 일련의 우여곡절 끝에 결국 인모스를 재국유화했다.[93]

지금 영국 정부는 "외국 국가가 지배하는 기업이 영국 기업을 인수하지 못하게 금지하는 법률을 제정하려고 준비하고" 있고 "뒷문으로 국유화"를 끌어들이고 있다.[94]

국가자본주의가 현대 자본주의에서 여전히 결정적 구실을 하는 것은 오래전에 확립된 국가 부문만이 아니다. 국가자본주의는 체제 전체에서

---

* Leon Brittan. 영국 재무부·내무부·통산부 장관과 유럽연합 집행위원회 부위원장을 지낸 보수당 정치인.

핵심적이다(특히, 세계경제 위기의 시대에는 더 그렇다).

미국 저축대부조합의 4분의 1 이상이 갑자기 지급불능 상태에 빠졌을 때 미국 국가가 어떻게 대응했는지를 보면 그 점을 분명히 알 수 있다. 당시 미국 국가는 수많은 사람의 저축이 모두 날아가면 경제적·정치적 파국이 닥칠까 봐 두려워서, 파산한 저축대부조합들을 사실상 인수했다. 그래서 사무실 건물, 골프장, 컨트리클럽, 쇼핑 상가, 호텔 같은 자산들을 국가 소유로 만들었다(물론 이런 자산을 다시 매각하는 것이 궁극적 목적이었지만). 최종 비용은 5000억 달러나 될 것이라는 추산도 있다.[95] 미국 재무 장관 니컬러스 브래디는 '구제금융'을 운용하는 정리신탁공사가 "이미 미국에서 두 번째로 큰 은행이 됐다. … 순식간에 엄청나게 큰 기업으로 성장한 것이다" 하고 말했다.[96]

1990년 말과 1991년 초에는 과거 저축대부조합을 강타한 것과 비슷한 금융 위기가 은행도 강타할 듯하자 평론가들은 국가가 다시 개입해야 한다는 것을 당연하게 생각했다(1월 초에 뉴잉글랜드은행이 파산했을 때 그랬듯이).[97]

정부는 손실을 내는 국유 기업을 단순히 민영화할 수는 없다. 영국의 대처 정부조차 수익을 못 내는 기업이 공장폐쇄와 감원 계획을 밀어붙여서 사적 자본에 매력적으로 보이게 될 때까지는 그 기업을 국가 소유로 계속 유지했다. 그래서 민영화 속도는 항상 민영화 이데올로기가 함의하는 것보다 훨씬 더 느렸다. 대처 정부가 11년 동안 민영화를 했지만 영국 경제의 10퍼센트도 채 못 했다.

민영화는 흔히 지배계급이 일국에 기반을 둔 사업에서 국제적 기반을 가진 사업으로 옮겨 가면서 [노동자의] 착취와 고통 수준을 높이고 싶을 때 이를 은폐하려고 사용하는 핑계다. 그렇다고 해서 사회주의자들이 옛 국가자본가들과 함께 민영화 반대 대열에 가담해야 한다는 말은 아니다(특히, 국가자본가들이 여전히 체제에서 중요한 기능을 하고 있을 때는 더 그렇다). 오히려 우리는 국유화와 민영화 둘 다의 대안으로 진정한 사회적 소유를 제기해야 한다.

동유럽 위기와 초국가자본주의

나는 전에 쓴 여러 글에서 동방 국가들의 위기를 세계적 사태 전개라는 맥락 속에 놓고 살펴보려 했다.[98] 여기서는 동방 국가들의 위기는 자본이 점차 국민국가의 경계를 넘어서 확대될 때 국가와 자본의 관계에서 나타나는 전반적 위기의 일부라는 사실을 다시 한 번 강조하는 데 그치겠다. 그러나 동방의 위기를 더 첨예하게 만든 두 가지 이유가 있다. 첫째, 국제적 흐름에 맞는 구조조정이 대체로 늦어졌기 때문이다(서방에서는 비슷한 구조조정이 이미 10~15년 전에 시작됐다). 둘째, 이 나라들에서는 산업 소유와 국가의 통합 수준이 서방보다 양적으로 더 높아서, 구조조정 시도에 뒤따르는 정치적 혼란의 수준도 갈수록 높아졌기 때문이다.

이렇게 어려움이 더 많다고 해서, 동유럽의 구조조정이 나아갈 길에 대해 또는 그 모든 과정에서 직면할 심각한 모순에 대해 서방과 제3세계 나라들에서 배울 교훈이 전혀 없다는 말은 아니다.

주된 모순은 국민국가의 한계를 뛰어넘을 필요(세계적 경쟁이라는 기준에 따라 구조조정을 실행할 필요)와, 자본주의 생산·착취 과정은 국민국가와 계속 상호의존한다는 사실 사이의 모순이다.

동방에서 구조조정을 옹호하는 이데올로그들은 흔히 서방에서 성공한 기업은 국가와 상호의존관계를 완전히 단절한 기업인 것처럼 말한다. 그들은 서방에서 가장 철저하게 국가에 반대하며 시장 이데올로기를 옹호하는 사람들, 예컨대 애덤스미스연구소나 하버드대학교의 경제학자들(처음에는 칠레와 볼리비아 정부에, 나중에는 폴란드 정부에 조언한 사람들)한테서 영감을 얻는다. 그러나 그 이데올로기는 서방이나 제3세계 현대 자본주의의 실제 실천과 전혀 부합하지 않는다(그럴 수도 없다). 민영화가 득세한 1980년대는 사실 국제적으로 국가지출이 증가한 10년이었다.

경제협력개발기구OECD 통계 수치를 보면, G7 나라들 중에서 오직 영국과 독일만이 1979~1989년에 국내총생산에서 일반 정부 지출이 차지하는 비율이 그럭저럭 감소했다. OECD 전체에서는 GDP 대비 일반 정부 지출이 그 10년 동안 37.2퍼센트에서 39.8퍼센트로 증가했다.[99]

더욱이, 1990년대는 [정부의] '재정 낭비'와 함께 시작됐다는 조짐들이 이미 존재한다. 즉, G7 나라들의 전반적 재정 적자는 1989년에 1.8퍼센트에서 3퍼센트로 증가했고, 미국의 저축대부조합 구제금융, 독일의 통일 비용, 영국의 공공 지출 증대 때문에 1990년에도 계속 증가하고 있다.[100]

이것은 우연한 추세가 아니다. 모든 나라에서 지배적 자본의 규모가

워낙 크기 때문에 그중에 하나라도 파산 위기에 처하면 자본주의 국가는 그 대자본의 붕괴로 다른 대자본도 우르르 무너지는 사태가 벌어지지 않도록 개입할 수밖에 없다. 서방이나 제3세계 어디서도 국내 생산의 큰 덩어리가 파괴되면 어쨌든 남아 있는 자본들이 수익성 있는 축적을 재개할 수 있으리라는 헛된 희망을 품고 그런 생산 파괴를 수수방관한 국가는 하나도 없었다. 국가(나 국가와 연결된 중앙은행)는 그런 붕괴를 미연에 방지하기 위해 구명보트 노릇을 하는 것이 자신의 임무라고 생각한다.

서방의 사정이 그렇다면, 동유럽에서 완전한 민영화는 불가능하다. 국가는 수익성 없는 주요 산업을 인수하려는 민간 입찰자가 아무도 없을 것이라는 이유 때문에라도 (적어도 당분간은) 그런 산업을 계속 붙잡고 있어야 할 것이다. 체코슬로바키아의 민영화 담당 장관 두산 트리스키는 그 사실을 다음과 같이 인정했다. "그[트리스키]는 잠재적 투자자들(체코슬로바키아인이든 외국인이든)이 체코슬로바키아 기업을 사려고 마구 몰려들 것이라고 예상하지 않았다. 한 가지 이유는 체코슬로바키아 기업의 상당수가 살아남을 수 있으리라고 생각하지 않았기 때문이다."[101]

그 결과는 민영화를 가장 단호하게 밀어붙인 정부들조차 원하는 만큼 빠르게 민영화를 실행할 수 없었다는 것이다. 스탈린주의 붕괴 후 최초의 폴란드 정부가 11개월 집권 기간에 민영화한 산업은 전체의 20퍼센트가 채 안 됐다. 민영화 대상으로 선정된 대기업들의 첫 민영화는 1991년 말이 돼서야 실시됐다. "언론에는 주식 발행 소식이 넘쳐났지만 몇 주가 지난 뒤에도 주식은 팔리지 않았다. … 민영화 대상으로 선정된 기업들은 자신의 전망에 대해 솔직했다. 카블레는 올해 수익성이 떨어질 것으로 예상된다고 발표했고, 크로스노는 소련에서 가스 공급이 감소해서 생산이 붕괴할 위험이 있다고 인정했다."[102]

한편, "의류·신발·장신구 따위를 파는 작은 가게, 섹스 관련 잡지·기구 등을 파는 가게, 환전소, 트럭 노점의 수가 폭발적으로 증가한 것을 제외하면, 소규모 생산 기업의 수는 사실상 감소했다. 왜냐하면 창업하는 기업보다 파산하는 기업이 더 많기 때문이다."[103]

민영화 속도가 동독에서 더 빠른 이유는, 수익성이 너무 낮아 팔리지 않는 기업들에 독일 국가가 대규모 지금을 투입[해 세무구조와 수익성을 개선한 후 매각]하면 그런 기업들이 파산해서 경제가 완전히 붕괴하는 사태를 막을 수 있으리라고 생각했기 때문이다. 그러나 실제로는 동독 산업의 50퍼센트 이상이 문을 닫을 가능성에 직면하자 정부는 그 원대한 계획을 철회할 수밖에 없었다.

이런 현실 때문에, 옛 '공산주의' 나라들에서 민영화가 100퍼센트 완성되지는 않고 오히려 손실을 내는 산업의 대규모 국가 소유가 존속하는 동시에 상업과 소매업 부문에서 소규모 기업의 사적 소유도 존재할('사적 소유자'가 흔히 대규모 국유 기업의 경영자가 되기도 하면서) 가능성이 크다.[104]

국가, 지역 블록, 세계 체제

국가 개입에 반대하고 규제 완화를 지지하며 "애덤 스미스로 돌아가자"고 주장하는 사람들의 생각이 지난 15년 동안 득세했지만, 이것은 국민국가의 경계를 뛰어넘는 자본의 활동 단위가 늘어난 것의 이데올로기적 표현일 뿐이다. 만약 그런 주장이 실제로 실행된다면, 그 결과는 국가 없는 '황량한 자본주의'일 것이다. 그러나 이런 이데올로기는 체제의 일부를 운영하는 자들의 실제 실천과 부분적으로 일치하는 것 이상은 결코 아니다. 자본주의에는 국가가 필요하다. 그 이유는 다양하다. 즉, 일부 자본이 마피아처럼 다른 자본에 직접 폭력을 휘두르지 못하게 막을 무력의 지역적 독점을 유지해야 하고, 일부 자본가가 다른 자본가를 속여서 돈을 빼앗지 못하도록 규제해야 하고, 노동시장을 조직해야 하고, 경기후퇴가 경제 붕괴로 악화하지 않게 막아야 한다. 위기가 더 위험할수록 국가도 더 필요해진다. 그러나 자본의 활동은 국제적 규모로 이뤄지기 때문에 끊임없이 국가 통제의 가능성에서 벗어난다.

이것은 둘째 이데올로기 경향의 출현을 설명해 준다. 이 경향은 첫째 경향과 나란히 작용하면서 때로는 첫째 경향과 뒤섞이기도 하지만 더 흔하게는 완전히 대립하는데, 그것은 국가들의 지역 블록이나 심지어 지역 국가의 창건을 격찬하는 경향이다. 유럽공동체 안에서 경제적·정치적 통일을 추구하는 경향이 가장 두드러진 사례지만 그보다 덜 발전된 형태의 이데올로기들, 즉 아메리카 블록(미국이 캐나다와 라틴아메리카에 헤게모니를 행사하는)이나 태평양 블록(일본이 헤게모니를 쥐는)을 기대하는 이데올로기도 존재한다.

지역적 초국가를 창설하려는 움직임은 흔히 거침없이 전개되는 것처럼 보인다. 이미 1962년에 《인터내셔널 소셜리즘》의 편집자이던 마이크 키드런은 유럽공동체의 성장을 그렇게 이해했다.[105] 그러나 실제로는 일국적 기반을 가진 자본들이 서로 경쟁하는 [유럽]공동시장과 달리 유럽 자본주의의 창설은 매우 느린 과정이었다.

확실히, 자본의 국제화 때문에 서로 경쟁하는 자본들은 훨씬 더 큰 단위로 합병할 수밖에 없었다. 그러나 최근까지도 이런 합병이 반드시 초유럽적 단위로 이뤄진 것은 아니었다. 사실, 1960년대와 1970년대의 경향은 자본의 집중이 국민국가 안에서, 국민국가의 지원을 받아 이뤄지는 것이었다. 1961~1969년의 중요한 합병 1896건은 국내 기업 간 합병인 반면, 유럽공동체의 서로 다른 나라 기업 간 합병은 겨우 257건뿐이었다.[106] 그래서 1970년의 어떤 연구 결과는 다음과 같이 시적했다.

유럽경제공동체EEC의 대륙 경제들은 하나의 집단으로 통합돼 있지 않았고, 특히 독일 경제는 별로 밀접하게 맞물려 있지 않았다. 국제적으로 연결된 독일 기업들은 소수의 네덜란드 기업과 긴밀한 연계가 있었을 뿐이다.[107]

1970년대의 구조조정으로 국제적 합병 경향은 훨씬 더 강력해졌다. 그러나 이런 국제적 합병은 유럽공동체 회원국 기업 간 합병만큼이나 유럽 기업과 미국 기업의 합병일 가능성이 높았다. 그래서 유럽 각국의 국경을 넘나들며 사업을 하는 주요 다국적기업은 대체로 미국 기업이었고, 그 핵심 산업 분야는 자동차(포드와 제너럴모터스), 석유(비록 영국의 BP와 영국·네덜란드 합작회사인 로열더치쉘도 최대 기업 축에 들기는 했지만), 컴퓨터(IBM) 등이었다. 한편, 초기의 유럽 국가 간 합병 기업의 다수는 몰락했다.

이런 사정은 1980년대 중반부터 바뀌기 시작했지만, 그 변화의 속도는 아주 느렸다. 1982~1984년에 '유럽공동체 내부'의 중요한 인수·합병은 67건, '국제적' 인수·합병은 45건이었지만, 둘 다 국내의 인수·합병 160건에 비하면 여전히 한참 적었다.[108] 1987~1988년에는 유럽공동체 내부의 거래 건수가 다시 국제적 거래보다 약간 더 많아졌지만, 그래도 여전히 국내 거래의 4분의 3에 불과했다. 1988~1989년에야 비로소 유럽공동체 내부의 거래 건수가 국내 거래보다 약간 더 많아졌다.[109] 그리고 [기업 간에] 확립된 연계도 대부분 유럽 전체 수준이 아니라 두 나라, 즉 이웃 나라 기업끼리 연결되는 수준이었다(특히 벨기에와 프랑스, 독일과 네덜란드).[110] 한편, 비非유럽 기업과의 연계는 특정 산업에서는 여전히 매우 중요했다. 이 점은 영국 컴퓨터 기업인 ICL이 일본 기업 후지쯔와 합병하고, 브리티시에어로스페이스가 자동차 계열사인 로버와 일본 혼다 사이의 협력 수준을 강화하고, 주요 프랑스 기업들이 미국 기업을 사들이는 데 돈을 마구 쏟아부은 것을 보면 알 수 있다.

따라서 단 하나의 자본 집중 추세가 존재하는 것이 아니라 세 가지 추세가 상호작용하고 있다고 말할 수 있는데, 그것은 일국에 기반을 둔 기업의 대형화 추세, 유럽 수준의 기업화나 제휴 추세, 유럽 각국 기업과 태평양·북아메리카 기업 사이의 합병·연계 추세다.[111] 문제를 더 복잡하게 만드는 것은 일국에 기반을 둔 대규모 기업이 이 생산 부문에서는 다른 유럽 기업과 동맹하면서도 저 생산 부문에서는 미국이나 일본 기업과 얼마든지 동맹할 수 있다는 사실이다.

경제적 복잡성에는 정치적 복잡성이 따르기 마련이다. 각 기업은 자신의 합병·동맹에 적합한 정책을 채택하도록 국가에 압력을 넣는다. 자본집중의 세 가지 패턴은 자본주의 국가의 세 가지 정책과 서로 연결되는데, 그것은 국내 자본 블록의 강화를 강조하는 정책, 유럽 자본 블록의 형성에 의지하는 정책, 다국적 자본이 국민국가의 장벽에 얽매이지 않고 자유롭게 경쟁하는 세계라는 이상을 실현하고자 애쓰는 정책이다. 그래서 유럽공동체의 발전을 둘러싸고 복잡한 정치적 논쟁이 벌어지는 것이다. 스스로 일국적 자본주의의 이해관계라고 여기는 것을 지키기 위해 유럽주의를 거부하는 사람들이 있는가 하면, 유럽주의를 체제의 진정한 국제화를 가로막는 장애물로 여겨서 거부하는 사람들도 있고, 유럽주의가 유럽 국가자본주의의 창설로 이어질 것이라고 생각해서 지지하는 사람들도 있고, 유럽주의가 국제화의 니딤돌이라고 생각해서 지지하는 사람들도 있다. 더욱이, 많은 개별 자본가와 자본주의 정치인은 어떤 이데올로기적 주제가 자신의 직접적 이해관계와 잘 맞으면 그것을 이용하다가도 아무 생각 없이 곧장 다른 주제로 갈아타 버린다. 오직 선견지명 있는 극소수만이 이 방향이나 저 방향으로 일관되게 밀고 나아간다.

단 하나의 분명한 추세가 아니라 서로 교차하는 세 가지 추세가 있다는 사실은, 1990년 12월에 절정에 달한 관세와 무역에 관한 우루과이라운드 협상에서 매우 분명하게 드러났다. 많은 평론가는 틀림없이 이 추세 아니면 저 추세가 당장 우세할 것이라고 믿고, 전부 아니면 전무 식의 협상 전망을 내놓았다. 즉, 아무 제약 없는 자유무역의 새 시대를 열어 줄 합의가 이뤄지거나 아니면 협상이 파탄나서 유럽·미국·일본 사이에 당장 무역 전쟁이 벌어질 것이라고 내다봤다. 그러나 자유무역 확대에 관한 합의가 이뤄진 것도 아니고 협상 파탄으로 무역 전쟁이 벌어진 것도 아니었다.

자본의 오래된 일국적 연계와 새로 생겨난 지역적 연계는 자유무역의 새 시대를 원천 봉쇄할 만큼 충분히 중요했지만, 단순히 무역 전쟁으로 후퇴하는 것을 원천 봉쇄할 만큼 국제화도 충분히 진전됐다. 당분간 자본가들은 일국적 국가자본주의의 시대는 넘어서기 시작했지만 지역적 국가자본주의나 완전한 국제화의 새 시대에는 아직 도달하지 못한 어정쩡한 세계에서 서로 경쟁할 수밖에 없다. 그 세계에서는 자유무역과 보호무역이, 국가에 대한 의존과 국가와의 관계 단절이, 다국적기업 간 평화적 경쟁과 (일부 다국적기업과 연결된) 국민국가 간 군사적 충돌이 공존할 것이다.

그러나 이 모든 혼란에도 불구하고 확실히 말할 수 있는 것들도 있다. 거대 다국적기업들이 서로 격렬하게 경쟁할 뿐 아무런 조정도 이뤄지지 않는 세계, 광란의 국제적 호황에 뒤이어서 (정치적 개입으로도 더는 막을 수 없는) 절망적 불황이 닥치는 이 세계에서 홀로 남겨지기를 바라는 자본가는 아무도 없다. 그런 '황량한 자본주의' 세계, 국가 통제로도 길들여지지 않는 세계는 심지어 강력한 자본가조차 더 강력한 경쟁자에게 밀려서 갑자기 파멸할 수 있는 그런 세계일 것이다. 그러므로 자본은 여전히 국가의 지원에 의존할 것이다. 그래서 생산·상업·금융 자본을 통제하는 자들과 국가의 관료 기구를 운영하는 자들 사이에는 이해관계(와 인적 구성)의 중복이 여전히 강하게 남아 있다.

기존 국가가 자본의 활동에 제공하는 기반이 너무 협소하다면, 다른 국가와 동맹·합병해서 그 기반을 넓히려는 노력이 반드시 뒤따를 것이다. 그러므로 장기적으로 보면, 지역 블록을 향한 추세가 가장 우세할 가능성이 높다. 그러나 J M 케인스가 언젠가 말했듯이, 장기적으로 보면 우리는 모두 죽는다. 즉, 세계 체제는 많은 격변과 위기를 겪고 난 뒤에야(그중에 일부는 어쩌면 치명적인 것일 수도 있다) 세계의 정치적 재편이 완성되는 단계에 이를 수 있을 것이다. 세 가지 모순된 추세의 상호작용 때문에, 현재에서 미래로 가는 부드럽고 평화적인 길은 존재할 수 없다.

초국가자본주의와 새로운 제국주의

국제 자본주의를 단지 낡은 일국적 자본주의의 부정으로만 이해하는 사람들은 제국주의(경제적 목적을 위해 국가의 무력을 사용하는 것)가 과거지사가 됐다는 논리적 결론을 이끌어 낸다. 그래서 예컨대, 나이절 해리스는 다음과 같이 말한다.

> 낙관론의 근거 하나는 전쟁으로 나아가는 [자본주의의] 동역학이 약해지고 있다는 것이다. 즉, 자본과 국가가 약간 분리되면서, 세계대전으로 몰아가는 압력도 약간 완화됐다는 것이다. 더욱이, 외국인을 살해하는 것은 좋은 일이라는 신념이 어느 정도 줄어드는 조짐도 나타나고 있다.[112]

래시와 어리는 훨씬 더 나아간다.[113] 그들이 보는 오늘날의 세계는 '탈조직 자본주의'라는 '포스트모던' 세계인데, 그들의 '탈조직 자본주의' 설명에는 군비 지출이나 전쟁에 관한 언급이 한마디도 없다! 그러나 국가의 힘이 여전히 중요하다고 보는 사람들 중에는 국가 관료와 군 장성뿐 아니라, 국가 내부에 기반을 둔 자본을 관리하는 자들도 있다. 이 점은 1989~1990년에 생생하게 드러났다. 당시 서독 지배계급은 동독 영토를 통합해서 서독 국가의 경계를 평화적으로 확대할 수 있는 역사적 기회를 맞이하자 환희의 물결에 휩싸였다. 국제적으로 부르주아지는 독일 국가의 국경 확대를 독일 국가 안에 거주하는 자본이 성장할 수 있는 길을 열어 주는 것으로 인식했다.

국경의 평화적 확대는 대다수 국가에게 선택 사항이 아니다. 그들이 자국의 지리적 영향력(과 자국 안에서 사업하는 자본이 얻을 수 있는 돈벌이 기회)을 확대할 수 있는 방법은 오직 다른 국가들에 압력을 넣는 것뿐이다. 그리고 그런 압력을 넣을 때는 엄청난 군비 지출로 뒷받침되는 대규모 무장 집단의 배치가 일정한 구실을 한다(그와 함께 경제 원조, 특권적 무역 관계와 노골적 뇌물 제공 같은 '비폭력적' 방법도 한몫한다).

대부분의 기간에 그런 구실은 능동적이기보다는 수동적이다. 일정한 수준의 영향력을 받쳐 주는 물리력은 아무도 감히 그 영향력에 도전하려 하지 않을 때는 굳이 사용할 필요가 없다. 냉전기에 미국과 소련 사이에 형성된 '공포의 균형'이 바로 그런 경우다. 당시 '공포의 균형' 때문에 미국과 소련은 유럽에서 서로 상대방의 세력권으로 파고들어 가지 못했던 것이다. 또, 물리력은 직접적 구실이 아니라 간접적 구실도 할 수 있다. 미국의 목표에 응하지 않으면 서유럽 열강과 일본을 군사적으로 지원하지 않겠다고 미국이 위협한 것이 바로 그런 경우다. 그러나 두 경우 모두에서 국가의 폭력은 여전히 필수적 배경 요인이다.

군사력의 핵심적 구실이 분명히 드러나는 때는 누군가가 기존의 세력권을 어지럽히는 경우인데, 1990~1991년 중동에서 바로 그런 일이 일어났다. 당시 이라크의 사담 후세인은 국내 경제문제 해결책의 일환으로 작은 산유국 쿠웨이트를 점령했다. 미국 지배계급이 볼 때 후세인의 행동은 미국이 세계에서 가장 중요한 상품인 석유를 통제할 수 있게 해주는 영향력의 네트워크를 통째로 위협하는 짓이었다. 그래서 대규모 군사력을 배치하고 폭격을 감행해서 이라크 군대의 절반을 물리적으로 파괴했다.

미국 지배계급 안에서는 사담 후세인을 다루는 데 필요한 전술을 둘러싸고 논쟁이 벌어졌다. 득히, 무력을 사용해서 단지 이라크를 봉쇄하기만 할지 아니면 전면전으로 나아갈지를 두고 논쟁이 뜨거웠다. 그러나 미국 국가가 구축해 놓은 영향력의 네트워크를 보호하기 위해 일치된 행동을 해야 한다는 데 반대하는 사람은 지배계급 내에서 거의 아무도 없었다. 또, 그들의 논쟁은 나이절 해리스 같은 사람들의 분석이 함의하는 것과 달리, 국민국가와의 연계가 더는 필요하지 않은 자본주의의 대표자들과 국가권력의 대표자들 사이의 논쟁은 확실히 아니었다.

세계 각지의 자본가 집단은 확실히 전쟁의 결과로 국제 무역 협상에서 미국 기업들의 발언권이 더 강해질 것이라고 예상했다. 즉, 독일 통일이 독일 자본에 큰 힘이 됐듯이 [이라크 전쟁 결과로] 미국 자본이 더 많은 기회를 얻으리라고 본 것이다. 그래서 미국 자본의 일부가 사우디아라비아에 대한 영향력 증대와 쿠웨이트 재건 사업 계약의 사실상 독점에서 이득을 얻을 것을 기대하고 있을 때, 일본의 주요 경제 일간지 사설은 다음과 같이 경고했다. "앵글로색슨인들이 새로운 세계 질서를 창출하는 동안 일본은 한가하게 놀고 있어서는 안 된다. … 일본은 많은 아시아 나라에서 드러난 반미·반식민지·친이슬람 정서를 주목해야 한다."[114]

군사적 승리에서 얻은 이득은 예상만큼 크지 않을 수 있다. 확실히, 독일 자본은 통일에서 이렇다 할 큰 이득을 별로 얻지 못했다. 그러나 중요한 점은 압도 다수의 자본가가 여전히 자신이 성공하는 데 자국 국가가 필수적이라고 생각한다는 것이다.

걸프전은 자본주의 국가들 사이의 마지막 군사적 충돌이 아닐 것이다. 전에 이 잡지에서 존 리즈와 알렉스 캘리니코스가 모두 지적했듯이, 소련 지배계급의 지정학적 영향력이 약해지자 세계의 주요 지역들에서 불안정성이 커지고 작은 국가들이 의도치 않게 강대국의 심기를 거스를 가능성도 커지고 있다(그래서 강대국이 전에는 위협용으로만 쓰던 무력을 실제로 사용할 가능성도 커지고 있다). 중동이나 동유럽이 충분히 안정돼서 그 지역 내 갈등에 거대 열강들이 직접 개입할 가능성이 줄어들 것이라고 보기는 힘들다. 걸프전이 끝나자마자 조지 부시는 이란에 경고하기를 이라크 남부에 개입하지 말라고 했고, 크로아티아와 세르비아 지도자들에게 유고슬라비아 연방정부를 전복하지 말라고 말하는 "전례 없는 개입" 조처를 취했다.[115] 한편, 소련은 이제 경제력은 약해졌어도 군사력은 여전히 강력하다. 그리고 이런 불균형 때문에, 소련 지배자들은 자국 국경 인접 지역에서 분쟁이 일어나면 다시 개입하기 시작할 수 있을 것이다.

세계는 더는 국가와 완전히 융합된 자본들로 이뤄져 있지 않을 수 있다. 그렇다고 해서 자본이 국가와 단절한 채 자유롭게 돌아다니는 그런 세계는 아니고 그렇게 될 수도 없다. 오늘날의 세계는 자본이 저마다 국경을 뛰어넘어 점차 확산되지만 그와 동시에 전과 마찬가지로 자국 국가(나 때로는 국가들)에 의존하는 혼합적 세계다. 이런 세계에서 자본은 축적에 필요한 자원을 얻으려고 경제적 경쟁과 정치적 영향력 둘 다에 의존한다. 그 세계에서는 자본들끼리 자리다툼을 벌일 때 단지 시장에서 평화적 경쟁만 하지 않고 정치적 동맹도 건설하고, 무역협정을 둘러싼 논쟁만 하지 않고 군사력 배치를 통해 그런 논쟁을 보강하기도 한다. 그 세계는 국가자본주의 단계는 넘어섰지만, 순수한 시장 체제로 후퇴할 수도 없고 지역 국가들의 새로운 질서로 부드럽게 전진할 수도 없다. 요컨대, 그 세계는 수많은 모순된 압력에 시달리고 따라서 정치적 위기가 발작처럼 거듭될 수밖에 없는 그런 세계다.

토대와 상부구조

인간은 자신의 생활을 사회적으로 생산하는 과정에서 자기 의지와 무관하게 일정한 관계를 맺는다. 그것은 물질적 생산력의 발전 단계와 상응하는 생산관계다.

이 생산관계 전체가 사회의 경제구조를 이룬다. 이 경제구조야말로 [사회의] 진정한 토대이고, 그 위에 법률적·정치적 상부구조가 세워지고, 사회적 의식의 일정한 형태도 그 토대에 상응한다.

물질적 생활의 생산양식이 사회적·정치적·지적 생활 과정 전반에 주된 영향을 미친다.

인간의 의식이 인간의 존재를 결정하는 것이 아니라, 인간의 사회적 존재가

이 글은 크리스 하먼의 "Base and Superstructure", *International Socialism* 32(Summer 1986)를 번역한 것이다.

인간의 의식을 결정한다.

사회의 물질적 생산력은 특정 단계에서 기존의 생산관계 또는 (생산관계의 법률적 표현에 불과한) 소유관계와 충돌한다(그때까지는 생산관계의 틀 안에서 생산력이 발전한다).

그동안 생산력 발전의 형식이었던 생산관계가 이제는 생산력을 억제하는 족쇄로 바뀐 것이다. 그러면 사회혁명의 시대가 시작된다.

경제적 토대가 변화하면 거의 순식간에 엄청난 상부구조 전체도 변화한다. 그런 변혁을 탐구할 때는 항상 경제적 생산 조건의 물질적 변화(자연과학의 정확성으로 확인할 수 있다)와 법률적·정치적·종교적·예술적·철학적 (요컨대, 이데올로기적) 형식들을 구분해야 한다. 이런 이데올로기적 형식들을 보고 사람들은 그 충돌을 알게 되고 끝까지 싸운다. … 그런 변혁기를 그 의식으로 판단할 수는 없다. 오히려 이 의식은 물질적 생활의 모순으로, 사회의 생산력과 생산관계의 충돌로 설명해야 한다.

대체로 말해서, 사회의 경제적 토대가 발전해 온 단계로 아시아적 생산양식, 고대적 생산양식, 봉건적 생산양식, 현대 부르주아 생산양식을 들 수 있다.

— 카를 마르크스, 《정치경제학 비판을 위하여》 서문

마르크스주의의 핵심 자체에 혼란이 있다. 마르크스와 엥겔스가 제시한 사회 분석 방법은 엄청나게 풍부하다. 이 점은 1846년 《독일 이데올로기》에서 그 방법이 처음 설명된 이후 모든 세대에서 거듭 드러났다. 그래서 부르주아 이데올로그들이 '마르크스주의의 사망'을 선언할 때마다 10여 년이 채 안 돼, 사회·경제·역사를 연구하는 새로운 마르크스주의 방법이 그런 선언은 틀렸음을 입증한 것이다. 그러나 마르크스주의의 방법이 정확히 어떤 것인지를 설명할 때는 엄청난 혼란이 있었다. '마르크스주의자들'이 서로 모순돼 보이는 이야기를 했기 때문이다.

그 혼란의 중심에는 '토대'와 '상부구조'라는 대구對句가 있었다. 마르크스는 1857년《정치경제학 비판을 위하여》서문에서 "사회의 경제구조"가 "진정한 토대"이고 그 위에 "법률적·정치적 상부구조가 세워진다"고 썼다.[1]

그때 이후 마르크스주의자들은 이 말을 두고 논쟁을 벌였다. 무엇이 '토대'인가? 경제? 생산력? 기술? 생산관계? 상부구조에 포함되는 것은 무엇인가? 국가는 분명히 포함된다. 그러나 이데올로기(와 혁명적 이론)는? 가족은? 산업체를 소유한 국가는?

마지막으로, '토대'와 '상부구조' 사이에는 어떤 관계가 있는가? 토대가 상부구조를 결정하는가? 그렇다면 그 결정의 본질은 정확히 무엇인가? 또 상부구조는 '자율성'이 있는가? 그렇다면 이 '자율성'과 '결정'이라는 말을 어떻게 조화시킬 수 있는가(비록 그것이 '최종 심급의 결정'이라고 하더라도)?

기계적 유물론과 그 여파

이런 물음들에 어떻게 답을 하는지에 따라 사회가 어떻게 발전하는지에 관한 견해가 달라졌다.

한쪽 끝에는, 생산력이 곧 토대이고 생산력은 필연적으로 발전하고 생산력 발전이 사회변혁으로 이어진다는 견해가 있다.

이런 견해는 정치적·이데올로기적 투쟁이 실질적 구실을 전혀 하지 않는 것으로 본다. 인간은 주위 환경의 산물이고, 역사는 인간의 의지와 완전히 무관하게 발전한다. 전쟁, 혁명, 철학적 논쟁 따위의 결과는 항상 예정돼 있다. [프랑스 대혁명 1년 전인] 1788년에 로베스피에르가 길을 걷다 마차에 깔렸다거나 1917년 4월에 [레닌이 러시아 귀국 길에 타고 있던] 봉인 열차가 사고를 당했다고 하더라도 역사는 눈곱만큼도 달라지지 않았을 것이라는 얘기다.

이런 식의 마르크스주의는 마르크스 자신을 독해하는 특정한 관점, 특히 《철학의 빈곤》에 나오는 다음과 같은 매우 논쟁적인 구절에 대한 독해를 바탕으로 하고 있다.

새로운 생산력을 획득할 때, 인간은 생산양식을 변화시킨다. 생산양식을 변화시키고 생계 유지 방식을 변화시킬 때, 인간은 사회관계도 모두 변화시킨다. 맷돌은 봉건영주의 사회를 만들어 내고, 증기 제분기는 산업자본가의 사회를 만들어 낸다.[2]

그런 기계적·결정론적 역사관을 '마르크스주의'의 정설로 여기게 된 것은 마르크스가 죽은 뒤부터였다. 바로 이 시기에 마르크스주의는 독일 노동자 운동을 주도하게 됐고, 이를 통해 제2인터내셔널에서도 주도권을 잡게 됐다. 그러나 그것은 당시 '마르크스주의의 교황'이라고 불리던 카를 카우츠키가 생각하는 마르크스주의였다.

카우츠키는 다음과 같이 주장했다. 역사의 발전은 필연적으로 각 생산양식(고대·봉건제·자본주의)을 차례로 거친 뒤 마침내 사회주의로 귀결될 것이다. "필연적으로 … 전유專有 형태는 생산양식과 일치하게 된다."[3] 혁명적 운동은 이런 발전 패턴을 바꿀 수 없다. 그래서 15세기의 후스파와 16세기의 혁명적 재세례파가 용감하게 투쟁하고 새 사회의 비전을 제시할 수 있었어도 역사의 필연적 발전 과정을 바꿀 수는 없었다.

사회의 발전 방향은 평화적 방법이나 폭력적 투쟁을 사용하는 데 달려 있지 않다. 그것은 생산방식의 진보와 필요에 따라 결정된다. 폭력적 혁명 투쟁의 결과가 혁명적 투사들의 의도와 맞지 않는다면, 그것은 투사들의 의도가 생산의 발전과 반대된다는 사실을 의미할 뿐이다. 폭력적 혁명 투쟁은 결코 사회의 발전 방향을 결정할 수 없고, 특정 상황에서 사회의 발전 속도를 높일 수 있을 뿐이다.[4]

현대 자본주의 사회에서 혁명적 사회주의자들의 과제는 역사의 과정을 단축하려고 애쓰는 것이 아니었다. 그들은 역사의 발전을 반영해서 자본주의가 사회주의로 바뀔 준비가 될 때까지 사회주의 조직을 신중하게 건설하려고 노력하기만 하면 됐다. 그러나 마찬가지로, 반혁명 세력도 생산력 발전을, 따라서 역사의 진보를 막을 수 없었다. 카우츠키는 더 선진적 생산력이 후진적 생산력으로 '퇴보'하는 일은 결코 일어나지 않는다고 주장했다.[5] 그의 가장 영향력 있는 저작은 독일 사회민주당의 《에르푸르트 강령》인데, 그 서문에는 다음과 같은 구절이 있다. "경제 발전은 필연적으로 … [노동 — 지은이]계급에게 이로운 정부 수립으로 귀결될 것이다."[6]

러시아 마르크스주의의 개척자인 플레하노프도 카우츠키와 매우 비슷한 견해를 표명했다. 플레하노프는 생산이 발전하면 자동으로 상부구조도 변화한다고 주장했다. 인간의 노력은 결코 생산력 발전을 막을 수 없다. "사회의 발전"은 "법칙을 표현하는 과정"이다.[7] "사회관계의 궁극적 원인은 생산력의 상태에 있다." "생산력이 … 사회관계, 즉 경제 관계를 … 결정한다."[8]

플레하노프는 역사의 인과관계를 체계화한 '공식'을 제시한다. 먼저, '생산력의 상태'가 사회의 '경제 관계'를 결정한다. 그러면 이 '경제적 토대' 위에서 '사회·정치 체제'가 발전한다. "사회 속에서 살아가는 사람들의 사고방식은 부분적으로는 그들이 획득한 경제적 조건에 의해 직접 결정되고, 부분적으로는 그런 [경제적] 토대 위에 세워진 전체 사회·정치 체제에 의해 결정된다." 마지막으로, "다양한 이데올로기는 … 그런 사고방식의 특성들을 반영한다."[9]

플레하노프는 "역사는 인간이 만든다"고 말했다. 그러나 곧바로 덧붙여서 "인류의 추상적 이데올로기 발전의 평균적 중심축"은 "경제 발전의 중심축과 나란히" 나아간다고, 따라서 결국 정말로 중요한 것은 경제 발전이라고 주장했다.[10]

프랑스 대혁명 같은 위대한 역사적 사건의 결과는 결코 미라보나 로베스피에르 같은 개인이 하는 구실에 달려 있지 않았다.

특정한 개인의 자질이 어떻든지 간에 그들은 특정한 경제 관계를 제거할 수 없다. 그 경제 관계가 생산력의 특정 상태와 일치하는 것이라면 말이다. … 재능 있는 사람들은 사건의 개별적 특징만을 바꿀 수 있을 뿐, 일반적

추세를 바꾸지는 못한다.[11]

카우츠키가 해석한 마르크스주의가 제2인터내셔널의 정당들에서 득세했듯이, 플레하노프의 마르크스주의는 1920년대 말 이후 스탈린주의 정당들에서 정설로 받아들여졌다.[12] 그것은 스탈린과 그의 '이론가들' 손에서 불변의 역사법칙이 됐다. [스탈린주의자들은 다음과 같이 주장했다.] 생산력 발전은 필연적으로 그에 상응하는 사회 변화를 낳는다. 따라서 러시아의 산업이 성장하면 필연적으로 '노동자 국가'에서 '사회주의'로, '사회주의'에서 '공산주의'로 발전하게 된다(그 과정에서 얼마나 많은 고통과 어려움을 겪든 상관없다). 이와 대조적으로, 서방 자본주의가 제 수명을 다했는데도 죽지 않고 있음을 보여 주는 가장 분명한 증거는 그 생산력의 쇠퇴다.

결정론에 대한 반발

스탈린주의적 마르크스주의는 스탈린 자신보다 더 오래가지 못했다. 1950년대 말의 '신좌파'와 1960년대 중반의 마오쩌둥주의 좌파는 모두 조야한 기계적 결정론식 역사관을 비판하기 시작했다.

그들은 옳게도 마르크스 자신의 역사 저작들, 예컨대 《프랑스의 계급투쟁》, 《루이 보나파르트의 브뤼메르 18일》, 《프랑스 내전》 같은 저서에는 역사의 변화를 수동적·숙명론적으로 바라보는 관점이 전혀 없다고 주장했다. 그들은 엥겔스가 생애 말년인 1890년대에 쓴 여러 편지에서, 역사유물론을 너무 조야하게 사용하는 사람들을 비판하며 했던 말도 매우 강조했다. 예컨대, 엥겔스는 슈타르켄부르크에게 보낸 편지에서 다음과 같이 썼다.

정치·법률·철학·종교·문학·예술 등의 발전은 경제 발전에 바탕을 두고 있습니다. 그러나 이 모든 것은 상호작용하고 경제적 토대에도 반작용합니다. 경제 상황만이 원인이고 유일하게 능동적인 반면 다른 모든 것은 수동적 결과에 불과한 것이 아닙니다. 오히려 경제적 필연성이라는 토대 위에서 상호작용이 이뤄지는데, 이 경제적 필연성은 결국 드러나기 마련입니다.[13]

블로흐에게 보낸 편지에서는 다음과 같이 썼다.

유물론적 역사관에 따르면, 역사에서 궁극적 결정 요인은 실제 생활의 생산과 재생산입니다. 마르크스도 저도 지금까지 그 이상을 말하지 않았습니다. 따라서 누군가가 이 말을 비틀어서, 경제적 요인이 유일한 결정 요인이라고 주장한다면 그는 우리의 명제를 아무 의미 없는 추상적 공문구로 바꿔 버리는 셈입니다.

경제 상황이 토대입니다. 그러나 상부구조의 다양한 요인들(계급투쟁의 정치적 형태와 그 결과, 더 정확히 말하면 전투에서 승리한 계급이 만든 헌법 등의 법률 형태, 심지어 이 모든 실제 투쟁에 참가한 사람들의 머릿속에 반영된 것들, 즉 정치적·법률적·철학적 이론, 종교관 그리고 이것이 더 발전한 교리 체계)도 역사적 투쟁의 경로에 영향을 미치고 많은 경우 역사적 투쟁의 형태를 결정하는 데서 가장 중요한 구실을 합니다. …

이 모든 요인들은 상호작용하는데, 그런 상호작용과 끝없는 온갖 우연적 사건의 와중에서 경제적 요인이 결국은 필연적인 것으로서 드러나기 마련입니다.[14]

1956년 이후의 신좌파는 너무 나아가서, '토대와 상부구조'라는 용어조차 은유일 뿐이므로 너무 진지하게 받아들여서는 안 된다고 주장했다. 상부구조와 토대가 '서로' 영향을 주고받기 때문에 '결정'을 엄격한 인과관계로 이해하면 안 된다는 것이었다.

마오쩌둥주의 좌파는 그만큼 분명하게 과거와 단절하면서 시작하지는 않았다. 이 학파의 대부인 루이 알튀세르는 1960년대 초에 쓴 저작들에서 스탈린을 아주 우호적으로 인용했다.

그러나 알튀세르 학파가 만들어 낸 새로운 이론 구조는 '토대', '상부구조', '결정' 같은 오래된 개념의 내용을 대부분 파괴해 버렸다. [알튀세르 학파는 다음과 같이 주장했다.] 사회는 다양한 구조들(정치적·경제적·이데올로기적·언어적 구조들)로 이뤄져 있고, 각 구조는 서로 다른 속도로 발전하면서 서로 다른 구조에 영향을 미친다. 그러다가 역사의 특정 시점에서 어느 한 구조가 다른 구조들을 지배할 수 있다. 경제가 '결정적' 요인이 되는 것은 오직 '최종 심급에서'만 가능하다.

신좌파와 마오쩌둥주의적 알튀세르 학파는 처음에 서로 매우 적대적이었다.[15] 그러나 둘 다 역사유물론을 수정해서 주의주의에 문을 활짝 열어 놓았다.

이 때문에 1950년대 신좌파는 계급을 엄밀하게 규정하는 것에서 멀어지거나 사회적 존재가 어떻게 사회적 의식에 영향을 미칠 수 있는지에 별로 관심을 쏟지 않게 됐다. 영국 신좌파의 가장 유명한 인물인 E P 톰슨이 당대의 사건들을 다룬 글을 보면(그가 1960년에 쓴 "혁명"부터[16] 1980년에 크루즈미사일에 반대하며 쓴 글까지 줄곧), 활력과 선의만 있으면 엄밀한 범주를 거부하더라도 얼마든지 승리로 가는 길을 열 수 있다는 주장이 끈질기게 나온다. 더 이론적인 저작들에서 톰슨은 '경제적' 요인들이 역사에서 모종의 결정적 구실을 할 수 있다는 견해를 거부하고, 심지어 이데올로기나 법률 같은 다른 요인들과 경제적 요인이 구분될 수 있다는 견해조차 거부한다.[17]

알튀세르의 논조는 다르다. 그의 초기 저작들을 보면, 변화의 열쇠는 여전히 근본적으로 스탈린주의 정당이다. 그러나 톰슨과 마찬가지로 주의주의적 요소도 있다. 정당이 다양한 구조의 접합을* 이해하기만 하면, '경제적' 요인들과 무관하게 역사의 속도를 억지로 빠르게 할 수 있다는 것이다.

알튀세르 추종자들은 대부분 일체의 '결정' 개념, 심지어 '최종 심급의' 결정 개념조차 폐기했고, 사회가 어떻게 변화하는지를 이해할 가능성을 일절 부인하는 입장으로 옮겨 갔다. 그래서 예컨대, 영국의 포스트알튀세르주의자인 개레스 스테드먼 존스는 이제 이데올로기를 이해하는 길은 오직 이데올로기 자체 속에 있다고 말한다. 어떤 이데올로기를 신봉하는 사람들의 물질적 환경이라는 관점에서 그 이데올로기를 해석하려 해서는 안 된다는 것이다.[18] 여기서 우리는 경험주의의 오래된 격언, 즉 "모든 것은 그 자체일 뿐 다른 어떤 것도 아니다"는** 말로 고스란

---

*   articulation. 두 마디가 맞붙어서 마치 하나처럼 움직이는 것을 가리키는 말로, 분절·절합이라고도 한다. 마르크스가 《정치경제학 비판 요강》에서 생산·소비·분배·유통이 연결돼 있는 상태를 가리킬 때 사용한 독일어 Gliederung을 알튀세르가 articulation 으로 번역한 데서 유래했다고 한다.

** Everything is what it is and nothing else. 18세기에 합리주의자들에 대항해 계시종교를 옹호한 영국 국교회 주교이자 경험주의 철학자 버틀러의 말이다.

히 되돌아간다. 그것이 바로 알튀세르주의라는 코끼리 같은 구조가 낳은 쥐새끼다.

옛 신좌파와 알튀세르 학파의 수렴으로 마르크스주의자들 사이에서 생겨난 일종의 '상식'은 토대와 상부구조 논의는 모두 정말로 케케묵은 이야기라는 것이었다. 이 '상식'이 하도 널리 퍼져서, 톰슨이나 알튀세르의 정치적 결론을 철저히 거부하는 사람들조차 그 영향을 받았을 정도다.[19]

이런 경향에 결연하게 저항한 사람들은 정설 분석철학자인 G A 코헨의 추종자들뿐이었다.[20] 그러나 코헨이 옹호한 마르크스주의는 카우츠키와 플레하노프의 기계적 해석으로 완전히 후퇴한 것이었다.

혁명적 유물론이라는 대안

그러나 역사적으로 보면, 기계적 유물론이나 주의주의와는 다른 혁명적 대안이 항상 있었다. 그것은 카우츠키주의가 한창 득세할 때조차 엥겔스의 일부 저작과 이탈리아 마르크스주의자인 안토니오 라브리올라의 저작 속에 부분적으로 존재했다.[21]

그렇지만 이론적 대안의 필요성이 훨씬 더 분명해진 것은 제1차세계대전과 러시아 혁명으로 카우츠키주의의 파산이 입증된 뒤였다. 제1차세계대전이 터진 뒤에야 레닌은 헤겔을 다시 읽고 다음과 같이 결론지었다. "어리석은(형이상학적) 유물론보다는 똑똑한(변증법적) 관념론이 똑똑한 유물론에 더 가깝다."[22]

그 뒤 게오르크 루카치, 카를 코르슈, 안토니오 그람시 같은 사상가들은 모두 인간의 활동을 단지 다른 요인들의 수동적 반영으로만 보지 않는 역사유물론을 제시하려고 노력했다. 레온 트로츠키도 걸작 《러시아 혁명사》에서 세계사적 사건을 설명할 때 객관적 요인들뿐 아니라 주관적 요인도 매우 강조했다(그래서 플레하노프의 관점을 따르는 사람들의 비판을 받기도 했다[23]).

기계적이지도 않고 주의주의적이지도 않은 역사유물론은 오늘날 절대로 중요하다. 그것은 마르크스 자신의 저작들에서 쉽게 찾아볼 수 있다. 단, 《정치경제학 비판을 위하여》서문에 나오는 고전적 설명을 《독일 이데올로기》, 《철학의 빈곤》, 《공산당 선언》 등에 나오는 다양한 주장들로 보충한다면 말이다.

생산과 사회

마르크스가 처음으로 자신의 역사유물론을 설명한 것은 1846년에 쓴 《독일 이데올로기》에서였다. 그의 출발점은 인간이 생물학적으로 자연의 일부라는 유물론적 인식이다.

우리가 출발점으로 삼은 전제들은 독단적 신념이나 학설이 아니라, 오직 상상 속에서만 도외시할 수 있는 현실의 전제들이다. 그것은 현실의 개인들과 그들의 활동이고, 또 이미 존재하는 것과 인간의 활동으로 생산한 것을 모두 포함하는 그들의 물질적 생활 조건이다. …

[당연히 모든 인류 역사의 첫째 전제는 살아 있는 개인들의 실존이다.] 따라서 가장 먼저 확인해야 하는 사실은 이 개인들의 신체 조직, 그리고 인간과 나머지 자연 사이의 특정한 관계다. … 모든 역사 서술은 이런 자연적 토대에서 시작해야

하고, 또 역사의 진행 과정에서 인간의 행동이 그런 자연적 토대를 변화시킨다는 사실에서 시작해야 한다. …

우리는 모든 인간 존재의 첫째 전제, 따라서 모든 인류 역사의 첫째 전제, 즉 인간이 '역사를 만들기' 위해서는 먼저 생활할 수 있어야 한다는 데서 출발해야 한다. 그러나 생활할 수 있기 위해서는 무엇보다 먼저 음식과 주거와 의복과 그 밖의 많은 것이 필요하다. …

[이것은 ― 지은이] 단지 인간의 생명을 유지하기 위해서 수천 년 전과 마찬가지로 오늘날에도 시시각각 충족시켜야 할, 모든 역사의 근본적 조건이다.[24]

따라서 역사의 어느 시점에서든지 다른 모든 일이 일어나기 위한 전제 조건인 핵심적 활동이 있다. 그것은 의식주를 얻기 위해 물질세계에 작용을 가하는 활동이다. 이런 활동의 성격은 인간이 처한 구체적인 물질적 상황에 달려 있다. 이것이 가장 기본적인 인간 행동의 내용을 결정한다. 그래서 개인들이 어떤 사람인지도 결정한다.

생산양식을 단순히 개인의 육체적 생존을 위한 것으로만 이해해서는 안 된다. 오히려 그것은 개인들의 일정한 활동 방식이고, 그들의 생활을 표현하는 일정한 방식이며, 일정한 생활 양식이다.

개인은 자신의 생활을 표현하는 방식대로 존재한다. 따라서 그들이 어떤 존재인지는 그들의 생산, 즉 그들이 무엇을 생산하고 어떻게 생산하는지와 일치한다.

그러므로 개인이 어떤 존재인지는 그의 생산의 물질적 조건에 달려 있다.[25]

이 구절들을 제대로 이해하려면, 인간 활동에 관한 마르크스의 핵심 주장 — 《독일 이데올로기》와 같은 시기에 쓴 《포이어바흐에 관한 테제》에서 가장 잘 표현된 — 을 이해해야 한다. 마르크스가 볼 때, 인간은 자연의 일부다. 인간은 생물학적 진화의 산물로서 나타났고, 인간의 신체는 주위의 물질적 세계에 의존하고 있음을 잊어서는 안 된다. 인간의 제도와 사상, 꿈과 이상은 모두 이런 물질적 현실에서 생겨난 것으로만 이해할 수 있다(비록 그것들이 생겨난 경로는 흔히 길고 빙 돌아가는 길이었지만). 라브리올라가 말했듯이, "사상은 하늘에서 뚝 떨어지는 것이 아니고, 꿈속에서는 아무것도 나오지 않는다."[26]

그렇다고 해서 인간이 나머지 자연과 질적으로 전혀 다르지 않다는 말은 아니다. 다른 어느 종種과 마찬가지로, 인간도 자신만의 분명한 특징이 있다. 마르크스가 볼 때, 그런 분명한 특징의 핵심은 인간이 생존하려면 자신이 처한 물질적 환경에 반작용해야 한다는 사실이다.

인간은 의식, 종교, 기타 등등에 의해 동물과 구별될 수 있다. 인간이 동물과 자신을 구별하기 시작하는 것은 생계 수단을 생산하기 시작하면서부터인데, 처음에 생계 수단의 생산은 인간의 신체 조직에 의해 제약을 받는다. 생계 수단을 생산하면서 인간은 그들의 물질 생활을 간접적으로 생산한다.[27]

인간은 주위 환경과 무관하게 행동할 수 없다. 그렇다고 해서 인간을 환경으로 환원할 수 있다는 말은 아니다. 인간은 끊임없이 주위의 객관적 물질세계를 '부정'하고 그것에 반작용한다. 그리고 그 과정에서 물질

세계와 자신을 모두 변화시킨다.

역사의 어느 시점에서든 인간은 물질적 생존의 필요에 대응하는 방법을 찾아내야 한다. 그 대응 방법은 객관적 물질세계와 무관한 어떤 것이 아니라, 오히려 그 세계의 산물이다. 그러나 그것을 단지 자연의 물리적 구성의 기계적 결과로만 이해할 수는 없다. 인간이 처한 세계와 인간의 생활을 조정하는 것은 기계적 인과관계가 아니라, 인간의 행동인 것이다.

사회적 생산

생산은 결코 개인적 생산이 아니다. 인간이 주위 세계에서 생계 수단을 얻을 수 있는 것은 오직 집단적 노력 덕분이다.

따라서 핵심적 활동, 즉 노동은 사회적으로 조직돼야 한다. 인간의 노동이 발전하는 특정 단계마다 그것을 지탱하는 특정한 종류의 사회관계가 필요했다.

《독일 이데올로기》에서 마르크스는 역사의 특정 시점에 사람들 사이에 형성되는 사회관계를 일컬어 "교류 형태"라고 했다. 그리고 "교류 형태는 다시 생산에 의해 결정된다"고 주장했다.[28]

인간관계를 나타내는 다양한 제도는 오직 이 핵심적인 생산적 상호작용에서 발전해 나온 것으로만 이해할 수 있다.

실제로 특정한 방식으로 생산 활동을 하는 개인들은 특정한 사회적·정치적 관계를 맺는다. … 사회구조와 국가는 항상 특정한 개인들의 생활 과정에서 생겨난다. 그러나 이 개인들은 그들 자신이나 다른 사람들의 상상 속에서 나타나는 개인이 아니라, 현실에 존재하는 개인이다. 즉, 활동하고 물질적으로 생산하는 개인들, 따라서 그들의 의지와 무관하게 특정한 물질적 한계·전제·조건 아래서 노동하는 개인들이다.[29]

인간은 자신의 물질적 생활을 유지하기 위해 특정한 방식으로 외부 세계에 작용을 가할, 즉 물질적 생산에 참여할 수밖에 없다. 그러나 이를 위해서는 인간들 사이의 특정한 협력 방식이 필요하다.

이 핵심적 관계들이 제공하는 틀에 인간의 다른 모든 활동은 잘 맞아야 한다. 이런 의미에서, 다른 모든 것은 이 핵심적 관계들에 바탕을 두고 있다. 그 관계들이 어떤 사회에서든지 가능한 것의 한계를 설정한다.

그래서 예컨대, 수렵·채집 사회에서는 식량을 며칠 이상 저장할 수단이 없고 사회 성원들은 살아남으려면 더 많은 식량을 찾아서 계속 이동해야 한다. 그러므로 수렵·채집 사회는 많은 점에서 제약을 받는다. 즉, 사회를 이루는 무리는 20여 명을 넘을 수 없고, 무리가 식량을 찾으러 다닐 때 아이들도 데리고 다녀야 하기 때문에 무리 속의 여성은 기껏해야 4~5년에 한 번 아이를 낳을 수 있고, 사회의 일부가 쓰기·읽기·고등 수학 등을 하기 위해 노동에서 자유로워질 수 있는 방법도 없다.

이것은 마르크스의 주장을 가장 협소하게 이해하는 것이다. 마르크스는 자신의 주장이 이보다 훨씬 더 광범한 함의가 있다고 생각했다. 물질적 생산관계는 사회의 나머지 관계를 제한할 뿐 아니라, 이 더 광범한 관계들의 내용이 나오는 원천이기도 하다.

사회의 역사는 생산이 이뤄지는 방식들이 변화해 온 역사다. 이런 변화는 모두 생산과정에서 사람들이 맺는 관계의 변화와 연결돼 있다. 그리고 이런 [생산관계의] 변화가 이번에는 다른 모든 사회관계에 압력을 가한다.

예컨대, 어떤 수렵·채집인 무리가 식량을 급격하게 늘릴 수 있는 방법(예를 들어, 근채류를* 찾아 돌아다니지 않고 직접 재배하는 것)과 오랫동안 식량을 저장할 수 있는 수단(예를 들어, 항아리나 독)을 채택한다면 그들의 사회적 상호 관계는 바뀔 수밖에 없다. 이제 그들은 계속 이동하지 않고, 곡식을 수확할 수 있을 때까지 한곳에 머물러야 한다. 또, 그들이 한곳에 머무르게 되면 여성 한 명이 낳을 수 있는 아이의 수를 제한할 필요도 없다. 곡식은 다른 무리들에게 강탈딩할 수 있는 것이 되고, 따라서 서로 경쟁하는 무리들 사이에 전쟁이 벌어질 가능성도 생겨난다.

물질적 생산이 이뤄지는 방식의 변화는 사회관계 전반의 변화로 이어진다.

그리고 생산에서 비롯하지 않은 인간관계(사람들끼리 하는 놀이, 성性의 형태, 어른과 아이의 관계 등)도 그 영향을 받을 것이다.

마르크스는 직접적 생산관계가 아닌 관계들이 현실에 존재한다는 것을 결코 부인하지 않는다. 또, 그런 관계들이 생산이 이뤄지는 방식 자체에 영향을 미칠 수 있다는 것도 부인하지 않는다. 그는 《잉여가치학설사》에서 다음과 같이 썼다.

생산의 주체인 인간에게 영향을 미치는 … 환경은 모두 그의 기능과 활동(물질적 부, 상품을 창조하는 기능과 활동을 포함해서)에 크든 작든 영향

---

* 무·감자·고구마·당근처럼 뿌리나 땅속줄기를 먹는 채소류.

을 미친다. 이런 의미에서 모든 인간관계와 기능은 그것이 어디서 어떻게 나타나든지 간에 물질적 생산에 영향을 미친다고, 거의 결정적 영향을 미친다고 확실히 말할 수 있다.[30]

이 점은 심지어 계급이 출현하기 전의 사회에서도 진실이다. 오래된 노동 방식과 생활 방식은 비교적 융통성 없는 구조로 굳어지는 경향이 있다. 그런 방식들은 종교·주술·금기·의례 등의 제도가 발전하면서 '정당화'된다. 처음에는 이 제도들이 '나쁜 시절', 즉 개인의 단기적 필요나 욕망이 사회 성원 전체의 장기적 이익을 망치는 행동으로 이어질 수 있는 시기에도 유지된다. 그러나 바로 이 사실에서 알 수 있는 것은 그런 제도들이 혁신을 좌절시키고 새로운 생산방식으로 나아가지 못하게 가로막는다는 것이다. 그 새로운 생산방식이 단기적으로든 장기적으로든 이익이 될 텐데도 말이다.

착취와 상부구조

생산력이 특정 수준을 넘어서 더 발전하려면 사람들 사이의 단순한 협력 이상이 필요하다. 착취도 필요한 것이다.

모든 사람의 최소한의 필요를 충족시킨 뒤에 남는 잉여가 적을 때는 생산력의 더한층 발전을 위해 자원을 모을 수 있는 방법은 오직 사회의 특권적 소수가 그 잉여를 통제하는 것뿐이다. 그래서 원예가 진정한 농업으로 발전하고, 교역이 성장하고, 홍수 예방과 관개를 위해 댐과 운하를 이용하고, 도시가 건설된 곳에서는 어디든지 사회가 착취하는 사람들과 착취당하는 사람들로 양극화한다.

새로운 착취 집단의 기원은 그들이 생산에서 하는 구실에 있다. 즉, 이 집단은 새로운 농업 생산방식을 도입하는 데서 가장 유능한 사람들 또는 이웃한 사회들 사이에서 새로운 종류의 교역을 개척한 사람들 또는 홍수 패턴을 예견하거나 급수 시설을 설계할 수 있는 능력 덕분에 뼈 빠지는 육체노동을 하지 않아도 된다고 당당하게 주장할 수 있는 사람들로 구성된다. 그러나 처음부터 새로운 착취 집단은 생산에서 하는 구실 말고 다른 수단으로도 자신들의 통제권을 확보한다. 그들은 새로운 부를 이용해서 전쟁을 벌이고, 그래서 전리품과 노예를 획득해 더한층 부를 늘린다. 내부와 외부의 적에 맞서 기존의 것이든 새로운 것이든 자신의 부를 지키기 위해 '특수한 무장 집단'을 창설한다. 또 종교의식을 통제해서 사회적 생산력의 발전을 자신들의 '초자연적 능력' 덕분으로 돌린다. 낡은 행위규범을 고쳐서 자신들의 지위를 정당화하는 법률과 규칙을 새로 만든다.

요컨대, 새로운 착취 집단은 스스로 획득한 특권적 지위를 지키기 위해 비생산적 관계들의 연결망 전체를 만들어 낸다. 이런 정치적·법률적·종교적 수단들을 통해 자신들의 지위를 확립하려고 애쓴다. 경제적 '토대'에 있는 특권의 원천을 지키기 위해 비경제적 '상부구조'를 만들어 내는 것이다.

이런 '비경제적' 제도들의 기능 자체가 뜻하는 바는 그것들이 엄청난 경제적 영향을 미친다는 것이다. 그 제도들은 토대를 통제하고, 기존의 착취 관계를 확고하게 만들고, 따라서 생산관계의 변화를 제한하는(비록 그 때문에 생산력 발전이 중단되더라도) 데 관여한다.

예컨대, 고대 중국에서는 지배계급이 특정한 종류의 물질적 생산(수리 시설을 이용한 농업)과 착취를 바탕으로 나타났다. 그 뒤 그 지배계급은 정치적·이데올로기적 제도들을 만들어 내서 자신들의 지위를 보존하려 했다. 그러나 그 과정에서 그들이 만들어 낸 제도들은 생산의 변화, 즉 수공업과 상업의 성장 과정에서 등장한 새로운 사회 세력을 탄압하는 데 이용될 수 있었다. 때로는 이 때문에 새로운 생산수단이 물리적으로 파괴되기도 했다.

'상부구조'가 토대에 미치는 영향이 하도 커서, 우리가 흔히 '경제적'이라고 생각하는 많은 범주가 사실은 둘 다로 이뤄져 있다. 그래서 예컨대, '소유권'은 법률적이지만(상부구조의 일부) 착취가 이뤄지는 방식을 규제하기도 한다(토대의 일부).

정치적·법률적인 것이 경제적인 것에 반작용하는 방식은 마르크스의 방법론 전체에서 설대적으로 중요하다. 오직 이 방법론 덕분에 마르크스는 연속적이면서도 뚜렷이 구분되는 '생산양식들'에 대해 말할 수 있었다. 마르크스가 말한 생산양식은 역사에서 생산·착취 조직이 특정한 방식으로 동결된 단계들인데, 각 단계에는 저마다 독특한 지배계급이 있어서 자신의 필요에 따라 사회 전체를 개조하려고 노력했다.

마르크스는 '상부구조'가 '토대'에 미치는 영향을 무시했다고 비판하는 무식한 사람들이 많지만, 100년 넘게 이어져 온 그런 주장과 달리 마르크스는 상부구조가 토대에 미치는 영향을 중심으로 인간의 역사를 설명한다.

낡은 생산관계는 새로운 생산력의 발전을 방해하는 족쇄 구실을 한다. 어떻게? 낡은 지배계급의 부와 권력 독점에 도전하는 새로운 생산·착취 방식을 저지하려고 애쓰는 것이 '상부구조'의 활동이기 때문이다.

낡은 지배계급의 법률은 새로운 방식이 불법이라고 선언한다. 그들의 종교 제도는 새로운 방식이 부도덕하다고 비난한다. 그들의 경찰은 새로운 방식을 옹호하는 사람들을 고문한다. 그들의 군대는 새로운 방식이 실행되는 도시들을 파괴한다.

마르크스는 낡은 생산관계가 새로운 생산력의 발전을 방해하기 때문에 생겨난 대규모 정치·이데올로기 투쟁이, 새로운 생산력에 바탕을 둔 신흥계급이 낡은 지배계급을 대체할지 말지를 결정한다고 봤다. 따라서 마르크스가 정치적·이데올로기적 요인을 '무시했다'는 주장은 그의 견해를 완전히 우스꽝스럽게 왜곡하는 것이다.

그러나 상부구조적 제도들의 성장이 기존의 생산관계를 동결하는 것만은 아니고, 지배계급 성원들의 상호 관계에 엄청난 영향을 미칠 수도 있고, 따라서 지배계급이 다른 사회계급에 대응하는 방식에도 심대한 영향을 미칠 수 있다.

군대·경찰·성직자를 지휘·통솔하는 자들은 직접적 착취자들과 꼭 마찬가지로 착취를 통해 얻는 잉여가치로 생계를 유지하지만, 자신들만의 독특한 이해관계를 발전시키기도 한다. 그래서 자신들이 차지하는 잉여가치의 몫이 최대한 많아지기를 원하고, 자신들이 운영하는 제도의 특정한 필요에 맞는 특정한 종류의 물질적 생산이 이뤄지기를 원하고, 직접 생산에 참여하는 사람들의 생활양식보다 자신들의 생활양식이 더 높이 평가받기를 원한다.

그들이 자신들만의 특정 목표를 달성하려고 노력하는 것 때문에 훨씬 더 복잡한 제도가 구축될 수 있고, 사회적 행위에 관한 규칙이 정교해질 수 있고, 지위와 영향력을 둘러싸고 끝없는 투쟁이 벌어질 수도 있다. 그 최종 결과는 미로처럼 복잡한 구조들일 수 있는데, 그런 구조 속에서는 부와 특권의 원천이 물질적 생산과정에 있다는 사실이 완전히 망각된다.

그런 일이 일어나면, 상부구조는 그 토대가 되는 경제적 활동을 단순히 동결하는 데서 그치지 않을 수 있다. 상부구조가 경제적 활동을 방해하고 밑 빠진 독처럼 경제적 활동을 고갈시킬 수도 있는 것이다(그리고 그 과정에서, 상부구조 자체를 포함해서 사회 전체가 의존하는 자원이 파괴될 수 있다). 그러면 물질적 현실이 그것을 따라잡게 되고, 결국 사회 전체가 무너져 내린다.

그러나 이런 사태 전개 가운데 어느 것도 대규모 정치·이데올로기 투쟁 없이는 일어나지 않는다. 한 종류의 사회 활동(상부구조의 활동)이 다른 종류의 사회 활동(물질적 토대를 유지하고 발전시키는 데 관여하는 활동)을 방해할지 말지를 결정하는 것은 바로 이런 대규모 투쟁이다. 마르크스가 볼 때, 기존 지배계급이 사회를 파멸시킬 때까지 그들의 권력을 유지할지 아니면 새로운 생산방식에 토대를 둔 신흥계급이 그들을 대체할지를 결정하는 것도 바로 이런 대규모 투쟁이다.

마르크스와 엥겔스는 《공산당 선언》 첫머리에서 "지금까지 존재한 모든 사회의 역사는 계급투쟁의 역사다" 하고 썼다. 그러나 계급투쟁은 바로 생산적 '토대'와 착취 과정을 지배하는 자신들의 권력을 유지하고자 상부구조의 정치적·이데올로기적 제도들을 이용하는 사람들과 그들에 맞서 저항하는 사람들 사이의 투쟁이다.

상부구조는 착취와 착취의 성과를 옹호하려고 존재한다. 모름지기 기존의 착취 구조에 대항하는 진정한 투쟁은 상부구조에 대항하는 투쟁,

즉 정치투쟁이 되기 마련이다. 그래서 레닌은 "정치는 집중된 경제"라고 썼다.

마르크스주의는 정치투쟁을 단지 생산력 발전의 자동적·수동적 반영으로만 여기지 않는다. 사회를 통제하고자 투쟁하는 계급 세력을 만들어 내는 것은 바로 경제 발전이다. 그러나 그런 투쟁이 어떻게 전개되는지는 각 계급 내에서 이뤄지는 정치적 동원에 달려 있다.

생산의 변화가 하는 핵심 구실

이제 우리는 "상부구조의 다양한 요인들도 … 역사적 투쟁의 경로에 영향을 미치고 많은 경우 역사적 투쟁의 형태를 결정하는 데서 가장 중요한 구실을 합니다"라는 엥겔스의 말을 재평가할 수 있다.[31]

모든 형태의 계급 지배 하에서는 착취를 강화하고 제도화하기 위해 다양한 구조가 건설된다. 이런 제도들을 통제하는 자들은 독자적 이해관계가 있기 마련이고, 그들의 이해관계는 (물질적 생산의 성격 자체를 포함해서) 사회에서 일어나는 다른 모든 일에 영향을 미친다.

그러나 엥겔스의 말을 '주의주의적'으로 해석하는 사람들이 암시하는 것과 달리 문제는 여기서 끝나지 않는다. 상부구조의 제도들 자체는 어디서 왔는가 하는 문제가 여전히 남아 있다. 그리고 상부구조가 물질적 토대의 재생산을 방해하는 식으로 발전하게 되면 무슨 일이 벌어지는가 하는 지극히 중요한 문제도 남아 있다.

마르크스는 사회에서 모든 것은 모든 것에 영향을 미친다(상부구조는 토대에 영향을 미치고 토대는 상부구조에 영향을 미친다)고만 말하는 것은 하나 마나 한 소리라고 주장했다. 그는 《독일 이데올로기》를 쓴 직후 프루동을 비판한 논쟁적 저작 《철학의 빈곤》에서 그 문제를 다음과 같이 제기했다.

사회의 생산관계는 하나의 전체를 형성한다. 프루동은 경제 관계들을 같은 수만큼의 사회적 국면들, 즉 서로 상대방을 만들어 내고 하나에서 다른 것이 나오는 그런 사회적 국면들로 여긴다. … 이 방법의 유일한 결점은 프루동이 이 국면들 중 하나만을 살펴보려 할 때 다른 모든 사회관계에 의지하지 않고는 그것을 설명할 수 없다는 점이다. 그런데 그의 변증법적 운동은 아직 그 모든 사회관계를 만들어 내지 못한 상태다.[32]

마르크스는 자신의 저작들에서 그렇게 사회를 분화하지 않은 전체로 보고 모든 것이 다른 모든 것에 영향을 미친다고 생각하는 견해는 서로 다른 세 가지 결론으로 이어진다고 지적했다.

첫째, 그것은 기존의 사회형태를 영원불변의 것으로 보는 견해로 이어질 수 있다.(부르주아 경제학자들의 견해가 그렇다고 마르크스는 지적했다. 그들은 "항상 사회를 지배하는 영원한 법칙"이 사회관계들을 지배한다고 봤다. "따라서 지금까지는 역사가 존재했지만, 이제 더는 역사는 존재하지 않는다." 이것은 쓸모없는 현대의 사이비 사회과학, 즉 사회학의 바탕에 깔려 있는 견해이기도 하다.)

둘째, 그것은 사회의 원동력이 사회 밖에 있는 어떤 신비한 힘에 있다고 보는 견해로 이어질 수 있다(예컨대, 헤겔의 '세계정신'이나 베버의 '합리화' 따위).

셋째, 오늘날 존재하는 것은 다른 어떤 것과도 전혀 상관없이 그 자체의 언어와 사상을 통해 그 자체로만 이해해야 한다는 견해로 이어질 수 있다(예컨대, 헤겔 사후 19세기 독일의 관념론 철학자들, 최근에는 콜링우드,* 윈치,** 옛 알튀세르 학파의 사상가들).

이런 곤경에서 탈출하는 마르크스의 방법은 사회 전체에서 독자적 발전이 누적되는 경향이 있는 요소 하나를 찾아내는 것이다. 그것은 스스로 먹고살기 위해 주위 환경에 작용을 가하는 인간의 행동이다. 과거의 노동은 현재의 노동 생산물을 증대할 수 있는 수단을 제공한다. 그것은 물질적 수단(원료를 이용할 수 있는 기회나 권리, 도구와 기계)뿐 아니라 새로운 지식도 포함한다. 그러나 새로운 노동 방식을 채택할 때 인간은 서로 관계 맺는 새로운 방식도 채택한다.

이런 변화는 흔히 너무 미미해서 거의 알아볼 수 없을 정도다(어떤 곳에서는 두 사람 사이의 관계가 변하고, 다른 곳에서는 특정한 노동과정에 한 사람이 더 참여하는 식의 변화 등). 그러나 그런 변화가 계속되면, 전체 사회구조의 체계적 분자 변화를 불러일으킬 것이다. 그리고 양적 변화가 연속되면 질적 충격을 가하기 마련이다.

마르크스는 사회생활의 다른 측면에서 변화가 일어날 가능성을 부인하지 않는다. 지배자가 죽어서 인간성이 사뭇 다른 지배자가 그 뒤를 이을 수도 있는 법이다. 사람들이 이 놀이에 싫증나서 저 놀이를 시작할 수도 있다. 우연히 부잣집에 태어나거나 교육을 잘 받아서 재능 있는 음악가나 화가가 될 수도 있다. 그러나 이런 변화는 모두 우연적 사건이다.

---

* R G Collingwood. 영국의 관념론적 역사철학자.

** Peter Winch. 콜링우드와 후기 비트겐슈타인 철학의 영향을 받은 영국 철학자.

그런 변화가 모종의 누적적 사회 변화로 이어져야 할 이유는 전혀 없다. 그런 변화는 사회에서 임의의 변화를 불러일으킬 수는 있지만, 사회를 특정 방향으로 나아가게 하는 원동력을 만들어 낼 수는 없다.

반면 물질적 생산은 한 방향으로 나아가는 경향이 있다. 그 생산물인 부는 사람들의 삶을 물질적 궁핍에서 벗어날 수 있게 해 주는 자원이다. 그리고 이 자원은 훨씬 더 대량으로 축적될 수 있다.

그렇다고 해서 카우츠키나 플레하노프, 최근에는 G A 코헨의 주장처럼 생산력이 항상 발전한다는 말은 아니다. 앞서 봤듯이, 새로운 생산방식과 낡은 사회관계의 충돌은 역사의 핵심 특징이다.

마르크스는 《공산당 선언》에서 다음과 같이 지적했다. "[부르주아지보다] 전에 산업에 종사하던 모든 계급의 첫째 생존 조건은 낡은 생산양식을 그대로 보존하는 것이었다."[33] 새로운 것과 낡은 것이 충돌한다고 해서 반드시 낡은 것이 패배하는 것도 아니었다. 새로운 것이 질식사할 수도 있었다. "서로 싸우는 계급들이 함께 파멸"할 수도 있는 것이다.[34]

(선진적 생산방식에서 후진적 생산방식으로) '후퇴'하는 것은 역사에서 결코 예외가 아니었다. 문명이 붕괴해서 '야만'(예컨대, 도시가 없는 농업 생산)으로 후퇴하는 일은 잇따라 일어났다. 라틴아메리카, 동남아시아, 중앙아프리카에서 발견되는 '정글 속 도시들'의 폐허를 보라. 일부 수렵·채집인들에게는 전에 원예민이었음을 보여 주는 흔적이 남아 있다(예컨대, 아마존 강 유역의 일부 부족들).[35] 새로운 생산력이 발전하고 그 생산력과 연결된 계급들이 돌파구를 열 수 있을지 없을지는 그 사회의 특정한, 역사적으로 발전된 특징들에 달려 있다. 한쪽 끝에는, 너무 경직돼서 어떤 생산 혁신도 불가능한 사회가 있다(예컨대, 엄격하게 제

한된 종교의식이 모든 생산 행위의 수행 방식을 결정하는 사회). 다른 쪽 끝에는, 노동 생산성을 향상시키는 것이 생활에서 가장 중요한 일이 돼 버린 현대 자본주의 사회가 있다.

사실, 대다수 인간 사회는 이 둘 사이의 어디쯤에 있었다. 인간의 삶은 혹독하기 때문에, 사람들은 일정량의 노동의 대가로 얻을 수 있는 생계 수단의 양이 늘어나기를 원했다(비록 어떤 활동은 정당하게 여겨지고 다른 활동은 금기 사항이었지만). 대체로 말해서, 생산력은 매우 느리게 발전하다가 마침내 새로운 계급이 낡은 계급에 도전하기 시작하는 때가 찾아왔다. 그때 무슨 일이 벌어질지는 한편으로는 계급 세력 균형에, 다른 한편으로는 서로 싸우는 계급들의 지도력과 이해력에 달려 있었다.

그러나 비록 생산력 발전이 규칙이 아니라 예외라 하더라도 마르크스의 주장이 틀린 것은 아니다. 왜냐하면 생산력이 돌파구를 연 사회는 번영할 것이고 그래서 결국은 생산력이 억제된 사회를 지배할 수 있는 지점에 이를 것이기 때문이다. 야만 단계에서 문명 단계로 나아간 사회는 많지 않았다. 그러나 문명 단계로 나아가지 못한 많은 사회는 문명 사회의 노예가 됐다. 또 [서양의] 봉건귀족과 동양의 전제 왕정 시대 지방 호족들은 흔히 도시의 장인과 상인의 도전을 물리칠 수 있었다. 그랬어도 그들은 모두 18~19세기에 유럽의 서쪽 변두리에서 확산된 자본주의의 물결에 휩쓸려 나갔다.

결국 어떤 사회의 상부구조가 얼마나 웅장하고 정교한지는 중요하지 않았다. 상부구조는 물질적 생산이라는 '토대'에 의존했다. 상부구조가 이 토대의 발전을 방해하면, 상부구조 자체가 마침내 파멸했다. 이런 의미에서 "경제적 요인이 결국 지배적인 것으로 드러나기 마련"이라는 엥겔스의 말은 옳았다.

역사적 사실을 돌아보면, 생산력은 자신이 성장해 나온 사회관계 전체를 무너뜨리고 변혁하는 데 성공했다.

토대, 상부구조, 사회 변화

마르크스의 《정치경제학 비판을 위하여》 서문의 해석을 둘러싸고 마르크스주의자들 사이에서 생겨난 혼란은 대부분 "법률적·정치적 상부구조"가 세워지는 "토대"의 정의에 관한 것이었다.

어떤 사람들은 '토대'가 사실상 인간과 자연의 물질적 상호작용(생산력)이라고 생각했다. 다른 사람들은 이런 상호작용이 일어나는 사회관계, 즉 사회적 생산관계라고 생각했다.

서문의 특정 구절을 다른 구절들과 떼어 놓거나 마르크스의 다른 저작들과 따로 떼어 놓고 인용하면 위의 두 견해를 모두 정당화할 수 있다. 왜냐하면 마르크스가 어떤 곳에서는 "이 생산관계 전체"가 "진정한 토대이고 그 위에 정치적·법률적 상부구조가 세워진다"고 말하고, 다른 곳에서는 "생산관계는 … 물질적 생산력 발전의 일정한 형태에 상응한다"고, 더 나아가서 "경제적 생산 조건의 물질적 변화(자연과학의 정확성으로 확인할 수 있는)"와 "법률적·정치적·종교적·예술적·철학적 형식들"을 대조하기 때문이다. "기존의 생산관계"와 충돌하는 것은 "물질적 생산력"이라고도 한다.

사실, 마르크스가 《정치경제학 비판을 위하여》에서 구별하는 것은 '토대'와 '상부구조'만이 아니다. 두 가지 구별이 있다. '생산력'과 생산관계의 구별이 있고, 그다음에는 생산관계와 그 밖의 사회관계 사이의 구별이 있다.

혼란이 일어난 이유는 다음과 같다. '토대'는 생산력과 생산관계의 결합이다. 그러나 이 결합의 구성 요소 중 하나는 다른 하나보다 '더 기본적'이다. 역동적인 것은 '생산력'이다. 왜냐하면 생산력은 고정적인 '생산관계'와 충돌할 때까지 계속 발전하기 때문이다. 생산관계가 생산력에 '상응하는' 것이지 그 반대가 아니다.

물론 어떤 의미에서는 물질적 생산과 (그 속에 포함된) 사회관계를 분리할 수 없다. 새로운 노동 방식 속에 새로운 사회관계가 포함된다면, 분명히 이 새로운 사회관계가 존재하기 전까지는 그 새로운 노동 방식도 존재할 수 없을 것이다.

그러나 앞서 봤듯이, 생산력에 우선권을 부여해야 할 이유가 있다. 생산력을 발전시키기 위해 노동 방식을 바꾸는 데 성공한 인간 집단은 그러지 못한 집단보다 더 성공할 것이다. 생산력의 작지만 누적적인 변화가, 사람들 사이의 관계에서도 마찬가지로 작지만 누적적인 변화를 불러일으킬 수 있다. 사람들이 상호 관계를 변화시키는 이유는 생계 수단을 더 쉽게 생산하기를 원하기 때문이다. 즉, 생계 수단의 증대가 목표고 사회적 생산관계의 변화는 의도치 않은 결과다. 생산력이 기존의 생산관계를 거스르는 것이지 그 반대가 아니다.

따라서, 예컨대 수렵·채집인들이 원예를 시작하려고 서로 사회관계를 변화시키기로 결정한다면 그것은 주로 원예의 사회관계가 수렵·채집 사회관계보다 더 우월하다는 신념 때문이 아니다. 오히려 원예의 물질적 생산성이 수렵·채집보다 더 높다는 점을 이용하고 싶어서다.

마찬가지로, [중세] 도시의 시민들이 봉건사회에 도전하기 시작한 것은 이 생산관계를 저 생산관계보다 더 선호했기 때문이 아니다. 봉건제 내의 이 특정 집단이 볼 때, 생계 수단에 대한 자신들의 통제권을 강화하는, 즉 그들의 통제 아래 생산력을 발전시키는 길은 오직 새로운 생산관계를 확립하는 것뿐이었기 때문이다.

심지어 한 사회가 조직되는 방식이 다른 사회의 압력 때문에 변할 때조차(인도가 19세기에 어쩔 수 없이 유럽식 토지제도를 채택했을 때나 수렵·채집인들이 식민지 관리들과 선교사들의 설득에 따라 정착 농업 생활을 받아들였을 때처럼) 그런 압력이 존재하는 이유는 다른 사회의 생산력이 더 발전해 있었기(그래서 더 효과적인 전쟁 수단으로 바뀔 수 있었기) 때문이다. 그리고 어떤 '사회적 생산관계'를 채택하도록 압력을 받는 사회에서 그 생산관계가 물질적 생산을 조직하는 데 성공하지 못하면, 즉 물질적 생산의 '기반'을 발견하지 못하면, 그 생산관계는 오래가지 못할 것이다. 그런 '기반'을 발견하지 못한 곳에서는(우간다 북부의 이크인들처럼) 그 때문에 사회가 파멸할 수도 있다.[36]

물질적 생산의 확대는 원인이고 생산의 사회적 조직은 결과다. 원인 자체가 낡은 사회조직 방식의 방해를 받을 수 있다. 물질적 생산의 확대(와 함께 사회관계의 변화)가 자동으로 일어날 것이라는 기계적 원칙 따위는 없다. 그러나 어떤 사회에서든지 언젠가는 그런 방향으로 압력이 나타날 것이다. 그리고 이런 압력은 이런저런 사회적 결과를 낳을 것이다. 비록 낡은 사회관계에 헌신하는 사람들이 그런 압력에 저항하는 데 성공하더라도 말이다.

생산력과 생산관계의 구별이 둘째 구별, 즉 '경제적 토대'와 상부구조의 구별보다 먼저다. 생산력 발전은 생산관계의 특정한 변화로 이어진다. 이런 생산관계의 변화가 이번에는 다른 사회관계의 변화를 낳는다. 비경제적 제도가 모두 기존 경제 관계의 재생산을 지원(하고 그래서 더한층의 경제적 변화에 저항)할 때까지 말이다.

이 구별의 의미는 사회가 어떻게 변화하는지를 이해할 수 있게 해 준다는 것이다. 생산력이 고정저이라면 어떤 사회가 제세적 변화를 겪어야할 이유가 전혀 없게 된다. 기존의 사회관계는 스스로 재생산하는 경향만이 있을 것이고, 따라서 사람들의 상호 관계에서도 기껏해야 임의적이고 우연한 변화만이 가능할 것이다. 사회적 생산관계든 더 광범한 사회관계든 혁명적 사회 변화(예컨대, 소규모 무리의 사회에서 정착촌의 사회로 또는 중세 봉건제 장원의 사회에서 선진 산업자본주의 도시의 사회로)가 실제로 일어나도록 결코 자극하지 못할 것이다.

생산력과 생산관계에 관한 논의 중에는 또 다른 혼란이 있다. 그것은 '생산관계'란 무엇인가 하는 문제와 관련 있다.

《정치경제학 비판을 위하여》 서문의 어디선가 마르크스는 사회적 생산관계와 소유관계를 동일시한다. 코헨 같은 사람들이 나름대로 역사유물론을 설명할 때도 이 견해에 핵심적 지위를 부여한다.

내가 보기에 그것은 '사회적 생산관계' 개념을 너무 협소하게 제한하는 것이다. 마르크스가 주장한 역사관의 설득력은 대부분 어떻게 생산력의 작은 변화가 생산 현장에서 곧장 사회관계의 작지만 누적적인 변화를 불러일으키고 이런 변화가 마침내 더 광범한 사회관계에 도전하게 되는지를 보여 준다는 데 있다. 이 작은 변화에 새로운 소유관계도 포함될 수 있지만, 아주 많은 중요한 경우에는 그러지 않았다.

예컨대, 중세 도시에서 보통의 장인을 위해 일하는 직인의 수가 늘어난 것은 소유관계의 변화가 아니었다. 그러나 그것은 도시의 사회관계를 바꿔 놓았고, 이것은 매우 중요한 함의가 있었다. 다른 중요한 많은 역사적 발전에서도 이와 비슷한 점을 찾아볼 수 있다. 예컨대, 수렵·채집인들이 처음으로 씨앗을 심은 것이나 오늘날 자본주의 나라들에서 생산방식이 변경되는 것 등이 그렇다.

지금까지의 주장을 요약해 보자. 마르크스는 한 가지 구별을 한 것이 아니라 두 가지를 구별했다. 생산력은 기존의 생산관계에 압력을 가한다. 그러면 이제 생산관계가 기존의 상부구조와 충돌하게 된다.

일단 이렇게 이해하고 나면, 특정한 제도가 토대에 속하는지 아니면 상부구조에 속하는지를 두고 때때로 제기된 물음들을 다룰 수 있다.

어떤 의미에서는 물음 자체가 잘못 제기된 것이다. 토대와 상부구조의 구별은 한편에 경제적 제도들이 있고 다른 한편에 정치적·법률적·이데올로기적 제도들 따위가 있다는 식으로 일군의 제도와 다른 일군의 제도 사이의 구별이 아니다. 토대와 상부구조의 구별은 생산과 직결된 관계들과 그러지 않은 관계들 사이의 구별이다. 많은 제도는 둘 다를 포함한다.

예컨대, 중세의 교회는 기존의 봉건적 착취 방식을 이데올로기적으로 옹호하는 상부구조의 제도였다. 그러나 교회 자체가 엄청난 토지를 소유하고 있었으므로 중세 사회의 경제구조를 설명할 때는 결코 교회를 무시할 수 없다. 마찬가지로, 현대의 자본주의 국가는 특정 자본가 지배계급을 보호할 '무장 집단'의 필요성에서 생겨났다. 그러나 그런 보호는 국가가 생산에 직접 개입하지 않으면 거의 불가능했다.

전자본주의 사회에서는 사람들이 어느 계급에 속하는가 하는 문제조차 상부구조의 요인들에 달려 있다. 기존의 생산·착취 관계를 보존하려는 노력의 결과로, 모든 개인에게 이런저런 신분이나 지위를 부여하는 정교한 법전들이 만들어진다. 이것이 이번에는 그 개인들이 참여할 수 있는 생산 활동(그런 선택이 조금이라도 가능하다면)을 결정한다. 그래서 마르크스는 다음과 같이 썼다. "발전의 특정 단계에 이르면, 신분의 세습적 성격은 사회의 법률로 공포된다."[37] 또 "신분제 하에서는 … 귀족은 항상 귀족이고, 평민은 항상 평민이다. 이런 신분은 그 사람의 다른 관계가 어떻든지 간에 그의 개성과 분리할 수 없는 자질이다."[38]

어떤 의미에서는 오직 부르주아 사회에서만 '순수한' 계급(법전이나 종교 규범에 구현된 특권의 유무가 아니라, 전적으로 생산과정의 착취 관계에 따라 구분되는 사회집단)이 존재한다고 말할 수 있다.[39] 물론 이런 법전이나 종교 규범도 사실은 물질적 착취에서 생겨난 것이지만, 수백 년 동안 사회 발전이 동결되면서 그런 사실은 흐려지고 말았다.

자본주의 가족의 상황도 중세 교회나 현대의 국가와 약간 비슷하다. 자본주의 가족은 기존의 생산관계를 보존하고 재생산하기 위해 생겨났다. 그러나 그러려면 매우 중요한 경제적 구실도 해야 한다(노동계급 가족은 노동력을 물리적으로 재생산하는 데 들어가는 막대한 가사노동을 조직하고, 자본가계급의 가족은 다음 세대로 재산이 상속되는 방식을 규정한다).[40]

그래서 어떤 사람들은 가족의 경제적 구실을 근거로, 가족이 '토대'라고 주장한다.[41] 그러나 토대와 상부구조의 구별은 생산력이 변화하면 즉

시 변화할 수밖에 없는 사회관계와, 비교적 고정돼 있고 변화에 저항하는 사회관계 사이의 구별이다. 자본주의 가족은 전자가 아니라 후자의 범주에 속한다(비록 노동력을 재생산하는 '경제적' 기능을 하지만).

재생산이 조직되는 방식의 변화는 대체로 생산이 이뤄지는 방식의 변화를 따른다. 단순한 사실은, 생산력과 달리 '재생산력'은 누적적 변화의 경향이 없다는 것이다. 출산을 억제할 수 있는 방식은 3만 년 전의 수렵·채집 사회부터 20세기까지 거의 변하지 않았다. 이런 [산아제한] 방법을 사용할지 말지는 재생산의 영역이 아니라, 생산의 영역에 달려 있었다(예컨대, 수렵·채집 사회는 출산을 억제할 수밖에 없는 반면, 많은 농업 사회는 아이를 되도록 많이 낳는 것이 유리했다). 아이를 기를 수 있는 물질적 조건이 변화한다는 것은 사실이다. 그러나 그것은 사회의 다른 곳에서 일어나는 물질적 변화의 부산물이다.[42]

마지막으로, 이렇게 생각하면 우리는 때때로 제기되는 또 다른 주장도 처리할 수 있다. 그것은 모든 사회관계가 곧 '생산관계'라는 주장이다.[43]

모름지기 사회구조의 모든 부분은 궁극적으로 생산의 영역에서 생겨난다. 그러나 마르크스가 '상부구조'를 얘기할 때 매우 옳게도 강조한 것은, 상부구조의 일부는 일단 생겨나면 다른 부분의 발전을 억제하는 효과를 낸다는 것이었다. 낡은 것은 새로운 것과 모순된 처지에 놓인다. 예컨대, 낡은 형태의 국가 조직은 역사의 특정 시점에서 착취의 필요 때문에 생겨난 뒤에도 계속 생산에 영향을 미친다. 그러나 그것은 생산이 더한층 발전하면서 끊임없이 생성되는 새로운 관계들과 모순된 처지에 놓인다. 모든 사회관계가 '생산관계'라고 말하는 것은 모순이라는 이 중요한 요소를 무시한 채 사회 발전을 묘사하는 것이다.[44]

자본주의 사회의 토대와 상부구조

지금까지 이 글은 토대와 상부구조를 일반적으로 살펴봤다. 그러나 자본주의 사회의 토대와 상부구조 관계에는 독특한 특징이 있는데, 이 점은 짧게라도 언급할 만한 가치가 있다.

첫째는 생산관계가 생산력에 미치는 독특한 영향이다. 마르크스는 전 자본주의 사회에서는 기존의 생산관계가 생산력 발전을 지연시키는 경향이 있다고 강조했다. 이와 달리 자본주의에서는 각 개별 자본의 생존이 생산력을 경쟁 자본들보다 더 빨리 확대하는 데 달려 있다.

> 부르주아지는 생산수단을, 따라서 생산관계와 사회관계 전체를 끊임없이 혁신하지 않으면 존재할 수 없다. … 생산의 끊임없는 혁신, 모든 사회조직의 부단한 교란, 끝없는 불확실성과 동요가 부르주아 시대와 이전 모든 시대의 차이점이다.[45]

마르크스는 [자본주의에서도] 생산력과 생산관계의 모순이 결국 표면화할 수밖에 없지만 그 방식은 매우 독특하다고 주장한다.

인간의 사회적 생산력이 발전하면(생산성 증대), 현재 노동의 각 단위와 결합하는 과거 노동의 양이 점점 더 많아진다. 자본주의 사회에서 이것은 노동력에 대한 투자의 비율이 증가하는 형태로 나타난다. 모든 잠재적 이윤의 원천인 산 노동보다 투자가 더 빨리 증가하는 것이다. 그러나 자본주의 체제에서 생산의 원동력은 이윤율, 즉 투자에 대한 이윤의 비율이다.

마르크스가 볼 때, 자본주의 체제에서 투자를 추구하는 경향과 투자를 지탱하는 이윤의 수준이 낮아지는 추세 사이의 모순은 체제의 정체 경향 심화, 경제의 다양한 요소 사이의 불비례 증대, 점차 심각해지는 경제 위기로 나타난다. 20세기에 살고 있는 우리가 볼 때, 그것은 경제적 경쟁이 군사적 충돌로 비화하는 경향이 (생산력이 전면적 파괴력으로 바뀔 가능성과 함께) 항상 존재한다는 것도 뜻한다.[46]

둘째 차이는 자본주의에서는 경제 관계의 발전과 그것을 제약하는 비경제적 요인들 사이의 충돌만 존재하는 것이 아니라, 경제의 서로 다른 요소들 사이의 충돌도 존재한다는 점이다. 마르크스는 경제의 어떤 요소는 다른 요소들보다 '더 기본적'이라고 생각했다. 잉여가치의 원천은 생산 영역에 있다. 그러나 자본가계급의 다양한 부문 사이에 이 잉여가치를 분배하는 일을 처리할 모든 활동이 생산 영역에서 성장해 나온다. 예컨대, 상품의 판매와 구매, 신용 제도, 주식시장 등이 그것이다. 이 것들은 정치적·이데올로기적 상부구조의 다양한 요소들과 비슷하게 독자적으로 생활한다. 그리고 그 생활은 생산 영역에서 벌어지는 일에도 영향을 미친다. 그러나 결국 그것들이 처분할 수 있는 잉여가치가 생산 현장의 착취에서 나온다는 근본적 사실을 벗어날 수는 없다(이 사실은 갑작스런 경제 위기가 되풀이되는 것에서 분명히 드러난다).

그렇다고 해서 자본주의에서 토대와 상부구조의 구별이 쓸모없다는 말은 아니다. 중요한 것은 자본주의 체제에는 전보다 훨씬 더 많은 모순의 요소가 있다는 사실이다. 이런 모순 요소들을 구체적으로 분석하는 것이 체제의 작동 방식과 그것에 반대하는 단호한 혁명적 운동을 건설할 가능성을 이해하기 위한 전제 조건이다.

상부구조와 이데올로기

토대·상부구조의 이분법과 관념·이데올로기 사이의 관계는 무엇인가?

마르크스는 관념은 그것이 생겨난 사회적 맥락과 분리될 수 없다고 주장한다. 그는 다음과 같이 말한다. "사회적 의식의 일정한 형태는 … 경제구조, 즉 진정한 토대에 상응한다", "물질적 생활의 생산양식이 사회적·정치적·지적 생활 과정 전반에 주된 영향을 미친다", "사회적 존재가 … 의식을 결정한다."[강조는 나의 것 — 지은이]

이 강력한 주장을 이해하려면 마르크스가 관념·언어의 발전을 어떻게 봤는지를 이해해야 한다.

마르크스가 볼 때, 관념은 인간과 세계 사이의 그리고 인간들끼리의 물질적 상호작용에서 생겨난다.

> 관념·표상·의식의 생산은 본래 인간의 물질적 활동, 물질적 교류, 현실 생활의 언어와 얽히고설켜 있다. 여기서 인간의 표상, 사고, 정신적 교류는 여전히 물질적 활동의 결과로서 나타난다. 어떤 민족의 정치·법률·도덕·종교·형이상학 등의 언어에 표현된 정신적 산물도 마찬가지다. 인간은 표상·관념 등의 생산자다. 그러나 현실에서 활동하는 인간은 생산력 발전과 그에 상응하는 교류 형태[생산관계]의 발전 수준에 제약을 받는다. 의식은 의식된 존재 이외의 다른 어떤 것도 아니고, 인간의 존재는 인간의 실제 생활 과정이다.[47]

모든 관념의 기원은 물질적 활동에서 찾아볼 수 있다.

우리는 현실의, 활동하는 인간에서 출발한다. 그리고 이런 바탕 위에서, 이 생활 과정의 이데올로기적 반영과 반향을 설명한다. 인간의 머릿속 환상도 인간의 물질적 생활 과정의 필연적 승화물이다. 그 물질적 생활 과정은 경험적으로 확인할 수 있고, 물질적 전제 조건에 묶여 있다.[48]

마르크스는 의식의 발전에 많은 단계가 있다고 암시한다. 동물에게는 의식이 없다. 동물은 기껏해야 주위의 순간적 인상을 직접적으로 의식할 뿐이다. 인간은 주위 환경을 통제하려고 집단적으로 행동하는 과정에서 규칙적으로 사회적 상호작용을 시작하면서부터 이런 직접적 의식의 단계를 넘어서기 시작한다. 그래서 마르크스는 인간이 "최초의 역사적 상황"이라는 단계까지 발전한 뒤에야 "인간에게 '의식'도 있다는 사실을 우리는 발견하게 된다"고 주장한다.[49]

생계 수단을 얻으려고 함께 행동하는 과정에서 인간은 순간적 인상을 영속적 개념으로 고정시킬 수 있게 해 주는 물질적 수단을 처음으로 만들어 낸다.

처음부터 '정신'은 물질에 '묶여' 있어야 한다는 저주에 시달리는데, 여기서 말하는 물질은 진동하는 공기층, 소리, 요컨대 언어라는 형태로 나타난다. 언어는 의식만큼 오래됐다. 언어는 실천적 의식, 다른 사람을 위해 존재하고 따라서 나 자신을 위해서도 존재하는 현실적 의식이다. 의식과 마찬가지로 언어도 다른 사람과 교류하고 싶은 욕구·필요에서 생겨난다.[50]

또는 마르크스가 다른 곳에서 썼듯이 "언어는 사상의 직접적 실재다."[51]

따라서 지식은 사회적 산물이다. 그것은 의사소통의 필요에서 생겨나는데, 의사소통 자체는 사회적 생산을 수행할 필요의 산물이다. 의식은 객관적으로 존재하는 관계의 주관적 표현이다. 그것은 객관적 관계에 참여하는 것을 깨닫는 의식으로서 생겨난다. 의식의 체현인 언어는 이 객관적 관계의 구성 요소 중 하나인 물질적 과정이다. "따라서 사람들의 관념과 생각은 자기 자신과 인간 일반에 대한 관념과 생각이다. … 왜냐하면 그것은 단순히 한 개인의 의식이 아니라, 사회 전체와 상호 연결된 개인의 의식이기 때문이다."[52]

마르크스의 유물론은 이런 것이다. 정신은 물질을 바탕으로 발전한다. 정신이 제 기능을 하려면 인간 신체의 필요가 충족돼야 한다. 정신은 그 의식의 형태를 개인들 간의 실제 관계에 의존한다. 개인의 정신적 내용은 그가 세계와 그리고 다른 사람들과 주고받는 물질적 상호작용에 의존한다.

그러나 인간의 정신을 단지 물질로 환원할 수 없다. 생각하는 인간 개인은 행동 능력도 있기 마련이다. 주관적인 것은 객관적인 것에서 발전해 나오지만, 주관적인 것 역시 현실적이다.

그래서 마르크스는 《포이어바흐에 관한 테제》 1번에서 다음과 같이 썼다. "지금까지 존재한 모든 유물론의 주요 결점은 대상·현실·감성을 오로지 객체로 또는 관조적으로만 파악할 뿐 인간의 감성적 활동으로, 실천으로, 주체로 파악하지 않는다는 것이다. … 포이어바흐는 인간의 활동 자체를 객관적 활동으로 파악하지 않는다."

그러나 마르크스는 개인의 생각과 활동이 현실적이라고 주장하면서도 그 한계 또한 강조한다. 생각은 활동에서 생겨난다. 그리고 활동과 연결해 주는 고리가 끊어지자마자 생각은 그 내용의 일부를 잃어버린 것으로 여겨진다. "인간은 실천을 통해 진리를, 즉 자신의 생각이 현실적이고 설득력이 있고 현세적이라는 사실을 입증해야 한다."

따라서 생각은 실천에 적용할 수 있을 때만, 세계를 변화시킬 수 있을 때만 '현실적'이다. 인간의 의식과 별개로 객관적 현실은 존재한다. 그러나 인간이 이 현실과 접촉하고 자신의 의식을 이 현실과 연결할 수 있는 것은 오직 활동을 통해서다. "인간의 생각이 객관적 진리를 파악할 수 있는지 아닌지는 이론의 문제가 아니라 실천의 문제다. … 실천과 괴리된 채 생각이 현실적인지 비현실적인지를 따지는 것은 순전히 스콜라 철학적 문제다."[53]

세계가 현실적인지, 생각이 진리인지 아닌지는 인간의 활동 속에서 세계와 인산이 결합하는 것을 통해 결정된다.

마르크스의 역사유물론은 [인간의] 의지·의식·의도가 역사에서 아무 구실도 못 한다고 주장하지 않는다. 인간의 행동은 인간이 살고 있는 현실 세계를 계속 변화시킨다. 그리고 그 과정에서 자신과 다른 사람들의 상호 관계도 변화시킨다.

카우츠키가 해석한 마르크스주의의 기계적 유물론은 마르크스가 비판한 포이어바흐의 잘못을 저지르고 있다. 즉, 역사는 인간 활동의 역사라는 사실을 깨닫지 못한다는 것이다. 그러나 사회적 활동은 의식을 포함한다.

새로운 도구를 발명하고, 기존의 생활 방식에 도전하고, 혁명적 운동을 조직하거나 아니면 현상 유지를 옹호하며 투쟁하는 것은 바로 특정 관념을 가진 인간들이다. 생산력과 생산관계의 모순, 토대와 상부구조의 모순은 사람들 사이의 논쟁, 조직적 이견, 격렬한 투쟁으로 표현된다. 이것들은 현실적 사회 발전의 일부다. 이 사실을 부인하는 것은 사회를 폭발할 것 같은 적대감이 더는 존재하지 않는 곳으로 묘사하는 것이다.

그러나 의식은 결코 진공에서 생기지 않는다. 그것은 객관적 과정을 연결해 주는 주관적 고리다. 어떤 개인이나 집단의 관념은 물질적 현실을 바탕으로 발전하고 그 현실에 반작용한다. 관념을 그런 현실로 환원할 수는 없지만, 관념과 현실을 분리할 수도 없다.

바로 이 연결 고리 덕분에 우리는 '허위의식'과 '이데올로기'라는 마르크스의 개념을 이해할 수 있다.

허위의식

물질적 실천에 참여하는 사람들은 자신의 행동과 그 행동의 영향을 받는 외부 세계에 대한 직접적 의식을 갖고 있는데, 그것은 허위의식일 가능성이 별로 없다. 눈이 멀지 않았다면 또는 미치지 않았다면, 자신이 지금 땅을 파고 있다거나 다른 사람들에게 총을 겨누고 있다는 사실을 모르지 않는다. 이 수준에서 그들의 활동과 의식은 일치한다. 그러나 이런 의식의 내용은 아주 적다. 사실, 그것은 거의 '의식'이라고 부를 수도 없다.

그러나 그런 직접적 의식과 함께 더 일반적인 의식도 항상 존재한다. 이런 일반적 의식은 사람들이 직접적으로 알고 있는 것을 넘어서서 주위 상황에 대한 모종의 전반적 개념을 제공하려 한다. 예컨대, 단순히 땅을 파고 있는 것이 아니라 미래의 생계 수단을 마련하고 있는 것이라거나 단순히 총을 겨누고 있는 것이 아니라 '조국'을 지키고 있는 것이라는 등의 설명을 해 준다.

이런 일반적 의식이 '진리'라거나 '현실적'이라는 보증은 없다. 경제 위기 때문에, 아무리 열심히 땅을 파더라도 재배한 곡물을 팔아서는 생계를 유지하기 힘들 수 있다. 또 알고 봤더니 '조국'이 아니라 다국적기업의 이윤을 지키기 위해 총을 겨누고 있는 것일 수도 있다.

직접적 의식은 활동의 중요한 일부이고 따라서 매우 제한된 의미에서 '현실적'이어야 하는 반면, 일반적 의식은 활동의 맹목적 부산물에 불과할 수 있다. 이런 의미에서 그것은 세계에서 [직접] 나타나지 않는다. 그것은 마르크스의 표현을 빌리면, 결코 '현세적'이지 않고 '현실적'이지도 않다. 또는 일반적 의식을 지침으로 해서 활동한 결과는 기대한 것과 다르다. 그것의 객관적 내용은 주관적 내용과 다르다. 그것은 기껏해야 부분적으로만 '현실적'이다.[54]

그러나 마르크스는 '허위의' 일반적 의식조차 현실의 활동에서 생겨난다고 주장한다. 그래서 특정한 형태의 '비현실적' 의식, 즉 관념론 철학이라는 '독일' 이데올로기를 비판하면서 다음과 같이 썼다.

철학자들은 자신들의 언어를 일상생활의 언어로 용해시켜야만 할 것이다(철학자들의 언어는 일상생활의 언어를 추상한 것이다). 그래서 자신들의 언어는 실제 세계의 왜곡된 언어임을 인정하고, 사상이든 언어든 그 자체로는 독자적 실재가 아니라 실제 생활의 표현일 뿐임을 깨달아야 할 것이다. …
철학자들에게 가장 어려운 과제 하나는 사상의 세계에서 실제 세계로 내려오는 것이다. 언어는 사상의 직접적 실재다. 철학자들은 사상을 독립적 존재로 만들었듯이 언어도 독립적 영역으로 만들어야 했다. 바로 이것이

철학 언어의 비밀이다. 철학 언어에서 사상은 말의 형태로 독자적 맥락을 갖게 된다. 이제 사상의 세계에서 실제 세계로 내려오는 문제는 언어에서 생활로 내려오는 문제로 바뀐다.[55]

우리는 사상에서 현실로, 따라서 언어에서 생활로 전환하는 문제 자체가 오직 철학적 환상 속에서만 존재한다는 것을 봤다.[56]

이런 견해 때문에 마르크스는 《포이어바흐에 관한 테제》에서 추상적인 철학적 사상을 다음과 같이 경멸한다. "사회생활은 근본적으로 실천적이다. 이론을 신비주의로 잘못 이끄는 수수께끼들은 모두 인간의 실천에서 그리고 이 실천을 개념적으로 파악하는 것에서 합리적 해답을 찾을 수 있다."

언뜻 보면, 마르크스의 견해는 철학·사회·역사에 관한 일반적 개념의 가능성을 일절 부인하는 철학자들의 견해와 매우 비슷하다. 그래서 비트겐슈타인의 언어철학은 철학의 전통적 문제들이 생겨난 것은 모두 철학자들이 일상생활의 개념들을 맥락에서 분리시켜 사용했기 때문일 뿐이라고 주장한다.[57]

약간 비슷하게 '역사주의' 사상가들도 모든 사상이나 사회적 실천은 그것이 발견되는 특정한 사회적·문화적 맥락을 벗어나서는 이해할 수 없다고 주장했다. 더 광범한 설명을 하려는 시도는 모두 허위일 수밖에 없다는 것이다.[58]

그러나 마르크스의 견해는 이런 주장들과 사뭇 다르다. 그런 주장을 하는 사람들은 자꾸만 일반화하려는 철학자들의 이상한 욕망 때문에, 즉 사람들을 괴롭히는 철학자들의 기묘한 '정신적 족쇄' 때문에 허위의 개념이 생겨난다고 생각한다. 그래서 모든 일반화는 틀렸다는 것이 그들의 결론이다.

이와 달리, 마르크스는 틀린[허위의] 일반화는 이론과 실천이 분리된 결과이고 그 자체로 물질적 뿌리가 있다고 본다. 오직 계급 없는 사회에서만 일반적 개념이 사람들의 직접적 경험에서 왜곡 없이 곧바로 발전해 나올 수 있을 것이다. 왜냐하면 그런 사회에서는 모든 사람이 단일한 협력적 활동에 함께 참여할 것이기 때문이다.

이데올로기와 계급사회

일단 착취계급과 피착취계급의 분열이 일어나면, 그리고 이를 바탕으로 정신노동과 육체노동의 분열이 심화하면, 단일한 실천은 해체되고 그와 함께 단일한 세계관의 가능성도 사라진다.

계급사회에서는 생산력이 발전하면서 기존 생산관계와 충돌하기 때문에 사회 전체가 계속 산산조각 나고, 그 충돌은 다양한 사회집단들 간의 투쟁으로 나타난다.

다양한 사회집단은 실천적 목표가 서로 다르다. 일부는 기존 사회관계를 보존하는 것이 목표이고, 다른 일부는 새로운 생산력을 바탕으로 새로운 사회관계가 발전할 수 있도록 기존 사회관계를 전복하는 것이 목표다. 그 결과는 사회의 다양한 부문이 사회 현실을 서로 다르게 경험한다는 것이다. 각 사회집단은 저마다 다른 일반적 사회관을 발전시키는 경향이 있을 것이다. 따라서 이 사회집단의 사회관과 저 사회집단의 사회관이 뚜렷이 다를 것이다.

그런 사회관은 사회가 어떻게 생겼는지를 설명하는 데서 그치지 않고, 사회를 보존하거나 변화시키는 실천적 과제를 위해 사람들을 결속하는 데도 기여한다. 왜냐하면 각 사회관은 다른 사회집단에 해로운 모종의 실천적 사회 활동에 우선순위를 매기기 때문이다.

설명과 처방, 사실과 가치가 뚜렷이 구분된다는 것은 특정한 경험주의 철학자들의 사고방식 속에서나 가능한 일이다. 한 사회집단과 그들의 활동이라는 관점에서 볼 때 '좋은' 것과 '가치 있는' 것이 다른 사회집단에는 '나쁜' 것일 수 있다. 한 사회 부문이 볼 때는 사회생활의 보존에 필수적인 것이(기존 생산관계를 보존하기 때문이다) 다른 사회 부문이 볼 때는 나쁜 것일 수 있다(새로운 생산력의 발전을 방해하기 때문이다). 전에는 아무 문제가 없었던 범주들, 즉 사회와 인간 생활을 유지하는 데 필요한 것을 설명하는 데 그쳤던 범주들이 이제는 서로 대립하는 다양한 집단의 욕망을 표현하는 처방이 된다.

서로 다른 집단이 사회를 지배하려고 벌이는 투쟁은 부분적으로는 각 집단이 자신의 사회관과 자신의 사회 활동 조직 방식을 다른 집단에 강요하려는 투쟁이다. 그들은 자신의 개념이 '진리'이고 다른 집단의 개념은 '허위'라고 주장해야 한다. 아니면 적어도 다른 집단이 스스로 활동에 부여한 의미를 자신의 일반적 세계관에 종속시킬 수 있음을 보여 줘야 한다.

철학자들이 다양한 세계관을 '진리'라는 단일한 잣대로 비교·평가하려고 노력하는 것은 바로 이런 투쟁의 일부다. 그들은 특정 계급의 경험을 일반화해서 그 계급이 다른 계급의 생각을 지배할 수 있게 하려고 노력한다. 그러나 서로 다른 계급의 경험과 이해관계 사이의 현실적 모순 때문에 이것은 끝없는 탐구가 돼 버린다. 어떤 철학적 견해든 항상 다른 철학적 견해의 반박을 받을 수 있다. 왜냐하면 각 견해는 모두 물질적 생활의 모순된 경험에 뿌리를 두고 있기 때문이다. 그 때문에 모든 위대한 철학이 결국은 신비주의로 빠져들게 되는 것이다.

그렇다고 해서 마르크스가 다양한 세계관을 똑같이 타당하다(거나 똑같이 틀렸다)고 생각했다는 말은 아니다. 왜냐하면 어떤 세계관은 사회와 사회 발전에 대해 다른 세계관보다 더 종합적인 견해를 제공하기 때문이다.

낡은 생산관계와 낡은 상부구조 제도들의 존속을 지지하는 사회집단은 반드시 사회 전체에 대한 부분적 견해(나 일련의 부분적 견해들)만을 갖게 된다. 그들의 실천은 이미 존재하는 것을 영원한 것으로 만들고 기정사실을 '정당화'하는 데 관심이 있다. 그 밖의 것은 모두 가치 있고 조화로운 질서의 붕괴나 파괴로만 보인다. 그러므로 엄청난 사회적 위기의 시대에도 그들은 자연스럽고 영원히 순환되는 조화로운 사회가 어쩌다가 이해할 수 없는 비합리적 세력들의 공격을 받고 있다고 생각할 뿐이다.

이데올로기와 과학

생산력 발전과 연결된 신흥 사회집단의 태도는 사뭇 다르다. 그들은 적어도 처음에는 낡은 생산관계와 그 상부구조를 무너뜨릴 새로운 형태의 사회 활동을 전혀 두려워하지 않는다. 오히려 이 새로운 사회 활동을 이해하고 지지한다. 그러나 그와 동시에 그들은 낡은 질서와 충돌하기 때문에 낡은 질서에 대한 실천적 경험도 있다. 그들은 생산력과 생산관계, 토대와 상부구조, 억압 계급과 피억압 계급 같은 다양한 요소들이 모두 어떻게 서로 조화를 이루는지 이해하는 모종의 사회관을 발전시킬 수 있다.

그들은 사회를 변화시키는 데 실천적 이해관계가 있기 때문에 그들의 일반적 사상은 사태에 대한 맹목적 비판일 필요가 없고 그저 현상 유지만을 목표로 하는 신비주의일 필요도 없다. 그들의 사상은 사회에 대한 실질적 지식의 원천이 될 수 있다. 그것은 사람들을 불러 모으는 깃발 구실만 하는 것이 아니라, 효과적 행동의 지침 구실도 할 수 있다. 그것은 비록 한 사회집단의 실천에서 비롯했지만, 얼마든지 과학적일 수 있다.

마르크스는 확실히 고전 정치경제학이 그런 사례라고 생각했다. 그는 애덤 스미스와 데이비드 리카도의 저작, 심지어 그 전의 일부 중상주의·중농주의 경제학자들의 저작도 '과학적' 가치가 있다고 거듭거듭 이야기했다.

그들이 '과학적'인 이유는 사회의 표면적 현상을 뚫고 들어가서 "경제 범주들 사이의 내적 연관, 또는 부르주아 경제체제의 은폐된 구조"를 파악하고 "부르주아 사회의 내적 생리를 간파하려고 노력"했기 때문이다.[59]

사회현상의 근저에 있는 사회적 실재를 들여다보는 이 '심층적' 방법은, 기존의 외적 사회형태를 당연하게 여기는 단순한 '표층적' 방법과 뚜렷한 차이가 있다. 고전 정치경제학자들은 '표층적' 방법과 완전히 단절하지는 못했지만, 그 방향으로 나아가기 시작했고 그러면서 자본주의의 내적 구조를 과학적으로 이해하기 위한 토대를 놓았다.

그들이 과학적 이해를 발전시킬 수 있었던 것은 그들이 지지하는 계급, 즉 신흥 산업자본가와 관련 있었다. 마르크스는 예컨대, 스미스가

"노골적이고 인정사정없는 부르주아 졸부의 해석자"로서[60] "아직 사회 전체, 국가 등을 자신에게 굴복시키지 못해서 여전히 혁명적이던 부르주아지의 언어"로 글을 썼다고 묘사했다.[61]

산업자본가들은 아직 사회를 통제하지 못했기 때문에 사회의 외적 특징들을 비판적으로 봐야 했고, 이런 특징들이 자본축적 드라이브와 얼마나 잘 맞는지를 객관적으로 분석하려 해야 했다. 그래서 그들은 부의 생산을 노동과정에서 찾고, 잉여가치를 창출하는 '생산적' 노동과 낡은 국가, 교회 등의 기생적 기능을 대조하려 했다.

이데올로기와 상부구조

신흥계급이 자신들의 지배력을 확실히 굳히고 나면 상황은 급변한다. 이제 사회 전체를 혁명적으로 비판하는 태도는 그들에게 필요없다. 그들이 관심을 갖는 실천적 활동은 오직 기존의 경제·사회 관계를 재생산하는 것뿐이다. 그래서 그들의 '이론'은 기존 사회의 다양한 피상적 측면들을 받아들여서 그것들이 마치 모든 사회가 마땅히 따라야 할 일반적 법칙이라도 되는 것처럼 제시하려는 노력으로 변질된다.

마르크스는 바로 이런 상황의 산물이 '이데올로기'라고 생각했다. 지배적 사회 계급은 특정 부류의 사람들을 육체노동에서 해방해 지적 생산에 종사하게 만들 수 있는 수단을 통제한다. 그러나 이 '지식인들'은 생계 수단을 지배계급에게 의존하므로 지배계급을 지지하는 경향이 있(고 지배계급은 그들의 생존을 보장할 온갖 종류의 메커니즘을 확립한)다.

그들이 지배계급을 지지한다는 것이 뜻하는 바는 기존 사회관계를 전면적으로 비판하는 일을 꺼리게 되고 오히려 현존하는 방식을 당연하게 여긴다는 것이다. 따라서 기존 사회의 특정 측면들을 자립적인 것으로, 사회적 생산과정에 공통의 뿌리가 전혀 없는 것으로 보게 된다.

그래서 서로 분리된 자족적 학문들이 여럿 생겨난다. 예컨대, '정치학', '신고전파 경제학', '심리학', '사회학' 등이 그렇다. 이 각각의 학문은 단일한 사회 발전의 여러 측면들을 마치 서로 무관한 것인 양 다룬다. '역사학'은 사건과 인물을 거의 자의적으로 연결하는 것이 돼 버린다. 또 철학은 이 개별 학문들이 물질적 생산·교류의 세계와 동떨어진 채 사용하는 개념들을 검토해서 이 학문들의 분리를 극복하려는 노력이 된다.

그런 식의 세계관이 '이데올로기'인 이유는 어쩔 수 없이 기존 지배계급을 의식적으로 옹호하기 때문이 아니라, 그 세계관이 조직된 방식 자체가 기존 사회를(따라서 지배계급도) 재생산하는 활동과 관념을 넘어서 그 기반인 물질적 과정을 못 보게 만들기 때문이다. 그런 세계관은 현재 상태를 정당화한다. 왜냐하면 현재 사용되는 개념들을 사회 발전의 일시적 산물로 여기지 않고 액면 그대로 받아들이기 때문이다.

이런 의미에서 '이데올로기'는 상부구조와 연결돼 있다. 그것은 상부구조에서 생겨난 개념들을 가지고 놀면서 이 개념에서 저 개념을 끌어내고 그것들을 서로 연결할 뿐, 표면적 현상을 뚫고 들어가서 상부구조와 그 개념들이 생겨난 사회적 생산의 실제 과정을 들여다보려 하지 않는다.

그런 '이데올로기적' 주장들의 모순은 오직 "언어에서 생활로 내려와야만 해결될" 수 있다.

그러나 이렇게 내려올 수 있는 사상가들은 오직 신흥계급을 지지하는 사람들뿐이다. 왜냐하면 그들만이 기존 사회관계를 모두 의심하는 실천을 지지하면서, 사회의 표면적 현상을 비판하고 표면적 현상과 근저의 물질적 생산·착취 관계를 연결하려 하기 때문이다.

기존 지배계급의 사상가들은 이데올로기 영역에서 끊임없는 정교화에 골몰하지만, 신흥계급의 사상가들은 사회 발전에 대한 과학적 이해를 발전시키기 시작할 수 있다.

우리의 이론과 저들의 이론

신흥계급의 사상가들은 진리가 자신들 편이라고 그저 선언하는 데서 그칠 수 없고, 그 진리를 입증해야 한다.

첫째, 그들은 과거에 신흥계급의 사상가들이 내놓은 통찰을 받아들여서 발전시킬 수 있음을 보여 줘야 한다. 그래서 예컨대, 마르크스는 자신의 경제학 저작들에서 자본주의의 작동 방식을 설명했을 뿐 아니라, 고전 정치경제학이 제기해 놓고 스스로 풀지 못한 문제들을 해결해서 자신이 고전 정치경제학의 작업을 완성할 수 있음을 보여 주기도 했다.

둘째, 이데올로기가 다루는 피상적인 사회적 특징들이 어떻게 근저의 사회적 과정에서 도출될 수 있는지를 보여 줘야 한다. 마르크스가 말했듯이, '심층적'인 것에서 '표층적'인 것을 도출할 수 있어야 하는 것이다. 따라서 과학적 마르크스주의의 사회 분석은 그 사회의 다양한 이데올로기 경향들을 이해할 수 있어야 할 뿐 아니라, 그것들이 어떻게 현실 세계에서 생겨났는지 그리고 그 현실 세계의 여러 측면들을 (왜곡된 방식으로나마) 어떻게 표현하는지를 보여 줄 수도 있어야 한다.

마지막으로, 따지고 보면 모든 과학의 진정한 검증 기준은 단 하나뿐이다. 그것은 바로 실천 지침이 될 수 있느냐 없느냐 하는 것이다. 따라서 마르크스주의 내부의 논쟁들도 결국은 혁명적 노동계급의 투쟁 과정에서만 해결될 수 있다.

이 모든 논의의 바탕에는 매우 중요한 점이 하나 있다. 그것은 사회에 관한 관념이 모두 '이데올로기'인 것은 아니라는 점이다. 신흥계급의 사상가들이 발전시킨 과학적 이해는 이데올로기가 아니다. 사람들이 자신의 행동을 통해 얻은 직접적 의식도 이데올로기가 아니다. 그것은 기존 지배계급이 제시한 일반적 사상의 틀을 통해 해석됐을 때만 '이데올로기'가 된다. 이와 달리, 신흥계급의 이론을 통해 해석되면 그것은 사회의 진정한 자기의식이 되는 길로 나아가기 시작한다.

'이데올로기'가 상부구조의 일부라는 의미는 낡은 생산관계의 재생산을 도와주는, 사회적 과정의 수동적 요소라는 것이다. 그러나 혁명적 자기의식은 그렇지 않다. 그것은 사람들의 물질적 환경에서 생겨나지만 그 환경에 반작용해서 변화시키는 능동적 요소다.

현실 세계에 존재하는 온갖 종류의 잡다한 관념들은 과학과 이데올로기, 진리와 허위의식 사이의 어디쯤에 있다. 사람들의 경험은 부분적으로 기존 사회에 도전하는 것일 수 있다. 사람들은 그런 도전을 통해 사회의 실제 구조에 대한 부분적 통찰을 얻지만, 그런 통찰을 낡은 이데올로기적 틀에 맞게 조금씩 수정해서 해석하려 한다.

심지어 기존 사회의 이데올로기가 만들어 내는 것들조차 단박에 제쳐 버릴 수 없다. 아무리 최악의 이데올로기라도 지배계급의 세계관에 도전하는 인민 대중의 경험을 완전히 무시할 수는 없는 법이다. 어쨌거나 이데올로기가 제 기능을 하려면, 대중의 경험이 지배계급의 세계관과 양립할 수 있음을 입증하려고 노력해야 한다. 그래서 최악의 '기레기'나 TV 평론가라도 파업·시위 등을 보도할 때는 지배계급에 대한 반감의 존재를 인정해야 한다(비록 투쟁을 비난하고 투쟁 참가자들을 고립시키기 위해 그러더라도 말이다). 또 최악의 싸구려 소설가라도 대중적 독자층을 확보하려면 평범한 사람들의 삶을 (비록 왜곡되게나마) 어느 정도는 묘사해야 한다. 가장 반동적인 성직자라도 신도들의 현실적 문제들에 대해 환상적이나마 위안을 제공할 수 있을 때만 유효하다.

따라서 지배 이데올로기 안에는 온갖 종류의 모순이 있다. 가장 유명한 지배 이데올로기 옹호자들 중 일부는 사람들의 생활 경험을 이해하려고 열심히 노력할 수 있다. 그 이데올로기 자체는 '사회과학자들', 역사가들, 작가들, 예술가들, 심지어 신학자들로 하여금 현실을 설명할 때 경험적 관찰과 체험을 꿰어 맞추려고 애쓰도록 부추긴다. 그러나 이것은 필연적으로 모순된 설명을 낳게 되고, 이데올로그들 중 일부는 기존 이데올로기의 몇몇 원칙들을 의심하기 시작한다. 마르크스는 위대한 작가나 예술가가 온갖 모순된 경험(자신이 사는 사회의 사람들이 시달리는)을 반영할 수 있고 그 과정에서 자기 계급 지위의 한계를 뛰어넘을 수 있다는 것을 인정했다. 이 때문에 그들이 자기 계급과 결별하고 혁명적 반체제 세력을 지지하는 경우도 드물지만 있다.

사회 발전을 과학적으로 이해하려면 기존 사회질서를 옹호하는 사람들의 사이비 사회과학의 모든 방법과 철저하게 결별해야 한다. 그렇다고 해서 이런 학문을 실천하는 사람들이 우연히 발견한 진리의 요소를 무시할 수 있다는 말은 아니다. 또 특정한 비마르크스주의 역사가들이나 발자크나 월터 스콧 같은 위대한 소설가들에게서 흔히 발견되는, 사회적 과정에 대한 매우 심오한 이해를 무시할 수 있다는 말도 아니다.

마르크스주의가 부르주아 사상보다 우월한 것은 단지 모든 부르주아 사상가들을 경멸하기 때문이 아니라, 부르주아 사상가들이 이룩한 진보를 마르크스주의 자체의 전체적 세계관 속에 포함할 수 있음을 보여 주기 때문이다. 이것은 어떤 부르주아 '사회과학자'도 할 수 없는 일이고, 헤겔 이후 어떤 부르주아 사상가도 시도한 적 없는 일이다.

계급투쟁의 핵심적 구실

따라서 마르크스주의 방법은 생산력과 생산관계, 토대와 상부구조, 물질적 현실과 사람들의 사상이 발전하는 모순된 방식을 지적하는 데서 시작한다. 그러나 기계적 유물론자들의 주장과 달리, 이런 모순 가운데 어느 것도 저절로 해결되지 않는다. 그런 모순은 오직 인간들의 투쟁, 즉 계급투쟁을 바탕으로 해서만 해결된다.

일단 사회가 직접 생산자들과 잉여가치에 의존해 살아가는 사람들로 분열하고 나면, 생산력 발전은 (아무리 느리고 점진적이라도) 서로 다른 사회 계급의 객관적 비중을 변화시킨다. 그리고 생산력을 발전시키는 어떤 방식들은 질적 변화, 즉 잉여가치를 뽑아내는 새로운 방식, 새로운 착취계급과 피착취계급의 맹아 출현(과 마침내 전혀 착취하지 않고도 사회를 운영할 수 있는 계급의 형성)으로 이어진다.

그러나 새로운 생산방식은 항상 적어도 일부 사람들, 즉 낡은 생산

방식을 보존하는 데 이해관계가 걸린 사람들의 저항에 부딪힌다. 새로운 생산양식이 발전할 때마다 항상 격렬한 계급 전쟁이 벌어졌다(비록 16~17세기의 종교전쟁에서 그랬듯이, 이런 계급 전쟁이 항상 계급 간 완전한 단절의 방식이 아니라 흔히 신흥계급의 가장 역동적인 부문과 구질서 내의 특정한 이익집단 사이의 복잡한 계급 동맹 방식으로 벌어졌지만 말이다). 새로운 생산방식이 돌파구를 낼 수 있는지는 이 투쟁에서 누가 승리하는지에 달려 있다. 여기서 경제 발전은 매우 중요하다. 경제 발전은 서로 다른 사회 계급의 규모, 그들의 지리적 집중도(와 따라서 그들이 얼마나 쉽게 조직될 수 있는지), 그들의 동질성 정도, 그들이 처분할 수 있는 물질적 자원을 결정한다.

그런 직접적 경제 요인들은 확실히 신흥계급이 (아무리 노력하더라도) 결코 승리할 수 없는 상황을 만들어 낼 수 있다. 객관적 세력 균형이 신흥계급의 성장을 너무 강력하게 짓누르는 상황이 그렇다. 그러나 객관적 요인들이, 서로 싸우는 계급들의 힘이 거의 대등한 상황을 만들어 낼 때는 다른 요인들이 중요해진다. 즉, 서로 싸우는 계급들의 이데올로기적 동질성, 조직, 지도력 등이 중요해지는 것이다.

기계적 유물론자들은 사상이 물질적 존재의 자동적 반영에 불과하다고 생각한다. 그러나 사회가 변화하는 실제 역사 과정에서는 문제가 결코 그렇게 단순하지 않다.

낡은 지배계급의 제도들은 사회 전체에서 사람들이 자신과 사회관계를 이해하는 방식을 규정하려고 끊임없이 노력한다. 신흥계급의 사람들은 처음에는 이런 규정을 유일한 대안으로서 받아들인다. 그래서 예컨대, 중세 초기의 시민들은 중세 가톨릭교의 계율을 완전히 받아들였다.

그러나 신흥계급의 사람들은 낡은 규정이 쉽게 포용할 수 없는 실천 활동에도 참여한다. 그들은 낡은 세계관이 금지하는 일들을 하기 시작한다. 그러면 낡은 세계관을 강요하는 기관들이 그들을 처벌하겠다고 위협한다.

이 시점에서 두 가지를 선택할 수 있다. 하나는 새로운 활동 방식에 참여하는 사람들이 구질서의 압력에 순응하는 것이다. 그러면 새로운 활동 방식은 중단된다. 다른 하나는 그들이 낡은 이데올로기와의 충돌을 일반화해서, 낡은 이데올로기의 요소들 속에서 새로운 전체적 세계관을 발전시키는 것이다. 그리고 자신들과 비슷한 객관적 상황에 처한 사람들을 모두 이 새로운 세계관의 깃발 아래 결집시키려고 노력하는 것이다.

새로운 사상 체계는 단지 경제적 변화의 수동적 반영이 아니다. 그것은 오히려 사회가 변화하는 과정의 핵심적 연결 고리로서, 생산의 작지만 누적적인 변화에 영향을 받은 사람들을 동원해서 사회관계 전체의 변화를 추구하는 세력으로 만드는 구실을 한다.

예컨대, 프로테스탄티즘과 자본주의의 성장에 관한 고전적 논쟁을 보자. 마르크스주의에 반대하는 막스 베버 같은 사람들은 새로운 종교 이데올로기가 '경제와 무관하게' 자율적으로 발전한 것이 새로운 자본주의 생산방식이 뿌리내릴 수 있는 기반을 제공했다고 주장한다. 청교도주의가 자본주의의 원인이라는 것이다.

기계적 유물론자들은 정반대로 주장한다. 그들이 볼 때, 프로테스탄티즘은 자본주의 관계의 발전을 기계적으로 반영한 것일 뿐이다. 자본주의가 원인이고 프로테스탄티즘은 결과라는 것이다.

둘 다 역사 발전의 사슬에서 결정적 연결 고리를 빠뜨렸다. 프로테스탄티즘이 발전한 것은 봉건사회에서 일부 사람들이 중세 가톨릭교의 지배 이데올로기와 쉽게 조화되지 않는 방식으로 노동하고 생활하기 시작했기 때문이다. 그들은 자신의 새로운 행동 방식을 이해하기 위해 가톨릭교의 일부 교리들을 재해석하기 시작했다. 그러나 이 때문에 구질서의 이데올로기적 수호자들(교회의 위계적 조직)과 충돌하게 됐다. 바로 이때 루터·칼뱅 같은 인물이 잇따라 나타나서, 낡은 이데올로기에 대한 도전을 일반화하려고 노력했다. 그런 도전이 성공하지 못한 곳이나 도전자들이 타협을 강요당한 곳(예컨대, 독일·프랑스·이탈리아)에서는 새로운 노동·생활 방식이 봉건사회의 주변적 요소에 불과한 것이 되고 말았다. 그러나 도전이 성공한 곳(영국과 네덜란드)에서는 새로운 노동·생활 방식이 낡은 제약에서 해방됐다. 즉, 부르주아적 생산양식이 일반화한 것이다.

자본주의 사회의 노동자 투쟁과 혁명적 사회주의 사상의 관계도 마찬가지다.

처음에 노동자들은 자본주의의 이런저런 폐해에 맞선 투쟁 경험을 과거에서 물려받은 이데올로기적 틀에 꿰어 맞추려 한다. 이런 이데올로기적 틀에 따라 그들의 투쟁 방식도 결정된다. 따라서 투쟁은 결코 물질적 이해관계의 반영에 불과한 것이 아니다. 마르크스가 썼듯이, "과거의 무거운 짐이 악몽처럼 산 자들의 머릿속을 짓누른다."[62] 그러나 낡은 틀을 통해 새로운 경험을 해석하려는 과정은 낡은 틀 안에서 긴장을 자아내고, 이 긴장은 사람들이 그 틀을 변화시키려고 노력할 때만 해소된다.

그래서 안토니오 그람시는 다음과 같이 썼다. "대중 속의 활동적 인간은 실천적으로 활동하지만, 자신의 활동을 이론적으로 명확히 의식하지는 못한다. 그래도 그 실천 활동이 세계를 변화시키는 한 그 안에는 어떤 형태로든 세계에 대한 이해가 포함돼 있다." 따라서 "두 가지 의식"이 있는데, 하나는 "그의 활동에서 간접적으로 드러나는 의식"이고 다른 하나는 "피상적으로만 명확하거나 말로 표현된 의식, 즉 과거에서 물려받아 무비판적으로 받아들인 의식"이다.

> [그러나] 이 피상적인 '말' 속에 담긴 생각도 적잖게 중요하다. 왜냐하면 특정한 사회집단과 그를 묶어 주고, 그의 도덕적 행위와 의지의 방향에 영향을 미치기 때문이다. 또 때로는 이 영향이 너무 강력해서, 그가 모순된 의식 때문에 어떤 행동도 할 수 없는 지경에 이르기도 한다. … [그러므로 — 지은이] 이론과 실천의 통일은 단순히 기계적 사실이 아니라 역사적 과정의 일부다.[63]

그래서 1830~1840년대의 차티스트운동가들은 새로운 경험을 더 오래된 급진적 개념들을 통해 해석하고 수용하려 했다. 그러나 이 때문에 온갖 종류의 모순된 이데올로기적 정식화가 생겨났다. 그래서 가장 대중적인 웅변가와 저술가의 일부, 예컨대 브론테어 오브라이언, 줄리언 하비, 어니스트 존스 같은 사람들이 대중의 경험을 더 새롭고 더 분명하게 사회주의적으로 표현하기 시작한 것이다.

마르크스주의 자체도 마르크스와 엥겔스의 머릿속에서 완성된 형태로 나타나서 마법처럼 노동계급 운동을 사로잡은 사상 체계가 아니었다. 그 이론은, 마르크스와 엥겔스가 1848년 이전 신생 노동자 운동의 경험에서 그 정수를 뽑아내 탄생시킨 것이었다. 그때 이후 마르크스주의가 노동자들에게 받아들여지게 된 것은 노동자들이 이미 투쟁 속에서 배우고 있던 것과 마르크스주의가 맞아떨어졌기 때문이다. 그러나 이렇게 받아들여진 마르크스주의는 다시 노동자 투쟁에 반작용해서 투쟁의 결과에 영향을 미쳤다.

마르크스주의 이론은 자본주의 사회에서 노동자들이 겪는 경험을 단순히 반영하지 않는다. 그런 경험의 일부 요소들, 즉 자본주의에 맞선 투쟁의 경험을 체제 전체에 대한 의식으로 일반화한다. 그렇게 해서, 투쟁 방법에 대한 새로운 통찰과 새로운 투쟁 결의를 제공한다.

이론은 실천을 바탕으로 발전하지만, 실천에 반작용해서 그 결과에 영향을 미친다.

이 점이 중요한 이유는 이론이 항상 옳은 것은 아니기 때문이다. 역사적으로 매우 중요한 노동자 투쟁들이 옳지 않은 이론의 영향 아래 벌어졌다. 그런 이론 중에는 19세기 후반 프랑스의 프루동주의와 블랑키주의, 독일의 라살주의, 1905년 이전 러시아의 나로드주의와 심지어 러시아정교, 아르헨티나의 페론주의, 폴란드의 가톨릭교와 민족주의, 물론 끔찍한 쌍둥이인 사회민주주의와 스탈린주의도 있었다.

이 모든 경우에 노동자들은 '잡다한' 세계관의 영향을 받아 투쟁에 나섰다(이 세계관들은 계급투쟁의 필요에 대한 직접적 이해와, 기존 사회의 핵심 요소들을 받아들이는 더 일반적 사상 체계를 서로 결합했다). 사회를 완전히 잘못 이해한 그런 세계관 때문에 엄청난 실수가 저질러졌(고 그런 실수 때문에 대규모 패배가 거듭됐)다.

그런 혼란과 패배 앞에서 가장 위험한 것은 사상이 필연적으로 현실을 따라잡을 것이라고, 그래서 승리는 확실하다고 말하는 것이다. 왜냐하면 이런 말은 언제나 실천적 투쟁과 이데올로기 투쟁을 결합하는 것의 중요성을 무시하는 태도로 이어지기 때문이다.

역사에서 정당의 구실

이데올로기 투쟁을 무시하는 기계적 유물론자들의 동전의 뒷면은 이데올로기 투쟁을 실천적 투쟁과 동떨어진 것으로 취급하는 특정한 사회주의 학자들의 경향이었다. 특히, 이제는 폐간된 《마르크시즘 투데이》와 노동당 좌파의 개혁주의자들이 그런 경향을 드러냈다.

그러나 사상투쟁은 항상 (사상의 뿌리가 있는) 물질적 실천의 세계에서 벌어지는 투쟁 속에서 성장하고, 항상 또 다른 물질적 투쟁에서 절정에 달한다. 이단적 프로테스탄티즘의 종교적 정식화를 낳은 것은 봉건제에서 장인과 상인의 일상 활동이었다. 그리고 결국 새로운 이데올로기의 성공과 실패를 결정한 것은 유럽 전역에서 전투를 벌인 군대들의 극히 현실적인 활동이었다.

새로운 관념론자들은 흔히 안토니오 그람시에게서 이론적 영감을 얻는다고 주장하지만, 그람시는 이론적 투쟁과 실천적 투쟁의 연결을 강조했다.

이론과 실천의 통일이라는 문제가 제기된다면, 그것은 다음과 같은 의미에서다. 즉, 특정한 실천을 바탕으로 이론을 구성할 수 있는데, 그 이론이 실천의 결정적 요소들과 일치하고 통일되면 현재 진행 중인 역사 과정의 속도를 더 빠르게 할 수 있고, 실천을 더 동질적이고 일관되고 효과적인 것으로 만들 수 있다. 즉, 실천의 잠재력을 극대화할 수 있다. 또는 바꿔 말하면, 특정한 이론적 입장이 정해지면 그 이론을 실현하는 데 필수적인 실천적 요소들을 조직할 수 있다.[64]

오늘날 자본주의의 이데올로기적 지배력에 도전하기를 원한다면, 일상적 투쟁 때문에 자본주의 이데올로기의 특정한 주요 원칙들에 도전하기 시작하는 사람들과 관계를 맺어야만 한다. 그리고 그 도전을 끝까지 밀어붙이기를 원한다면, 이데올로기 투쟁 자체가 실천적 투쟁으로 변화한다는 사실을 이해해야 한다.

실천이 이론으로 변화하고 이론이 실천으로 변화하는 것은 저절로 일어나는 일이 아니다. "대중은 자신을 조직하지 않으면 자신을 '구별 짓지' 못하고 '자기 힘으로' 독립성을 획득할 수도 없다. 그리고 지식인, 즉 조직자와 지도자가 없는 조직은 존재하지 않는다."[65]

신흥계급이 분명한 사상 체계를 발전시키면 내부에서 양극화가 일어나기 마련이고, 처음에는 계급의 소수만이 낡은 이데올로기에 대한 도전을 그 논리적 결론까지 밀고 나아간다.

이데올로기적·실천적 투쟁의 특정 단계에서 그 소수는 독자적 '정당'으로 결집한다('정당'이라고 자칭하든 안 하든). 바로 그런 정당들의 투쟁을 통해서 생산력과 생산관계의 발전은 새로운 사상으로 표현되고, 낡은 상부구조를 무너뜨리고자 사람들을 동원하는 데 그 새로운 사상이 이용된다.《무엇을 할 것인가?》의 유명한 구절에서 레닌은 '정치적 사상'이 노동계급의 외부에서 도입된다고 말했다. 그의 말이 노동계급은 혁명적 사회주의 세계관을 정교화하는 데서 아무 구실도 하지 못한다는 뜻이었다면 그는 틀렸다.[66] 그의 말이 노동자들은 실천적 경험을 통해서도 사회주의 사상을 받아들일 수 없다는 뜻이었다면 그는 틀렸다.[67] 그러나 그의 말이 뚜렷이 구분되는 사회주의 조직이 이데올로기적·실천적 투쟁이라는 오랜 과정을 거쳐 독자적으로 건설되지 않는다면 사회주의 사상은 노동계급에게 받아들여질 수 없음을 강조하는 것이었다면 그는 절대로 옳았다.

기계적 유물론자들은 '역사에서 개인의 구실'을 두고 유명한 논쟁을 했다.[68] 그러나 1917년 이후 혁명적 시기에 기계적이지도 주의주의적이지도 않은 유물론에서 중요해진 것은 개인이 아니라 정당이었다.

트로츠키는 자신의 걸작 《러시아 혁명사》에서 혁명이 일어나는 이유는 경제적 토대의 변화에 따라 상부구조가 기계적으로 변하는 것은 아니기 때문이라고 설명한다.

사회는 자신의 제도를 기계공이 도구를 바꾸듯 필요에 따라 바꾸지 않는다. 오히려 사회는 자신에게 붙어 있는 제도를 사실상 영원한 것으로 받아들인다. 수십 년 동안 반체제 세력의 비판은 대중의 불만을 조절하는 안전밸브에 불과하다. 즉, 사회구조가 안정을 유지하는 조건이다.[69]

"혁명 과정에서 급격한 전환이 일어난" 것은 단지 "일시적 경제 파탄" 때문이 아니었다. "[1917년에 — 지은이] 첫 번째 혁명이 일어난 지 8개월 뒤에 두 번째 혁명이 성공한 이유가 빵 배급량이 1.5파운드에서 0.75파운드로 줄어들었다는 사실 때문이라고 생각한다면 가장 조야한 오류일 것이다." 이런 식으로 '사태를 설명하려는 것은 "역사에 대한 조잡한 경제적 해석이 흔히 마르크스주의로 포장되지만 사실은 아무짝에도 쓸모없다는 것을 완벽히 보여 준다."[70]

결정적인 것은 "혁명 전에 이미 형성된 계급들의 빠르고 강렬하고 격정적인 심리 변화"다.[71] "혁명은 대중을 통해 달성된다. 비록 그들은 이름 없는 대중이지만 말이다. 유물론은 느끼고 생각하고 행동하는 인간을 무시하는 것이 아니라 설명한다."[72]

정당은 혁명 과정의 필수적 일부다.

정당은 혁명 과정의 독립적 요인은 아니더라도 매우 중요한 요인이다. 지도하는 조직이 없다면 대중의 에너지는 피스톤 실린더에 담기지 않은 증기처럼 흩어지고 말 것이다. 그러나 아무리 그래도 사물을 움직이는 것은 피스톤이나 실린더가 아니라 증기다.[73]

그러나 정당과 주관적 요인의 관계는 경제적 힘이나 계급 형성과 주관적 요인의 관계와 다르기 마련이다. 정당은 특정한 이데올로기적 전제들을 중심으로 조직돼야 하고, 그러려면 개인들의 노력·활동·주장이 필요하다.

1917년 러시아에서는 노동계급이 권력을 장악하지 않으면 물질적 현실의 모순들이 해결될 수 없었다. 그러나 노동계급은 계급 다수의 사상과 스스로 분리한 소수가 없이는 그런 필요를 의식할 수 없었다. "프롤레타리아의 전위는 프티부르주아 진영과 결별"해야 했던 것이다.[74] 많은 노동자가 사태의 압력을 받아서 이렇게 결별하는 방향으로 움직이기 시작했다. 그러나 그들은 처음에 혼란된 사상 때문에 이 결별을 완수하지 못했다. "그들은 혁명의 부르주아적 성격과 프롤레타리아의 고립 위험이라는 전제를 거부할 방법을 알지 못했다."[75] "전체 상황에서 프롤레타리아 독재를 추론할 수는 있었다. 그러나 그것은 여전히 수립돼야 했다. 그리고 정당이 없으면 프롤레타리아 독재 수립은 불가능했다."[76]

1917년 이전에 정당을 건설할 인적 자원이 존재했다는 사실은 객관적 역사 발전의 결과였다. 그러나 이런 발전은 개인들의 활동과 사상으로 표현돼야 했다. 그리고 일단 혁명이 시작되자 정당의 활동은 현실의 맹목적 반영이 아니었다. "정당은 자신의 임무를 이해해야만 실행할 수 있다"는[77] 것은 사실이다. 그러나 그것은 객관적 상황에 관한 생각을 분명하게 설명하고 그런 주장으로 당원들을 설득할 수 있는 다양한 개인들의 능력에 달려 있었다.

바로 여기서 레닌이라는 한 개인이 독보적 구실을 했다고 트로츠키는 생각한다. 볼셰비키가 사태를 이해하고 효과적으로 활동하기 위해서는 레닌이 "필요했다." "그가 도착할 때까지는 볼셰비키 지도자 어느 누구도 감히 혁명을 진단하지 못했다."

레닌은 외부에서 혁명을 마음대로 조종하는 "혁명 과정의 신"이 아니었다. "그는 객관적인 역사적 힘의 사슬 속으로 들어갔을 뿐이다. 그러나 그는 그 사슬의 위대한 고리였다." 레닌이 없는 상태에서도 많은 노동자는 무엇을 해야 하는지를 알려고 더듬거리며 나아가기 시작했다. 그러나 더듬거리는 그들의 모색은 일반화돼야 했다. 즉, 혁명에 관한 새로운 종합적 견해의 일부가 될 필요가 있었다. "레닌은 대중에게 계획을 강요하지 않았다. 그는 대중이 자신들의 계획을 인식하고 실현하도록 도와줬다."[78]

레닌이 없었어도 논쟁은 벌어졌을 것이다. 그러나 볼셰비키가 결정적 행동을 할 수 있는 방향으로 논쟁이 해결됐으리라는 보장은 없다.

볼셰비키의 당내 투쟁은 절대로 피할 수 없었다. 레닌의 도착은 그 과정을 재촉했을 뿐이다. 그의 개인적 영향력은 위기를 단축했다. 그러나 레닌이 없었어도 볼셰비키가 제대로 길을 찾아갔을 것이라고 자신 있게 말할 수 있을까? 그렇다고 분명하게 대답하기는 힘들 것이다. 여기서는 시간이라는 요인이 결정적이다. 그리고 역사를 돌이켜보며 시간을 말하기는 어려운 일이다. 어쨌든 변증법적 유물론은 숙명론과 아무 공통점이 없다. 레닌이 없었다면, 기회주의 지도부가 불러올 수밖에 없었던 위기가 아주 첨예하게 오랫동안 지속됐을 것이다. 그러나 전쟁과 혁명이라는 상황은 볼셰비키가 임무를 수행할 시간적 여유를 많이 주지 않았을 것이다. 따라서 방향을 잃고 분열한 당이 여러 해 동안 혁명의 기회를 잡지 못했을 가능성을 결코 배제할 수 없다.[79]

개인은 역사에서 일정한 구실을 하지만, 정당이 계급으로 하여금 자의식을 가질 수 있게 해 주는 과정에 참여할 때만 그럴 수 있다.

개인의 사람됨은 객관적 역사(그 개인이 성장한 사회의 계급 관계, 과거의 반란 시도, 지배적인 문화 등에 대한 경험)의 산물이다. 그러나 계급의 일부가 자기의식적이 되고 스스로 정당을 조직하는 과정에서 일정한 구실을 하는 개인은 그 역사적 과정에 반작용해서 '역사적 과정의 고리'가 된다.

혁명가들이 이 사실을 부인하면, 투쟁의 결과에 대한 책임을 모두 무시하려 드는 숙명론에 빠지고 만다. 그것은 정반대의 오류, 즉 오직 혁명가들의 활동만이 중요하다고 믿는 것만큼이나 위험할 수 있다.

이 점은 오늘날에도 절대로 중요하다. 현대 자본주의에서는 혁명적 마르크스주의자들이 한편으로는 기계적 유물론에, 다른 한편으로는 주의주의적 관념론에 빠지게 만드는 압력이 끊임없이 존재한다.

기계적 유물론은 노동운동 내 관료들의 생활에 딱 들어맞는다. 그들의 처지는 기존 사회 안에서 영향력이 천천히 증대하는 데 의존한다. 미래는 현재가 점진적·유기적으로 성장한 결과일 것이고 도약과 비약 같은 질적 변화는 없다는 것이 그들의 믿음이다. 그 때문에 그들의 활동(옛 밀리턴트 경향이나 옛 공산당 내 친소련파의 활동)에 맞게 조정된 마르크스주의는 흔히 카우츠키류의 마르크스주의다.

새로운 관념론의 주의주의는 신중간계급이나 개혁주의 지식인들의 염원에 잘 들어맞는다. 그들은 생산과 착취라는 현실 과정과 단절된 생활을 하고, 그래서 이데올로기적 확신과 헌신만으로도 이 세계에서 경제 위기와 기근과 전쟁의 유령을 제거할 수 있다는 믿음으로 쉽게 빠져든다.

혁명적 마르크스주의는 투쟁하는 소수를 정당으로 결집할 수 있어야만 이런 압력에서 살아남을 수 있다. 정당은 물질적 역사를 뛰어넘을 수 없지만, 역사의 모순은 정당 자체의 의식적 활동 없이는 해결될 수 없다.

자본주의 국가의 다양한 형태

자본주의 국가는 형태가 다양하긴 해도 근본적으로 자본가계급의 도구라는 점을 염두에 둬야 한다. 어떤 형태든 간에 자본주의 국가는 자본가계급이 필요하고, 자본가계급의 이익을 위해 작용한다. 더구나 군부와 경찰 등 국가의 억압 기구는 자본가계급을 지키는 최후의 보루 노릇을 한다.

그럼에도, 이보다 부차적이긴 하지만 자본주의 국가의 다양한 형태를 구분할 필요도 있다. 예컨대 부르주아 민주주의, 파시즘, 군사독재, 국가자본주의 등의 체제가 있는데, 이 중 부르주아 민주주의, 즉 자유민주주의가 아닌 것들을 권위주의라 한다.

이 글은 알렉스 캘리니코스가 1997년 3월 방한해 진행한 비공개 강연을 녹취한 것이다. 국역: "자본주의 국가의 다양한 형태", 《마르크스21》 4호(2009년 겨울).

자본주의 국가의 다양한 형태를 살펴볼 때 두 가지 잘못을 경계해야 한다. 하나는 상이한 형태들이 본질의 차이를 나타낸다고 생각하는 것이다. 예를 들어, 사회민주주의자들은 부르주아 민주주의가 자본가 지배의 한 형태가 아니라고 본다. 우파 사회민주주의의 시조인 베른슈타인은 자유민주주의가 계급 정부의 폐지를 뜻한다고 주장했다. 달리 말해, 의회 민주주의에서는 더는 자본가계급이 사회를 지배하지 않는다는 것이다. 이것은 잘못된 견해다. 레닌이 지적했듯이, 부르주아 민주주의도 다른 모든 자본주의 국가 형태와 꼭 마찬가지로 부르주아 독재의 한 형태다.

또 다른 잘못은 이 다양한 형태 사이에 아무런 차이도 없다고 보는 것이다. 고전적 사례는 1920년대 말과 1930년대 초에 스탈린주의가 파시즘에 관해 취한 태도다. 당시 스탈린주의자들은 파시스트 체제와 부르주아 민주주의 체제 사이에 아무런 차이도 없다고 주장했다. 그래서 그들은 1933년 히틀러의 집권을 적극적으로 저지하려 하지 않았다. 그러나 올바른 마르크스주의적 분석은 다양한 자본주의 국가 형태의 차이를 구분한다. 부르주아 민주주의와 파시즘이 하등 다를 바 없다고 봐서는 안 된다.

이것은 단순히 정치 구조의 겉모습 차이를 말하는 게 아니다. 즉, 부르주아 민주주의에는 선거가 있다든가, 국가자본주의는 일당 국가라든가 하는 등을 따지는 것이 아니다. 이런 형식적인 정치적 차이는 다양한 자본주의 국가 형태에 존재하는 사회적 내용의 차이를 반영한다. 자본주의 국가 형태는 국가가 자본가계급이나 노동계급과 맺는 다양한 관계를 구현하고 또 그런 관계를 조직하는 데 이바지한다.

이것은 자본가계급이 단지 강제력, 즉 폭력으로만 지배하기가 매우 어렵다는 중요한 사실과 관계있다. 때때로 트로츠키는 "총검을 가지고 무슨 짓이든 할 수 있지만 그 위에 앉는 것만큼은 할 수 없다"는 나폴레옹의 말을 인용했다. 달리 말해, 단지 탄압만으로 지배하는 순전한 군사독재는 겉으로는 강력해 보이지만, 탄압에만 기대므로 실제로는 매우 불안정하다는 것이다. 안정된 자본주의 국가는 지배를 위해 대중 또는 적어도 대중 일부의 동의와 지지를 조직하는 방법을 찾아야 한다.

자본주의 국가 형태가 다양하다는 점의 중요성은 바로 국가가 적어도 노동계급 일부의 동의를 구하는 상이한 방식과 관계가 있다.

부르주아 민주주의

이 점은 부르주아 민주주의 사례에서 뚜렷이 볼 수 있다. 트로츠키는 부르주아 민주주의의 사회적 내용이 "프롤레타리아 민주주의"라고 했다. 무슨 말인고 하니, 부르주아 민주주의 구조 안에서 성장해 존속할 수 있도록 자본가계급이 허용한 노동계급 대중조직들이 바로 부르주아 민주주의의 사회적 내용이라는 것이다. 즉, 부르주아 민주주의는 지배계급이 조직 노동계급의 세력을 인정해야 하는 상황에서 그들을 국가의 정치 구조 안에 통합하는 자본주의 국가 형태다.

여기에는 특정 조건들이 포함된다. 첫째는 정치와 경제의 분리다. 즉, 한편에는 노동자들의 임금인상 투쟁 등 경제적 쟁점들이 있고, 다른 한편에는 의회 선거나 대통령 선거 등과 관계된 정치적 쟁점들이 있는 것이다. 일반으로 이것은 노동계급 운동 안에서 일종의 분업을 조장하는데, 경제투쟁은 노동조합이 책임지고 선거에서 경합하는 것은 개혁주의 정당이 책임지는 식이다.

둘째는 노동조합 관료의 존재다. 노동조합 관료는 조직 노동계급에 기반을 두고 노동자를 체제에 묶어 두는 노사 간 타협을 끊임없이 추구하는 사회계층이다. 그래서 부르주아 민주주의에서 노동계급을 국가의 정치 구조 안으로 끌어들이는 것은 노조 관료의 중재 구실에 아슬아슬하게 의존한다.

그러므로 파시스트나 군부가 부르주아 민주주의를 파괴하려 한다면 이에 무관심해서는 절대 안 된다. 왜냐하면 부르주아 민주주의가 파괴되면 자주적인 노동계급 조직들도 파괴되기 때문이다. 바로 이 때문에 트로츠키는 1920년대 밀과 1930년대 초 독일 관련 저작들에서 반反파시즘 공동전선을 주창했다. 파시스트들이 집권하면 혁명가든 개혁주의자든 노조 관료든 모두 박살 날 것이므로 공통의 이해관계가 있다는 것이다.

다른 한편으로, 부르주아 민주주의를 올바로 파악하려면 부르주아 민주주의 국가가 부지불식간에 파시즘으로 변한다는 스탈린주의의 '파시즘화'론을 배격해야 한다. 한국의 좌파가 부르주아 민주주의 구조 안에서 움직이는 매우 우익적인 체제와 파시스트 체제의 차이를 흐리는 것도 이와 관계있다. 파시즘은 옛 정치 구조가 와해되고 노동계급에 대한 체계적인 공포정치와 공격이 있다는 점에서 부르주아 민주주의와 예리하게 분리되고 둘 사이엔 단절이 있다.

파시즘

　그렇다면 파시즘의 고유한 특징을 살펴보면서 파시즘과 그 밖의 부르주아 국가 형태의 차이를 알아보자. 프티부르주아 대중운동이 집권한 것이 바로 파시스트 체제다. 단지 프티부르주아 대중이 지지한다는 뜻에서뿐 아니라, 파시스트 운동에 동기를 부여하고 운동을 결속시키는 이데올로기가 프티부르주아지의 분노와 반란을 일종의 '반동적 유토피아'(자본과 노동의 차이가 마치 마술처럼 사라져 버린 유토피아)로 돌리는 사이비 혁명 이데올로기라는 뜻에서도 그렇다. 독일에서 나치는 여러 계급을 하나로 결속시키는 이런 유토피아를 "민족공동체(국가공동체)"라고 불렀다.

　파시스트 체제의 주된 특징은 두 가지다. 첫째는 노동계급 조직들을 총체적으로 파괴해서 노동계급을 원자화한다는 것이다. 파시스트들은 이 일을 군부보다 더 효과적으로 할 수 있다. 왜냐하면 군부는 기껏해야 사람들에게 발포하고 사람들을 감옥이나 수용소에 처넣을 뿐이지만, 파시스트들은 대중조직을 가지고 있으므로 모든 지역사회, 모든 노동계급 거주지역, 심지어 모든 공장에서 앞잡이와 지지자들을 이용해 감시하고 통제해서 노동계급 조직들이 복구되는 것을 막을 수 있기 때문이다.

　파시스트 국가의 둘째 특징은 집권한 파시스트 체제가 지배계급과 일정한 거리를 유지한다는 점이다. 그래서 파시즘을 "독점자본의 반동적 독재(나 금융자본의 테러 독재)"로 정의하는 스탈린주의는 틀렸다. 이런 규정을 따른다면 파시즘이 한낱 지배계급의 꼭두각시에 불과한 것이 되는데, 이는 그릇된 것이다. 부르주아 민주주의 국가와 마찬가지로 파시스트 국가도 계급들 사이의 특정 관계를, 그리고 국가와 계급들 사이의 특정 관계를 구현하기 때문이다.

그래서 나치 체제에서는 노동계급 조직들이 파괴당했을 뿐 아니라 나치 체제와 대자본들 사이에도 어느 정도 갈등과 충돌이 있었다. 예를 들어, 히틀러 체제는 점점 더 국가자본주의적인 정책들을 추구해 헤르만 괴링 공장을 건설했고, 특히 유럽 점령지에서는 더 많은 신규 산업체들을 건설했다. 바꿔 말해, 나치는 독일 사적 자본과 경쟁하면서 국가자본주의를 건설했던 것이다. 이런 갈등은 나치 체제 말기인 1944년 7월 22일에 일어난 히틀러 암살 미수 사건을 명목으로 핵심적 국가 관료인 나치 친위대SS가 지도적 지배계급 인물들을 대거 학살한 사건에서 절정에 이르렀다.

이런 갈등은 물론 상대적인 것이다. 핵심 쟁점들에서 나치와 지배계급은 이해관계가 같았다. 특히 그들은 모두 조직 노동계급을 파괴하길 원했고, 또 독일 자본의 핵심 부분과 히틀러는 함께 제국주의적 확장(특히 동유럽으로) 정책을 추구했다.

그러나 많은 좌파들처럼 파시즘이라는 개념을 느슨하게 사용하지 않는 것이 중요하다. 파시즘은 특정한 사회적 기반이 있으므로 단순히 억압적인 우익 정부를 파시즘이라고 규정해서는 안 된다.

국가와 자본

이와 관련해 마르크스가 《루이 보나파르트의 브뤼메르 18일》에서 발전시킨 보나파르티즘 개념 문제를 다룰 필요가 있다. 1848년 혁명 패배 이후 노동자들이 자본가들을 타도할 수 있을 만큼 강력하지 못하고 국가와 부르주아지도 노동계급을 분쇄할 수 있을 만큼 강력하지 못한, 즉 노동자와 자본가 사이의 팽팽한 세력균형 덕분에 루이 보나파르트 나폴레옹이 독재를 창출할 수 있었다. 계급들 사이에 그런 균형이 형성돼 정치적 공백이 만들어지면서 루이 나폴레옹 같은 순전한 모험가가 그 공백을 메울 수 있었다. 그럼에도 마르크스는 루이 나폴레옹 국가가 자본주의 국가라고 강조했다. 그는 루이 나폴레옹이 1848년 혁명 후 상황을 안정시키려 했고 프랑스 산업화를 촉진하는 정책들을 추구했다고 지적했다.

이런 분석을 바탕으로 보나파르티즘 개념을 일반화하려는 시도가 있었다. 예컨대 트로츠키는 파시즘과 스탈린주의 국가가 보나파르티즘 국가라고 주장했다. 그리고 마르크스주의자마다 보나파르티즘 개념이 서로 다르다.

마르크스의 나폴레옹 국가 분석을 이처럼 확장하려는 시도가 그리 유용하지 못하다는 점을 분명히 알아야 한다. 예컨대, 1920년대 중엽 트로츠키가 발전시킨 분석을 보면, 볼셰비키 안에서 스탈린은 프티부르주아지의 이익을 반영하는 우파 부하린과 노동계급의 이익을 반영하는 좌파 트로츠키 사이에서 균형을 유지하는 중도파를 대표한다. 그러나 스탈린이 중간에서 평형을 잡는 자가 아니었으므로 이것은 틀린 분석이다. 스탈린은 실제로는 러시아의 새로운 자본주의적 지배계급으로서 일정한 형체를 갖춰 나아가던 관료의 이익을 반영했다.

이와 마찬가지로, 나치 독일에서 히틀러는 노동자와 자본가 사이에서 균형을 취하지 않았다. 히틀러는 공포 통치로 노동계급을 체계적으로 분쇄한 체제를 지도했다.

그럼에도 마르크스의 보나파르티즘 분석을 확장하려 한 시도들에서 유용한 게 있다면, 그것은 자본주의 국가 일반이 자본가계급과 어느 정도 독립적이라는 사실을 지적한 것이다. 《공산당 선언》에서 마르크스는 자본주의 국가가 부르주아지의 공동 업무를 처리하는 위원회라고 했다. 이것은 부르주아지가 둘러앉아 무슨 일을 하라고 국가에 지시하면 대리인인 국가는 그대로 집행하기만 한다는 뜻으로 풀이된다. 그러나 이것은 잘못된 분석이다.

국가가 부르주아지의 대리인이 아닌 이유는 부분적으로 국가가 대중의 동의를 얻는 구실을 하는 것과 관계가 있다. 즉, 적어도 외관상으로 국가는 자본가계급과 별개인 것처럼 보일 필요가 있다. 국가는 특정 계급의 이익이 아니라 국민의 이익(국익)을 대변하는 것처럼 보일 필요가 있다.

그리고 국가 관료는 이따금 자본가들이 지지하지 않는 정책도 추진할 수 있는 독자적인 물질적 이해관계가 있는 집단이다. 예컨대, 국가 관료는 다른 국가에 맞서 강력한 군사력을 보유하기를 원한다. 이 때문에 사적 자본가들의 희망과 일치하지 않을지라도 군비 지출을 위한 조세를 늘리기도 한다.

크리스 하먼은 "오늘날 국가와 자본주의"라는 논문에서 국가와 자본의 관계를 구조적 상호의존관계라고 불렀다. 요컨대 국가는 자본가계급에 의존하고 자본가계급은 국가에 의존하는 상호의존관계이지만 둘의 이해관계가 같은 것은 아니며 때로 둘 사이에 갈등이 있을 수도 있다는 것이다.

근본적으로 국가가 자본과 조화를 이루는 이유는, 국가가 자본의 이익에 어긋나는 정책들을 추구하면 경제가 위기에 빠질 것이기 때문이다. 흔히 이것은 자금 해외 유출, 즉 자본도피 형식으로 일어나는데, 그리되면 국제시장에서 그 나라의 통화가치가 떨어지고 그 결과 경제가 위기에 빠지게 된다. 이것은 국가 관료에게 문제가 된다. 왜냐하면 강력한 국가를 유지하기 위한 물자와 재원을 확보하자면 자본축적률이 높은 강력한 경제가 필요하기 때문이다. 그래서 결국 국가는 자본에 의존하고 흔히 자본가계급의 필요에 부응하는 쪽으로 뒷걸음친다.

국가자본주의

그럼에도 국가와 자본의 구조적 상호의존이라는 틀 안에서 국가 관료가 나름대로 주도력을 발휘해 자신의 이익을 반영할 수 있음을 아는 것이 중요하다. 더구나 국가자본주의를 이해하려면 이것을 이해해야 한다. 왜냐하면 국가자본주의의 발전은 자본에 대한 국가의 상대적 자율성이 국가의 자본화라는 대립물로 전환하는 변증법적 과정이기 때문이다. 즉, 국가 관료가 자신의 이익을 위해 자본축적 과정을 직접 촉진하고 통제하기 시작한다. 이 때문에 흔히 군사 경쟁이 일어난다. 경쟁자에 맞서 자신을 유지하기 위해, 더구나 그 경쟁자가 자신보다 선진적인 제국주의 국가일 때 국가는 경제를 직접 통제하며 산업을 건설해 군사력을 증강하는 경제적 토대를 세우고자 한다.

엥겔스는 1892년 9월에 다니엘손에게 보낸 편지에서 국가 독립(민족

자립)에는 경제 발전이 필요하다고 지적했다. 전쟁은 대규모 산업에 의존하기 때문에 어떤 국가든 군사적 경쟁을 계속하려면 대규모 산업을 건설해야 한다는 것이다. 1890년대 제정 러시아에서조차 공업화를 장려한 것은 국가였다.

국가자본주의가 발전하면, 심지어 부분적으로 발전해도 크리스 하면이 "정치적 자본가"라고 부른 집단이 등장해서 자본가계급의 구조가 바뀌게 된다. 그들은 노동자를 착취하고 자본축적을 지도하는 자본가이지만 공공 부문에 토대를 두고 있다. 그들은 국영기업의 사장이지 민간 부문의 소유주가 아니다. 강력한 사적 자본가계급이 존재하는 상황에서 정치적 자본가가 성장하면, 정치적 자본가는 사적 자본가와 적어도 어느 정도는 경쟁하거나 갈등을 일으키게 된다. 예컨대, 나치 체제에서 헤르만 괴링 공장은 정치적 자본가가 기존의 사적 자본가들에게 도전한 사례다.

국가가 주도력을 발휘해 강력한 대규모 사적 자본가들이 생겨나고 그들이 국가에 의존하는 또 다른 역사적 상황에서는 정치적 자본가와 사적 자본가가 서로 경쟁하거나 갈등하기보다는 오히려 특혜와 상납, 보호와 후원 등 각종 부패한 유착 관계가 나타나기 마련이다. 유럽에서는 전후 이탈리아가 두드러진 예이고 한국도 그렇다.

국가자본주의 발전 과정이 극한에 도달했다고 할 수 있는 완전한 국가자본주의에서는 사적 자본가가 없기 때문에 정치적 자본가가 지배계급이다. 토니 클리프가 "관료적 국가자본주의"라고 부른 이 완전한 국가자본주의는 독특한 역사적 조건에서 스탈린주의 국가들에서만 실현됐는데 이 국가 형태 역시 독특하다.

그런 국가 형태의 첫째 특징은 경제와 정치 사이에 외형상 구별이 없다는 점이다. 경제적 지배계급이 경제를 지배하는 이유는 그들이 국가를 통제하기 때문이다.

둘째 특징은 노동계급 조직들이 탄압당한다는 점이다. 왜냐하면 앞에서 부르주아 민주주의를 설명하며 지적했듯이 노동자들이 순전히 경세 쟁점에만 집중하고 정치 쟁점에서는 경제적 힘을 직접 사용하지 않을 때 노동계급 조직들이 자본주의 국가에 통합될 수 있기 때문이다.

셋째 특징은 심지어 자유민주주의조차 없고 대체로 일당 국가라는 점이다. 왜냐하면 경제 권력이 정치권력에 달려 있으므로 지배계급이 [다른 계급과] 정치권력을 공유할 여유가 없기 때문이다.

마지막으로, 국가는 당 관료다. 이들은 옛 소련에서는 '노멘클라투라'라고 불렸다. 지배계급 내부의 갈등은 바로 여기, 즉 당 관료 내에서 일어난다. 지배계급 내부 갈등은 공개되지 않는다. 내분은 언론이나 당내 경쟁에 드러나지 않는다. 그것은 노멘클라투라 구조 안에서 암투로 나타난다.

이 국가 형태는 스탈린주의에서만 순수한 형태로 존재했다.

혼성형 국가자본주의

그러나 우리는 중간적 형태를 볼 수 있다. 이는 경제적으로는 사적 자본주의와 국가자본주의의 요소를 각각 조금씩 결합한 것이고, 정치적으로는 국가자본주의와 부르주아 민주주의, 군사독재의 요소를 혼합한 국가 형태다. 특히 신흥공업국에서 가장 흔한 형태다.

여기에서 두 가지 중요한 점이 도출된다. 첫째는 앞에서 주로 자본주의 국가의 순수한 형태에 관해 논의했지만 현실에서는 흔히 이런 순수 형태가 다양하게 결합한다는 점이다. 둘째는 이런 결합이 구체적 조건에서는 지배계급 내에 엄청난 긴장과 갈등을 자아낼 수 있다는 것이다.

가장 두드러진 사례는 터키인데, 터키는 1920년대 초에 이른바 '혁명'이 일어난 뒤 국가자본주의와 군사독재가 결합된 형태다. 이것은 터키의 자본축적 초기 국면이 국가자본주의에 바탕을 두고 전개됐다는 사실을 반영한다. 그러나 이제 터키는 꽤 강력한 사적 자본가계급이 존재하는 비교적 발전한 산업 경제다.

이런 상황에서 터키가 '부르주아 민주주의로 이행'하는 것은 불가능하지는 않더라도 어려운 것이 현실이다. 왜냐하면 첫째, 기업인 계급과 군부 사이에서 벌어지는 온갖 긴장이 터키 국가를 불안정에 빠뜨리는 데 일조하고 있기 때문이다. 둘째, 그러면서도 터키 부르주아지는 노동계급의 강력한 도전과 쿠르드족과 종교적 소수집단들의 저항을 겁내고 있으므로 언제든 군부의 품으로 뛰어들 준비가 돼 있기 때문이다. 셋째, 앞의 두 가지 조건으로 말미암아 지배계급은 내분해 있고 일관성이 없고, 이 때문에 아래로부터의 도전이 증가하기 때문이다.

국가 형태를 이해해야 할 필요성을 가장 잘 보여 주는 사례가 바로 터키다. 그리고 한국도 터키와 비슷한 사례로 여기에 포함할 수 있다. 왜냐하면 국가 형태 관련 논의는 노동계급 운동에 중요한 시사점을 던져 주기 때문이다.

그러나, 그와 동시에, 우리는 자본주의 국가 일반에 관해 근본적으로 이해해야 할 뿐 아니라 우리의 목표가 가장 민주적 형태의 자본주의 국가조차 없애고 대신에 진정한 사회주의적 민주주의를 세우는 것이라는 사실도 명심해야 한다.

II
좌파적 개혁주의의 전략과
혁명적 사회주의의 전략

좌파적 개혁주의, 국가,
그리고 오늘날 사회주의 정치의 문제

노동자 정당이 집권하면 노동자 정부인가?

니코스 플란차스의 정치 이론 비판

좌파적 개혁주의, 국가, 그리고 오늘날 사회주의 정치의 문제

최근 영국 좌파들은 "노동당을 되찾자"거나(렌 맥클러스키) 그리스 시리자의 성공을 본뜬 새 정당을 만들자고(켄 로치) 주장한다. 이런 주장은 진중하게 다룰 가치가 있다.[1] 그런 제안의 핵심에는 긴축에 맞서 싸우고자 하는 광범한 염원(영국 사회주의노동자당SWP 당원들도 그런 염원을 공유한다)과 그런 염원을 대변하지 못하는 노동당에 대한 환멸이 있다. 그리스 시리자나 프랑스 좌파전선[2] 같은 신생 좌파 연합체들이 성공하기를 정말로 바라는 좌파들의 기대도 그런 제안에 담겨 있다. 그럼에도 사회주의노동자당은 몇 가지 이유에서 그런 정치 프로젝트들

이 글은 폴 블랙레지의 "Left reformism, the state and the problem of socialist politics today", *International Socialism* 139(Summer 2013)를 번역한 것이다.

에 회의적이다.[3] 사회주의노동자당은 오래전부터 노동당을 사회주의 정당으로 변모시킬 수 있다는 생각에 비판적이었다.[4] 그뿐 아니라, 알렉스 캘리니코스는 시리자와 좌파전선 둘 다 "좌파적 개혁주의" 연합체로 볼 때 가장 잘 이해할 수 있다고 주장했다.[5]

새 좌파 정당을 건설하자고 주장하는 많은 사람들은 캘리니코스처럼 분석하면 영국에서 [시리자나 좌파전선과] 비슷한 연합체가 결성되는 것을 가로막는 종파적 장벽을 쌓게 된다고 주장한다. 그들은 영국 사회주의노동자당의 그리스 자매조직인 사회주의노동자당SEK이 혁명적 사회주의 연합체 안타르시아에 참여하며 시리자와 겨루는 것도 마찬가지로 종파적이라고 주장한다.[6] 겉보기에 둘째 주장은 설득력이 있어 보인다. 유럽 지배계급은 2012년 6월 총선에서 시리자가 (간발의 차이로) 패배했을 때 안도의 한숨을 크게 내쉬었고,[7] (비록 안타르시아가 읽은 표가 전체 선거 결과에 큰 차이를 만들지는 않았지만) 많은 사람들은 시리자가 선거에서 이길 수 있도록 그리스 사회주의노동자당이 총력을 기울여 도와야 했다고 본다.

국제 좌파들 사이에서 종파주의가 문제를 일으킨다는 사실 자체를 부인하는 것은 어리석은 일이다. 그러나 영국 사회주의노동자당이 노동당 바깥에 있는 것이나 그리스 사회주의노동자당이 시리자와 겨루는 것은 종파주의가 아니다. 사실, 영국과 그리스의 사회주의노동자당은 모두 정치적 독립성을 지킨 덕분에 자국의 사회운동에서 중요한 구실을 할 수 있었다. 더 일반으로 말해, 시리자와 좌파전선을 좌파적 개혁주의 연합체라고 말하는 것은 어떤 면에서는 현실을 있는 그대로 서술하는 것뿐이다. 둘 다 일종의 선거연합으로, 의회라는 수단을 통해 커다란 개혁을 이루는 것을 목표로 삼기 때문이다. 그 연합체들에 더 급진적인 세력도 참여하는 것은 사실이지만, 그 자체는 [역사적으로] 특별히 새로운 일이 아니다. 더 중요한 사실이 있다. 바로, 어떤 단체를 좌파적 개혁주의라고 본다고 해서, 그 단체를 제쳐 버려야 한다는 결론으로 곧장 나아가지 않는다는 것이다. 그보다는 정치적 맥락을 더 구체적으로 분석한 결과가 해당 연합체에 참가할지 말지를 판단하는 데 결정적이다. 물론, 그 단체들을 "좌파적 개혁주의"로 보는 것이 함의하는 것도 있다. 바로 혁명가들이 그런 단체에 참여하더라도 정치적 독립성을 유지해야 한다는 것이다. 이런 관점은 지난 100년 이상 혁명가들이 개혁주의, 좌파적 개혁주의, 중간주의 세력과 함께 활동하면서 얻은 교훈을 바탕으로 한 것이다.

물론 진실은 언제나 구체적 맥락에서 따져야 하고, 과거의 교훈을 곧이곧대로 현재에 적용해서는 안 된다. 그러나 좌파의 과거 경험에서 배울 것이 별로 없다고 보는 것은 어리석은 태도다. 또, 현재가 과거와 다르다는 것만 일면적으로 강조하는 사람들은 과거의 실수를 되풀이할 공산이 크다. 스스로 '개혁주의냐 혁명적 정치냐 하는 낡은 구분을 초월했다'며 자신을 기만하려는 정치조직일수록 특히 더 그렇다. 뒤에서 살펴보겠지만, 그런 미사여구는 본질적으로 개혁주의적 실천을 은폐하는 데 이용되는 경향이 있다. 그런 미사여구가 호소력을 갖게 되느냐 아니냐는 과거 좌파들의 실패 경험이 망각되느냐 아니냐에 달려 있다. 과거의 실수들을 답습하지 않으려면 혁명적 당이 "노동계급의 기억"이 돼야 한다는 토니 클리프의 말을 잘 기억해야 한다.[8]

분명, 현재 국면[2013년]에서 좌파적 개혁주의 세력의 등장은 사태가 매우 긍정적인 방향으로 흐르고 있음을 보여 준다. 이런 변화의 중요성을 과소평가하면 종파주의에 빠질 위험이 있다. 영국 노동당이나 그리스 사회당 등 사회민주주의 정당들(긴축 자체는 받아들이되, 긴축의 세부 항목에서만 보수정당들과 구별된다)에서의 좌경적 이탈을 모두 환영하는 까닭이다. 혁명가들은 좌파적 개혁주의 세력들과 함께 활동해야 하지만, 주의해야 할 점이 있다. 종파주의를 피하려다가 한 발짝만 더 나아가면, 사회민주주의 정당과는 결별했지만 개혁주의의 논리와는 결별하지 못한 정당에 참여하면서 사회주의 조직을 청산하는 오류에 빠질 수 있다는 것이다.

최근 시리자는 수권 능력이 있는 정당으로서 '책임감'을 보이라는 [그리스 국내외 지배계급의] 압력을 받으며 점점 더 온건한 모습을 보이는데, 이것은 개혁주의의 논리와 결별하지 못한 결과가 무엇인지를 보여 준다.[9] 시리자의 이런 행보는 단지 몇몇 지도적 인물의 개인적 결함 때문이 아니다. 그보다는 시리자가 좌파적 개혁주의 정치를 따르면서 빚어진 일이고, 충분히 예견된 일이다. 좌파적 개혁주의는 실천에서 주류 개혁주의의 한계에서 완전히 자유롭지 않다는 문제가 있다. 이 문제는 각별히 주의해야 한다. 사회민주주의 정당들이 지금의 모습으로 변해 버린 것이 구조적 요인으로 말미암은 것이었던 만큼, 그런 변질을 충분히 숙고하지 않은 채 새 좌파 연합체를 꾸리는 것은 과거의 실패를 되풀이할 공산이 크기 때문이다. 더욱이 그런 상황에서는 좌파 연합체 내 더 급진적인 세력이 선거 정치를 더 중시하는 지도부에 의해 오른쪽으로 견인될 위험이 있다. 그래서 혁명가들은 좌파적 개혁주의 경향이 등장해 성장하는 것을 환영하면서도, 좌파적 개혁주의의 강점뿐 아니라 약점까지 분석해 그에 대한 태도를 정해야 한다. 특히, 사회주의로 나아가는 데서 [자본주의] 국가를 활용할 수 있느냐 없느냐 하는 근본적 물음을 던져야 한다.

시리자는 긴축을 비판하는 등 매우 긍정적이고 크게 환영할 모습도 보이지만, 의회 선거를 통해 기존 국가기구를 장악하려는 지향도 보인다. 이 둘 사이에는 긴장이 있다. 여러 중간 단계가 있겠지만, 시리자 같은 좌파적 개혁주의 정당들은 의회주의적 국가주의를 지향하기 때문에 결국 자본주의 관계 속에서 온갖 압력을 받으며 자기 지지층과 충돌하고, 자기 지지층의 급진성을 약화시키는 경향이 있다. 더 좌파적인 대안 세력이 제대로 도전하지 않는다면 말이다. 그래서 혁명가들은 우선 좌파적 개혁주의 연합체의 등장을 환영하며 그들과 함께 활동해야 하지만, 혁명가들의 정치적 독립성을 유지해야 한다. 그래야 좌파적 개혁주의 정치의 한계를 뛰어넘는 대안을 쟁취하기 위해 더 잘 싸울 수 있다. 그러려면 먼저 개혁주의의 본질을 명료하게 분석해야 한다.

국가와 시민사회: 개혁주의의 배경

가장 추상적인 수준에서 개혁주의는 마르크스가 '시민사회의 관점'이나 '정치경제학의 관점'이라 부른 것과 관련지어 볼 때 가장 잘 이해할 수 있다.[10] 마르크스는 사실상 자본주의를 자연스러운 체제인 것처럼 보이게 하는 각종 관념들을 지칭할 때 그 두 표현을 섞어 사용했다. 마르크스가 보기에 그런 관점들의 핵심 문제는, 원자화된 이기적 개인들이 시장에서 서로 경쟁하는 상태가 태초부터 그랬던 것이기는커녕 매우 근대적인 현상이라는 것이다(《정치경제학 비판 요강》). 마르크스는 다음과 같이 썼다. 역사를 거슬러 올라갈수록 "개인이 … 더 커다란 전체의 일부이자 그 전체에 의존한다는 점이 더 분명해진다." 그러다가 "시민사회"가 갓 등장한 18세기가 돼서야 사람들의 사회관계가 "오로지 자기 개인의 목적을 위한 수단이자 부수적 필요로서" 여겨지게 됐다. 그러므로 근대 사회이론이 핵심 개념으로 여기는 "개인의 이익"은 실제로는 "이미 사회적 맥락에서 규정된 이익이고, 사회가 설정하는 조건과 제공하는 수단을 통해서만 달성할 수 있는 이익"인 것이다.[11]

자본주의 사회의 '자유'를 구체적이고 역사적으로 살펴보면 마르크스의 이런 독창적 관점이 타당함을 알 수 있다. [자본주의 사회에서] 사람들은 무엇이든 선택할 수 있다지만 세상을 바꾸는 것을 선택할 자유는 보상되지 않는다. 에드워드 톰슨은 이것이 "사회적 해악에 대해 개인적 해결책"을 찾으려는 것이자 [정치적] 무관심의 본질이라고 주장했다.[12] 자본주의적 사회관계를 수용하고 원자화된 개인으로 이리저리 움직일 때는 선택의 자유가 있다. 그러나 자본주의적 사회관계 자체에 맞서 싸우려는 사람은 마치 중력을 거스르려는 사람만큼이나 황당한 괴짜 취급을 받는다.

이런 상태를 거꾸로 뒤집으면 자본주의에 고유한 국가 개념이 된다. 이기적 개인들이 계약을 충실히 이행하리라고 믿을 수 없으므로 법치를 확립하려면 국가가 필요하다는 것이다. 가장 극렬하게 자유시장을 주장하는 자유주의자조차 (최소한의) 국가의 필요성을 인정하는 이유다.[13] 이것이 국가를 "필요악"이라고 하는 자유주의자들의 주장에 담긴 부분적 진실이다. 법치를 확립하는 구실을 한다는 점에서 근대 자본주의 국가는 이전 시대의 국가 형태들과 다르다. 과거의 국가는 [지배계급의] 경제적 이익을 노골적으로 옹호했지만(지배계급은 부의 경제적 원천을 확고하게 틀어쥐려고 국가의 정치권력을 이용했다),[14] 근대 자본주의 국가는 부분적으로는, 개별적인 경제적 이해관계들을 중립적으로 중재하는 구실을 하며 등장했다.[15] 17세기 프랑스 국왕 루이 16세가 "짐이 곧 국가"라고 말했다는 것은 비록 근거 없는 믿음일지 몰라도 봉건제와 절대주의 시기 [즉, 자본주의 이전 시기] 유럽에서 국가권력과 경제 권력이 결합돼 있었다는 것만큼은 분명한 사실이다.

반면 근대국가는 시민사회 안의 개인들과 기업들이 서로 갈등을 빚는 상황에서 이론적으로는 어느 정도 중립적으로 행동하고, 그런 중립성은 법치를 통해 드러난다고 여겨진다.[16] 그러나 법치는 매우 독특한 '중립' 개념에 따라 작동한다. 법은 사람들을 모두 원자화되고 이기적인 자산 소유주로 본다. 즉, 사실상 사람들을 모두 자본가로 보는 것이다. 그래서 법에 따라 작동하는 국가는 (이론상) 중립적이지만, 그 중립성은 본질적으로 자본가들 사이의 갈등에서나 적용되는 중립성이다. [국가는] 재산권에 도전하는 갈등에 관해서는 중립적이지 않다. 법치에서 인간의 권리는 본질적으로 재산권으로 여겨지기 때문이다.[17] 그러므로 더 넓은 관점에서 보면, 겉으로 보기에는 중립적인 국가가 실제로는 자본주의 생산관계를 구성하고 재생산하는 데 한몫한다는 것을 알 수 있다.[18] 이처럼 법치는 자본주의적 사회관계의 재생산을 도우므로 국가는 더 넓은 자본주의적 사회관계의 일부로 파악할 때 가장 잘 이해할 수 있다.[19] 비록 '시민사회의 관점'으로 보면, 법치국가가 자연스러운 존재이고 (이론상) 중립적인 것처럼 보일지라도 말이다.

더 구체적으로 말해서, 국가들은 현실에서 서로 경쟁하는데, 자국에서 자본주의 경제활동을 얼마나 잘 육성하느냐에 따라 그 경쟁의 승패가 갈린다. 그래서 각국 관료는 '합리적' 정치는 자본가들이 수용할 수 있는 한도를 결코 넘지 말아야 한다는 것을 이해한다.[20] 자본주의 기업들은 '친기업' 환경을 제공해 줄 자본주의 국가가 필요하고, 국가는 세입의 원천이 될 튼실한 기업이 필요하다. 그래서 국가와 자본 사이에 "구조적 상호의존"관계가 생겨난다. 분명 국가와 자본은 서로 구별된다. 그래서 국가가 중립적이라는 믿음이 유지되고 또 국가는 자본에 대해 어느 정도까지는 자율성을 발휘한다. 그럼에도 국가와 자본은 구조적 상호의존관계에 있으므로 국가의 자율성에는 분명히 제약이 있다.[21]

'현실적' 정치는 체제 내 변화만을 모색해야 하고 체제의 필요를 반영해야 한다는 논리가 바로 이런 제약에서 생겨난다. 주류 정당들(보수당, 자유당, 노동당 등)은 전부 이런 관점으로 사회를 본다. 그래서 그들이 정치적 관점 차이로 논쟁을 벌이더라도, 그 차이는 그들의 공통점에 견주면 새 발의 피다. 그들 사이의 열띤 공방 이면에 '자본에 이로운 것이 대체로 사회에도 이롭다'는 공통의 가정이 있다.

이렇듯 자본주의적 사회관계가 인간의 자유를 빈 껍데기로 만든 결과(소외), 정치 개념도 빈 껍데기가 된다. 부르주아 공식 정치의 협소함은 가시광선의 협소함과 닮았다. 보라색 빛 너머에 있는 자외선과 엑스선, 빨간색 빛 너머에 있는 적외선과 마이크로파 등 광대한 빛의 영역을 무시하는 사람만이 가시광선을 대단하다고 볼 것이다.

그럼에도 자본주의에서는 정치와 경제가 분리되므로, 국가를 활용해서 근본적이고 반자본주의적인 변화를 이룰 수 있다는 생각이 자라날 여지가 생긴다. 그런 생각은 19세기 말 자유민주주의(즉, 부르주아 민주주의)가 확산하면서 크게 성장했다. 그 이후로 의회를 통해 국가를 장악하고 활용해 자본주의에 재갈을 물리고 궁극으로는 자본주의를 초월할 수 있다는 생가이 노동운동 안에서 널리 퍼졌다.[22]

개혁과 혁명

개혁을 성취하려는 실천적 투쟁과 개혁주의 사상 사이에는 본질적 차이가 있다. 개혁주의 사상은 옛 사회와 혁명적으로 단절하지 않더라도 낱낱의 개혁이 누적되면 근본적 사회 변화를 일으킬 수 있다는 비현실적 방법을 채택한 이론이다.[23] 반면, 개혁을 성취하려는 투쟁은 자본주의에서 훨씬 더 현실적이고 훨씬 더 중요하다. 무엇보다, 개혁을 성취하려는 투쟁과 개혁주의의 관계는 그리 단순하지 않다. 개혁주의가 개혁을 성취하려는 투쟁에서 생겨난 측면이 있지만 그 둘 사이에는 중요한 긴장도 있다.

사회가 원자화된 개인으로 이뤄졌다는 관점으로 보면 자본주의가 자연스럽고 고정불변인 것처럼 보일 수 있지만 자본주의는 계속해서 변모한다. 그 때문에 무수한 갈등이 끊임없이 생겨나고 그 결과 체제 내 변화를 추구하는 각종 사회운동들이 벌어진다. 이 운동들은 대체로 개혁주의적이지만 그 운동들은 운동이라는 점에서 의미가 더 클 수 있다. 그 운동들이 시민사회의 "정상적" 삶에, 즉 [정치적으로] 무관심한 상태에 이의를 제기하기 때문이다. 이런 성격이 함축하는 의미는 매우 클 수 있다. 한편으로, 운동 내 더 일관된 개혁주의 경향들은 운동들을 국가를 통해 변화를 추구하는 방향으로, 최근에는 국가들의 연합(유럽연합이나 유엔 등)을 통해 변화를 추구하는 방향으로 이끌려고 애쓴다. 아래로부터 운동이 성취하는 개혁은 흔히 정부 입법으로 공식화되므로 개혁주의의 지향은 어느 정도 합리적으로 보인다. 그러나 국가는 자본주의적 기관이므로 개혁주의의 방법은 자본주의의 '상식'을 운동 안으로 전달하는 통로 구실을 하고, 무리한 것을 요구하면 안 된다며 운동을 제약해 마비시키는 경향이 있다. 그러나 다른 한편으로 많은 사람들은 주로 자본주의 안에서 삶을 개선하겠다는 생각으로 사회운동에 참가하지만, 그 운동에서 겪은 경험을 통해 애초 생각보다 더 나아가는 경우가 흔하다. 처음의 요구가 온건한 것이었을지라도 사람들은 사회운동에 참가해 집단적 투쟁을 경험하면서 자본주의를 자연스러운 것으로 여기던 생각에 의문을 품고 때로는 그런 생각을 떨쳐내기도 한다. 의식이 변하는 폭과 속도는 대체로 그 사회운동의 규모와 전투성에 따라 달라진다. 사회운동이 크고 급진적이면 사람들이 자본주의를 전과 다르게 생각할 가능성이 커진다. 자본주의가 원자화된 개인들 위에 군림한다는 [기존] 생각을 바꿔, 자신들의 집단적 힘으로 자본주의를 바꿀 수 있다는 사실을 자각할 가능성이 사회운동 덕분에 흔히 생긴다. 이처럼 혁명적 운동은 개혁을 성취하려는 투쟁에서 생겨날 수 있다.

개혁을 성취하려는 투쟁은 그 목표 자체로도 가치가 있지만, 바로 앞에서 서술한 동역학도 나타나므로 혁명가들은 개혁을 성취하려는 투쟁들을 소 닭 보듯 하면 안 된다. 그것은 종파적 오류다. 개혁을 성취하려는 투쟁에서 혁명적 운동이 자라나는 동역학을 이해하면, 왜 그 투쟁이 개혁주의 지도자들과 긴장을 일으키는지도 이해할 수 있다. 개혁주의 지도자들은 비교적 평온한 시기에는 꽤 급진적으로 말할 수 있고 심지어 정말 의미 있는 운동이 등장하는 데 일조할 수도 있다. 그러나 이들은 의회를 통해 국가권력을 장악하려 하기 때문에 운동이 생각보다 더 급진적으로 발전하면 (초기에는 자신들이 고무했더라도) 그 운동과 충돌을 일으키기 십상이다.[24]

이처럼 개혁주의 정치인들이 운동을 이끌다가 삽시간에 휙 돌아서서 그 운동이 더 급진화하는 것에 제동을 걸기도 하므로 혁명가들은 개혁주의자들로부터 독립적으로 조직돼 있어야 한다. 이것은 종파주의와 관계가 없다. 그보다는 운동 자체의 필요에서 비롯하는 것이다.[25] 개혁주의 지도자들이 정말 의미 있는 운동을 건설하려 해서 그들과 함께 활동할 때도 혁명가들은 유념할 것이 있다. 개혁주의 지도자들의 국가관이 운동을 저해할 때가 올 수 있음을 염두에 두며 개혁주의 지도자들을 대신해 지도력을 발휘할 수 있을 입지를 확보하려고 애써야 한다. 그런 입지를 확보하려면, 혁명가들은 운동을 전진시키는 데서 혁명가들의 방법이 개혁주의 지도자들의 방법보다 낫다는 것을 실천 속에서 입증하려고 꾸준히 애써야 한다.[26]

이런 관점은 마르크스주의의 독특한 사회 변화 개념을 바탕으로 한 것이다. 마르크스는 '시민사회의 관점'에 담긴 한계를 극복하려면 전체성의 관점이나 노동계급의 관점이 필요하다고 주장했다.[27] 노동시간과 노동강도를 놓고 벌어지는 노동자 투쟁은 외관상 자유롭고 평등한 교환처럼 보이는 임금 계약이 실제로는 역사적으로 특수한 착취 형태라는 것을 들춰 낸다. 더욱이 노동자 투쟁은 자본주의의 산물이지만 동시에 [자본주의를 뛰어넘어] 사회주의로 나아갈 동력이 될 수 있다. 노동자들이 투쟁하는 과정에서 역사적으로 새로운 형태의 연대가 생겨나기 때문이다.[28] 그리고 노동자 투쟁은 생산과정에 대한 통제력을 놓고 벌어지는 경향이 있어서 새로운 형태의 민주주의가 출현할 바탕이 된다. 이 새로운 민주주의는 체제 내 반란이라는 한계에 갇히지 않으며 자본주의의 경제·정치 분리를 혁명적으로 극복하는 민주주의다. 그 결과 노동자 투쟁에서 생겨나는 새로운 민주주의는 '무엇이 정치적으로 현실적이냐'는 질문에 대해 자본주의의 한계를 뛰어넘는 답을 제시할 수 있다.[29]

노동계급 개혁주의

다양한 개혁주의 조류 중에서 노동조합을 기반으로 하는 노동계급 개혁주의가 특히 중요하다. 노동계급이 자본주의적 사회관계에서 전략적 위치를 차지하기 때문이다. 임금노동 관계가 자본주의적 사회관계의 핵심이므로 노동조합운동을 자본주의가 수반하는 사회의 파편화에 맞서는 기초적 형태의 저항으로 보는 것이 가장 적절하다. 노동조합은 노동시장의 가장 극악한 횡포를 중재하려는 조직적 노력으로 생겨난다. 노동조합은 으레 "공정한 노동에 따른 공정한 임금" 같은 개혁적 요구를 내걸지만, 그 투쟁성이 절정에 이르면 노동자 투쟁은 그 틀을 벗어나 임금노동 자체를, 결국 자본주의 자체를 뛰어넘을 가능성을 열곤 했다.

청년기의 마르크스와 엥겔스는 노동조합을 분석하면서 그 투쟁이 사회주의의 잠재력을 품고 있다고 강조했다. 단적으로 엥겔스는 《영국 노동계급의 상태》에서 노동조합운동이 개별 노동자들 사이의 경쟁을 극복하려고 노력하는 과정에서 자본주의 틀 내의 투쟁이 자본주의 자체에 도전하는 투쟁으로 나아가게 된다고 썼다. 또 마르크스와 엥겔스는 《독일 이데올로기》에서 다음과 같이 썼다. "소수일지라도 일단 단결해서 파업에 돌입하면 노동자들은 혁명적 방식으로 행동해야 한다는 것을 금세 깨닫는다." 후대에 와서 토니 클리프와 도니 글룩스타인은 청년기 마르크스와 엥겔스의 이런 과도한 낙관이 급진적이었던 1840년대의 노동조합운동을 일면적으로 반영한다고 지적했다. 그 뒤 마르크스와 엥겔스는 경제가 팽창하는 시기의 노동조합운동을 겪었고, 그 경험을 반영해 마르크스는 《임금, 가격, 이윤》에서 다음과 같이 썼다. "노동조합은 자본의 공격에 맞서 투쟁하는 저항의 구심이다 … [그러나] 노동조합이 패배하는 이유는 일반으로 말해 노동조합이 자본주의 체제의 결과에 맞서 싸우는 것으로 스스로를 제한하기 때문이다."[30]

마르크스와 엥겔스는 개혁주의적 노동조합운동이 임금 계약의 틀을 벗어나지 않는다는 한계를 정확히 묘사했지만 왜 그렇게 되는 것인지 구조적 이유를 충분히 설명하지는 않았다.[31] 마르크스·엥겔스의 분석에 담긴 한계를 뛰어넘으려면, 노동조합 안에 등장한 특정한 계층, 즉 노동력 판매 조건을 놓고 협상하는 전문가 집단이 일반적으로 보수적이라는 사실을 포착하는 것이 중요하다. 이런 관료층이 매우 미약했을 때는 그들의 보수성을 [이론 없이] 그때그때 임시방편으로 설명해도 큰 문제가 되지 않았다. 그러나 노동조합 내 관료층이 특히 19세기 말에 빠르게 성장하면서 노동조합 관료층의 보수성은 특수한 것이 아니라 보편적이라는 사실이 확연해졌고, 시드니 웨브와 비어트리스 웨브, 로베르트 미헬스, 로자 룩셈부르크 등이 그에 대한 글을 썼다.[32]

클리프와 글룩스타인은 고전 마르크스주의 전통을 비판적으로 계승하면서 노동조합 관료의 보수성을 다음과 같이 설명했다. 첫째, 노동조합 관료는 노동력 판매 조건을 놓고 협상하는 기능을 한다. 둘째, 노동조합 관료는 자본가와 노동자 사이에서 중재자 구실을 한다. 셋째, 노동조합 관료는 자신들이 대변하는 사람들[조합원]보다 보수를 비교적 많이 받는다. 넷째, 노동조합 관료는 사회민주주의 정당에 연계돼 있다. 이런 요인들 때문에 [노동조합] 관료의 일상은 현장조합원의 일상과 다르고 더 중요한 점은 관료가 임금 계약 자체와 떼려야 뗄 수 없는 존재가 된다는 것이다. 임금노동은 자본주의와 동의어이므로, 임금노동을 놓고 협상을 벌이는 관료의 눈에는 자본주의가 자연스러운 것으로 보이게 된다.[33]

노동자들도 대부분의 시기에 자본주의적 사회관계를 자연스러운 것으로 여기며 그 속에서 살아가고, 또 노동조합 관료보다 더 우파적인 입장을 취하는 경우도 흔하다. 그래서 노동조합 관료의 보수성이 노동조합운동 자체의 뿌리 깊은 보수성에서 비롯한다는 주장이 영 허튼소리인 것은 아니다. 그런 주장은 중요한 진실의 한 면을 보여 주지만 [노조] 상근 간부와 현장조합원 사이에 간극이 있고, 특히 계급투쟁이 고조되는 시기에는 그 간극이 더 벌어진다는 것을 과소평가한다. 로자 룩셈부르크가 주장했듯이, 대중적 집단투쟁에 능동적으로 참가하며 그 투쟁의 향방에 영향을 끼칠 때 노동자들은 개혁주의적 한계를 넘어서기 시작한다.[35] 반면 노동조합 관료는 같은 상황에서도 대체로 훨씬 더 보수적으로 행동한다. 그들은 국가와의 유대 탓에 노동자 투쟁이 자본주의가 허용하는

범위를 넘지 않도록 제한한다.[36] 노동조합 관료의 보수적 구실은 긴축재
정의 시기에 특히 해악적이다. 경제 호황기에는 [노동조합 관료도] 체제가 노
동조건과 임금을 개선할 여지가 있다고 보기 쉽지만, 호황이 불황으로
바뀌면 체제가 제공할 수 있는 것을 '현실주의적으로' 따져 봐야 한다는
[노동조합 관료의] 시각이 긴축의 논리를 정당화하는 데 쓰이기 때문이다. 이
처럼 [노동조합] 관료는 모순된 구실을 한다. 노동조합 관료는 자본가에 맞
서 노동자의 이익을 대변하고자 생겨났지만, 자본주의의 틀 안에서 노동
자의 이익을 지키려 하므로 노동계급 내 보수적 세력이 되기 십상이다.

시민사회 영역에서 노동조합이 수행하는 협상 전문가 구실을 국가 영
역에서 보완하는 것이 노동계급의 전통적 개혁주의 정당인 [영국] 노동당
등 사회민주주의 정당이다.[37] 사회민주주의 정당은 노동조합운동의 약점
을 극복하기는커녕 더 높은 수준에서 재현한다. 노동조합 관료가 임금
계약을 정상적인 것으로 여기면서 자본주의에 포섭되듯이 사회민주주
의 정당은 국가가 중립적이라는 겉모습을 수용함으로써 본질적으로 자
본주의적인 현 국가의 틀을 암묵적으로 내면화한다. 그 결과, 전통적인
개혁주의 정당은 유권자에게 사회주의적 대안을 제시하는 것이 아니라
오히려 노동계급이 자본주의적 합리성을 정상적인 것으로 받아들이도
록 만든다. 그래서 레닌은 비록 이런 정당이 노동자로 구성됐더라도 부
르주아적 정당으로 보는 것이 정확하다고 주장했다.[38]

특히, 사회민주주의 정당이 (그 절정에 다다르면) 자본주의 국가를
이용해 사회를 사회주의적으로 변모시킬 것이라는 주장은 앞뒤가 안
맞는 말일 뿐 아니라 더 심각한 문제도 있다. 운동을 사회주의에서 더
멀어지는 방향으로 이끌고, 그 과정에서 '현실주의' 정치를 내세우며 기

층 활동가들의 사회주의 염원을 제물로 삼는다는 것이다. 로자 룩셈부르크는 개혁주의의 궁극적 결과를 다음과 같이 매우 명쾌하게 표현했다. 개혁주의는 자본주의 안에서 변화를 꾀하는 전략이므로, 개혁과 혁명은 과정만 다르고 목적지는 같은 두 갈래 길이 아니라 완전히 반대 방향을 향하는 서로 다른 길이다.[39] 같은 생각을 개혁주의자의 입장에서 가장 명료하게 표현한 인물은 십중팔구 프리츠 타르노프일* 것이다. 그는 자본주의가 최대 위기를 겪은 1931년에 다음과 같이 썼다.

자본주의라는 환자가 병상에서 죽어 가고 있다. 지금 우리는 그 환자를 치료하길 원하는 의사인 동시에, 그 환자의 임종을 기다리다 안달이 나 독극물을 써서 임종을 앞당기길 원하는 상속자의 처지에 있는 게 아닐까? 내 생각에 우리에게 내려진 저주는, 진심으로 치유를 바라는 의사여야 하는 동시에 자본주의 체제의 모든 유산을 내일이 아니라 오늘 당장 물려받기를 바라는 상속자의 감정도 함께 간직해야 한다는 것이다. 이처럼 의사와 상속자라는 이중의 구실을 한꺼번에 수행하는 것은 참으로 어려운 일이다.[40]

타르노프의 이런 비유는 개혁주의가 자본주의와 맺는 관계의 일반적이고 뿌리 깊은 진실을 들춰낸다. 특히 사회민주주의는 자본주의 국가를 지향하므로 자본주의와 구조적 관계를 맺는다. 이 점을 이해하면, 그동안 사회민주주의 정부들이 왜 위기가 닥치면 그 책임을 노동자들에게 떠넘기는 식으로 대응해 왔는지를 이해하기 쉽다. 실제로 사회민주주의

———

* 20세기 초 독일의 노동조합 지도자이자 사회민주당 의원.

정부들은 체제가 요구하면 어김없이 긴축정책을 펼쳐 왔다.[41] 심지어 황금기라 불린 제2차세계대전 직후의 영국 노동당 정부(최근 켄 로치 감독의 영화 〈1945년의 정신〉은 당시의 노동당 정부를 신화적으로 다뤘다)조차 1945~1951년 노동자 파업에 군대를 18번이나 투입했다.[42] 이처럼 노동당의 개혁주의는 딱히 황금기라고 불릴 만한 시절조차 없었다. 그래도 1945~1951년의 노동당 정부는 개혁을 상당히 이루기라도 했다. 1945년 영국 노동자들이 급진화하고 그 직후 호황으로 완전고용이 이뤄진 덕분이었다. 그러나 그 뒤 들어선 노동당 정부들은 갈수록 실현하는 개혁이 적어져 오늘날의 노동당, 즉 개혁을 제공하지 못하는 개혁주의의 처지가 됐다.[43] 그 결과 오늘날의 노동당과 사회민주주의 정당은 전후의 사회민주주의 정당보다 훨씬 더 약해졌다. 즉, 집권한 뒤에는 갈수록 보수정당과 비슷하게 행세했고, 득표가 줄었고, 당원 수가 감소했다.[44]

안타깝게도, 개혁주의가 실패한다고 해서 노동계급과 사회 곳곳에 일반적으로 퍼져 있는 개혁주의 의식이 저절로 사라지는 것은 아니다. 오히려 변화를 요구하는 운동은 대부분 개혁주의 의식을 출발점으로 삼고, 또 그 의식을 상식으로 여긴다. 실제로 이루는 개혁이 거의 없는데도 개혁주의가 광범하게 남아 있는 이유다. 이렇게 개혁 염원은 크지만 전통적 개혁주의 정치인들이 그 염원을 충족시키지 못하는 간극이 있을 때 나타나는 현상 하나는 좌파적 개혁주의 운동의 재부상이다. 주류 개혁주의의 불충분함에 대해 좌파적 개혁주의 운동이 가하는 비판은 환영할 만하고 긍정적이다. 그러나 아쉽게도 좌파적 개혁주의는 개혁주의의 구조적 문제를 극복하지 못하므로 대안이 되기에는 부족하다.

좌파적 개혁주의와 중간주의

대체로 좌파적 개혁주의자들은 지금까지 사회민주주의 정부가 실패한 것을 지도력 탓이라고 보며 제대로 된 사회민주주의 정부가 무엇인지 보여 주겠다고 다짐한다. 이런 설명은 사회민주주의가 실패한 원인을 충분히 파고들지 못한 것임이 분명한데도, 좌파적 개혁주의는 변화에 관한 '상식'적 견해와 잘 들어맞으므로 대중의 지지를 상당히 이끌어 낼 수 있다. 혁명적 사회주의자들은 변화를 염원하는 그런 운동을 환영해야 하지만, 좌파적 개혁주의에 대한 환상을 조장하지는 말아야 한다.[45] 그러나 "중간주의" 조류들은 이와 정반대로 행동하는데, 바로 좌파적 개혁주의와 혁명적 정치 사이의 구분을 흐리는 것이다. 트로츠키는 중간주의 단체들이 정치적으로 "모호"하고, 개혁주의적으로 실천하면서도 그보다 훨씬 더 급진적이고 때로는 마르크스주의적인 언사를 사용한다고 주장했다.[46] 사실 중간주의는 미꾸라지 같아서, 새로 급진화하는 사람들이 개혁주의와 단절하는 징검다리 구실을 하지만 동시에 번지르르한 급진적 언사로 개혁주의적 실천을 숨기는 가림막 구실도 한다.[47] 중간주의자들은 흔히 자신들이 개혁이냐 혁명이냐는 구분을 초월했다고 주장한다. 깊이 파고들어 가면 이런 주장은 대개 기존 국가기구를 이용해서 사회주의를 실현할 수 있다는 주장으로 이어진다. 의회 바깥의 운동으로 국회의원들을 압박해야 한다는 단서가 붙지만 말이다.

이런 주장에는 두 가지 근본적 결함이 있다. 첫째, 사실상 개혁주의자와 혁명가가 수단만 다르지 목표는 같다고 가정하는 것이다. 즉, 둘다 사회주의 실현을 위해 국가 장악을 목표로 한다는 것이다. 그래서 중간주의자들은 두 접근법[개혁과 혁명]의 이런저런 요소를 섞는 것을 다분히 상식적인 것으로 여긴다. 이런 관점은 겉보기로는 그럴듯하지만 혁명적 정치의 본질을 완전히 잘못 보고 있다. 기존 국가 장악은 개혁주의자들의 목표이지 혁명적 마르크스주의자들의 목표는 아니다. 강조하건대, 개혁주의와 혁명적 정치를 가르는 기준은 제도권 내 활동을 하느냐 의회 바깥 투쟁에 참여하느냐가 아니다. 혁명가들이 개혁주의자들과 다른 점은 자본주의 국가를 포함해 자본주의적 사회관계를 모두 타도하고 완전히 새로운 형태의 민주주의로 나아감으로써 자본주의의 특징인 정치와 경제의 분리를 뛰어넘으려고 한다는 것이다. 혁명가들이 쟁취하려는 해방은 지난 세기에 노동자 투쟁이 정점에 달할 때마다 등장한 노동자 민주주의 기관들이 보여 준 해방이다.[48]

둘째 결함은 중간주의자들과 좌파적 개혁주의자들이 국가의 본질을 잘못 이해해서 생겨나는 것으로, 주류 개혁주의가 보인 약점의 원인을 깊이 파고들지 않는다는 것이다. [개혁주의] 정치인들의 근성이 부족했다거나, 노동자 대중 등 개혁주의 지지층이 가하는 압력이 충분치 않아서 정치인들이 자본가에게 받는 압력에 굴복했다는 식으로 말이다. 불행히도, 이처럼 좌파적 개혁주의 단체들은 주류 개혁주의의 한계가 어디서 비롯했는지를 제대로 설명하지 못하므로 [주류 개혁주의와] 마찬가지로 의회 활동에 경도되는 경향이 있다(애초에 사회민주주의가 실패한 이유가 바로 이것이었다). 그런데 의회라는 게임에는 그 논리상 자기 지지층을 자제시켜야 한다는 규칙이 있다. "노동당을 되찾자"라고 주장하는 세력에 이런 한계가 있다는 것은 두말할 것도 없다. 그러나 레프트유니티 같은 [노동당 바깥의] 좌파적 개혁주의 세력에도 똑같은 한계가 있다. 혁명가들이 그들의 등장을 환영하고 어쩌면 그들과 함께 연합체를 꾸릴 수도 있겠지만, 혁명가들의 정치적·조직적 독립성을 포기할 수 없는 이유다. 그리스의 좌파적 선거 연합인 시리자도 이 점에서는 다른 좌파적 개혁주의 조류들과 근본적으로 다르지 않다. 다시 말해, 시리자에도 투쟁의 다른 요소들을 자신의 의회 선거 승리에 종속시키는 경향이 있다.[49]

예컨대, 《소셜리스트 레지스터》 최근 호에 실린 시리자 활동가들의 두 논문이 이를 분명히 보여 준다. 미할리스 스푸르달라키스는 시리자가 "파산한 사회민주주의의 개혁주의와 혁명가들의 전위 사상을 둘 다" 뛰어넘었고 "개혁과 혁명 사이의 간극"을 메우려 한다고 주장한다. 더 나아가 그는 다음과 같이 썼다. "(비록 시리자가 2012년 6월 총선에서는 패배했지만) 긴축정책 탓에 시리자가 집권하는 데 유리한 환경이 이내 생겨날 것이고 실제로 시리자가 집권하면 어타의 사회민주주의 정부와는 닮은 점이 전혀 없을 것이다."[50] 이 글과 함께 실린 인터뷰에서 아리스티데스 발타스는 다음과 같이 말했다. "현 상황을 보건대, 우리[시리자]가 집권하면 혁명이 시작될 것이라고도 말할 수 있겠다."[51]

이런 말을 보더라도, 왜 그리스 국내외 사회주의자들이 시리자의 성장을 보며 그리도 큰 기대를 거는지를 짐작할 수 있다. 그러나 시리자 정부는 그런 기대에 부응하지 못하면 역풍을 맞을 수도 있다. 유감스럽게도 스푸르달라키스는 집권과 실제 권력 장악을 혼동한 기존 좌파 정부들의 경험을 시리자가 어떻게 되풀이하지 않겠다는 것인지 설명하지 않는다. 시리자가 선거 때 보인 행적을 보면 사회민주주의 유령이 보이는 듯해 불길하다는 통찰력 있는 질문에 발타스는 "(시리자 당원들은) 그리스 사회당PASOK이 어떤 짓을 했는지 충분히 잘 알고 있으므로" 시리자가 사회민주주의 정당의 실수를 답습하지는 않을 것이라고[52] 답했다.

이것은 시리자의 의회주의 전략을 놓고 특히 최근 시리자가 우경화하는 상황에서 나오는 여러 문제제기에 진지하게 답하려는 태도가 아니다. 《뉴 레프트 리뷰》의 편집자는 시리자가 본질적으로 "벤 좌파 운동 그룹들"과 비슷하다고 적절하게 논평한 바 있는데,[53] 이는 시리자의 한계를 이해하는 데 도움이 된다. 1980년대 초 토니 벤이 영국 노동당 지도부에 도전한 사례와 시리자를 비교한 이 말은 매우 진중하게 살펴볼 만하다. 1974~1979년 노동당 정부가 크게 실패한* 후(토니 벤과 그의 동료들도 당시 노동당 정부의 한계를 "충분히 잘 알고 있었다"), 토니 벤은 노동당의 우파 지도부에 맞서 좌파적 도전을 강력히 이끌었다. 불행히도 이 운동은 선거 정치의 논리 때문에 궤도에서 빠르게 이탈했다. 1981년 벤은 노동당 부대표 선거에서 이길 뻔했는데,** 겨우 몇 달 만에 노동당 중도파와 우파의 압력(이른바 "비숍스스토퍼드 강화"***)에 굴복했고 선거를 앞두고 당의 단결을 도모한다는 명분으로 상당히 유력했던 당 지도부 도전 계획을 철회했다. 벤은 수만 명, 어쩌면 수십만

---

* 1974~1979년 노동당 정부는 경제 위기에 직면해 노동자들의 생활 조건을 공격하는 '통화주의'적 자유시장 정책을 시행했다. 이에 노동당 의원들은 의회에서 반대표를 던졌고 노동자들은 파업을 벌였다(1978~1979년 '분노의 겨울'). 노동당 정부에 대한 반감 때문에 1979년 총선에서 보수당이 승리했다.

** 토니 벤과 노동당 우파 데니스 힐리의 득표율 차이는 1퍼센트포인트도 안 됐다.

*** 1982년 노동조합 지도자들과 노동당 지도부가 비숍스스토퍼스에서 만나 합의한 것. 이들은 당내 좌파가 당을 '분열'시키고 있다고 비난하면서 벤에게 부대표 선거에 출마하지 말라고 요구했다.

명에 달한 지지자들에게 기댈 수도 있었지만 선거 논리 때문에 노동당 지도부에 속박됐고, 그가 이끌던 운동의 기층 지지자들도 비슷한 방향으로 나아갔다. 벤 좌파 운동의 기층 활동가들은 의회 내 투쟁을 핵심으로 여겼으므로 때마침 대처리즘이 기승을 부리자 삽시간에 노동당 지도부를 편드는 신세가 됐고 결국 토니 벤의 이름을 딴 운동은 이내 사라졌다.[54]

이런 결과는 충분히 예상할 수 있는 것이었음에도 《뉴 레프트 리뷰》와 《소셜리스트 레지스터》를 중심으로 한 당시 좌파 학계의 가장 권위 있는 인물들은 벤에게 모든 기대를 걸었고, 이것이야말로 가장 우려스러운 일이었다. 벤을 지지한 것은 전혀 문제될 것이 없었지만 벤이 노동당을 사회주의 조직으로 변모시킬 것이라는 근거 없는 믿음을 부추긴 것은 잘못이었다. 애석하게도 《뉴 레프트 리뷰》와 《소셜리스트 레지스터》의 편집부가 한 일이 바로 그런 환상을 조장하는 것이었다.[55] 그 편집부의 상당수는 초기 신좌파 활동가 출신이었는데 벤에 대한 근거 없는 믿음 조장은 자신들이 20년 전 저지른 실수를* 사실상 되풀이한 것이기도 했다. 근거 없는 믿음을 조장함으로써 그들은 새로 등장한 활동가층을 정치적 수렁으로 밀어 넣는 데 일조했다.

내가 다른 글에서 썼듯이 1950년대 영국 신좌파는 노동당으로부터 독립적인 운동을 건설하지 못했는데, 주요 이유는 그 지도자들의 좌파적 개혁주의 때문이었다.[56] 마치 훗날 스푸르달라키스가 시리자는 '개

---

* 1950년대 말과 1960년대 초, 소련에 환멸을 느끼며 등장한 영국의 초기 신좌파 활동가들 중 상당수는 사회주의를 이루는 수단으로 노동당을 지지했다.

혁이냐 혁명이냐는 잘못된 이분법을 뛰어넘었다'고 말할 것을 미리 보여 주기라도 하듯이, 당시 에드워드 톰슨은 신좌파가 '점진적 사회주의냐 혁명적 사회주의냐는 논쟁을 뛰어넘었다'며 사회주의로의 변혁은 그전 반세기 동안 좌파가 쟁취한 것을 [부정하기보다는] 확장하려는 것임을 이해해야 한다고 주장했다. 그는 직접행동 등 의회 바깥의 투쟁으로 정치 지형을 바꿔 내면 의회를 통해 "평화적 혁명"을 달성할 수 있다고 주장했다.[57]

이처럼 변화를 위해 의회에 집중해야 한다는 생각은 당시 일부 신좌파 활동가들이 노동당에 입당한 행동(오늘날 "노동당을 되찾자"는 운동의 옛 버전이라고 할 수 있다)과 잘 맞아떨어졌다. 단기적으로 보면 이 시도는 어느 정도 성공을 거뒀다. 신좌파는 1960년 노동당 당대회에서 당헌과 일방적 핵 군축 쟁점에 관한 핵심 표결에서 승리했다. 그러나 승리감은 오래가지 않았고 불과 1년 뒤 노동당 우파는 노동조합의 블록 투표를* 통해 다시금 노동당을 장악했다. 이처럼 상황이 우울하게 전개되자 신좌파의 과도한 낙관주의는 순식간에 극도의 비관주의로 바뀌었다. 그 뒤 신좌파 운동의 많은 지도적 활동가들은 좌파가 다시 성장할 기회라고 생각되면 아무리 보잘것없는 것이라도 가리지 않고 다 매달렸고 그 과정에서 점차 우경화했다. 급기야 상당수 활동가들은 1963년 해럴드 윌슨의 노동당 지도부 당선이 자신들의 패배 속 승리임을 애써 입

---

* 노동조합 지도자가 자기 노동조합의 전체 조합원 수만큼의 표를 일괄로 행사하는 방식. 예를 들면, 어떤 쟁점에 대해 광원노조 내 투표에서는 찬성 600표, 반대 450표로 통과됐더라도, 총연맹 대의원대회에서 광원노조 위원장은 광원노조 조합원 전체의 표(1050표 + 투표에 참가하지 않은 노동조합원)를 찬성표로 던지게 돼 있다.

증하려 얼토당토않는 논리를 동원하는 지경에 이르렀다. 그들은 윌슨이 좌파를 '언약의 땅'으로 이끌 인물이라도 되는 양 여기면서 "이제 노동당에 모든 희망을 걸어야" 한다고 주장했다.[58*]

신좌파가 노동당에 희망을 걸었다 실패한 이유를 기층 당원들의 무관심과 노동조합 블록투표제에서 찾는 것은 그런 실패의 제도적 요인에만 주목하는 것이다. 신좌파가 왜 그토록 무참히 패배할 수밖에 없는 입장을 취했는지 이해하려면 신좌파의 이론적 약점을 봐야 한다. 바로 노동당의 의회주의로(물론 어느 정도 의회 바깥의 압력은 필요하겠지만) 사회주의적 변화를 이룰 수 있다고 여긴 것이 그들의 약점이었다. 불행히도 역사를 보면 좌파들의 이런 약점이 거듭 나타났다.

랠프 밀리밴드를 예로 들어 보자. 밀리밴드는 한때 신좌파였고 1970년대 학계에서 마르크스주의자들이 벌인 국가 이론 논쟁에서 가장 두각을 나타낸 두 사람 중 한 명이었다. 그는 노동당의 개혁주의와 [혁명적 좌파의] 레닌주의가 지닌 약점을 모두 극복한 새로운 사회주의 정당이 필요하다고 주장했다. 밀리밴드의 앞 세대인 톰슨이나 뒷 세대인 스푸르달라키스와 마찬가지로 밀리밴드도 개혁이냐 혁명이냐는 구분을 초월해야 한다는 중간주의적 주장을 되풀이했다. "전진"이라는 글에서 밀리밴드는 노동당이 의회주의를 교조적으로 고수하므로 사회주의적 변혁을 이끌 주체가 될 수 없고 트로츠키주의자들은 러시아 혁명 같은 봉기 모형을

---

* 그러나 1964년 집권한 윌슨 정부는 노동조합의 파업권을 공격했고, 이전 보수당 정권 하에서 노동조합이 강력히 반발했던 임금 억제 정책을 재추진했고, 베트남 전쟁을 가장 충실하게 지지했다.

고집하므로 가망 없기는 마찬가지라고 주장했다. 그는 트로츠키주의자들의 사회 변화 방법론에 '초좌파'라는 딱지를 붙였다. 맹목적 의회주의를 "맹목적 의회주의 반대"로 대체한 것일 뿐이라면서 말이다.[59] 밀리밴드는 양 진영의 오류를 모두 극복하겠다고 천명했지만, "서구 노동자 운동이 '봉기를 선동하는 정치'에서 당면 과제의 현실적 해법을 얻은 적이 한 번도 없다"고 주장했던 것은 장차 그가 제시할 결론, 즉 좌파에게 남은 현실주의적 전략은 모종의 개혁주의뿐이라는 결론을 이미 예고하고 있었다. 아니나 다를까 [몇 년 뒤] 밀리밴드는 "자본주의적 민주주의[가 확립된] 조건"에서 사회주의에 이를 방도는 급진적 개혁을 "실시하겠다고 굳게 맹세한" 정부를 민주적 선거로 선출하는 것뿐이고 다른 방도는 생각할 수 없다고 썼다.[60]

던컨 핼러스는 이미 밀리밴드의 초기 글들과 논쟁할 때 좌파적 개혁주의 이론들의 보편적 한계를 규명한 바 있다. 핼러스는 밀리밴드 등 신좌파 성향의 인사들이 일관되게 혁명의 필요성을 "얼버무렸다"고 지적했다. 핼러스는 1956년 신좌파의 지도적 인물들이 대부분 "좌파적 개혁주의에 반대하는 명료한 입장"을 내지 "못했고" 심지어 "거부했다"고 비판했다. 던컨 핼러스는 계속해서 다음과 같이 썼다. "[밀리밴드 등 신좌파 인사들은] 곡해되지 않은 레닌주의를 따르는 공산주의 전통과 그 전통에서 출발한 좌익반대파를 진지하게 고려하기를 거부했다. 또한 1914~1956년의 역사적 경험을 대체로 무시했다. 단적으로, 코민테른에 대해서는 거의 논하지 않았다. 요컨대, 그들은 명료하고 일관된 이론적·정치적 토대가 전혀 없었다."[61] 이런 태도 때문에 한때 신좌파에 속했던 사람들은 (투쟁성에서는 각자 차이가 있지만) 결국 개혁주의를 수용하는 경향이 있었다.

이 점은 1980년대 밀리밴드가 《뉴 레프트 리뷰》 편집부의 활동가들과 함께 '소셜리스트 소사이어티'와 뒤이은 '체스터필드 컨퍼런스'를 결성하는 데 중요한 구실을 할 때 분명히 드러났다. 이 단체들은 영국의 개혁주의자들과 혁명적 좌파 사이의 가교 구실을 하려고 결성됐다. '소셜리스트 소사이어티'는 첫걸음부터 벤 좌파의 생강 단체처럼* 활동했다. 노동당에 관한 밀리밴드의 고전적 저작 《의회 사회주의》에서 노동당 좌파를 분석한 부분을 읽은 사람이면 누구나 '소셜리스트 소사이어티'가 비록 출범은 요란했더라도 후에 벤 좌파 운동이 쇠락하면(충분히 예견할 수 있었다) 동반 쇠락하리라는 것을 짐작할 수 있었다. '소셜리스트 소사이어티'가 쇠락한 근본 이유는 벤 좌파 운동의 쇠락 이유와 같았는데, 선거적 고려 때문에 좌파가 우파의 꽁무니를 따랐기 때문이다. 특히 대처 정부 하의 패배기를 거치면서 좌파 정치가 '비현실적'이라는 인식이 점차 커짐에 따라 이런 경향은 더 두드러졌다.[62]

'소셜리스트 소사이어티'와 그 뒤를 이은 '체스터필드 컨퍼런스'가 이런 시나리오에서 벗어나려면 의회주의 논리와 결별해야 했지만 좌파적 개혁주의라는 그들의 정치 때문에 그럴 수 없었다. 또 밀리밴드와 그 주변 사람들은 개혁주의자와 혁명가 사이의 간극을 잇는 가교 구실을 하기보다는 점차 우경화하는 노동당과 그 맞은편의 사회주의노동자당 사이에 "압착된" 신세가 됐다.[63] 결국, 개혁이냐 혁명이냐는 구분을 극복하겠다던 밀리밴드와 그 주변 사람들은 아무것도 할 수 없는 어정쩡한 상

---

* 어떤 조직 안팎에서 그 조직이 좀 더 잘하도록 자극·격려·비판하는 것을 기본 임무로 삼는 단체.

태에 빠졌고, 후에 벤 좌파 운동의 참가자들(토니 벤 자신은 예외였다)
이 키녹을 따라 노동당 우경화에 동참하거나 아예 정치를 포기하게 됐
을 때 어떤 현실적인 대안도 제시하지 못했다.

'소셜리스트 소사이어티'나 벤 좌파 운동은 1980년대 정치사의 작은
사건들이었던 반면, 그보다 몇 해 앞서 있었던 유러코뮤니즘의 등장과
쇠퇴는 훨씬 더 중요한 사건이었다. '유러코뮤니즘'이라는 용어는 유고슬
라비아의 한 기자가 1975년 7월에 열린 이탈리아 공산당과 스페인 공산
당의 회동을 묘사한 것에서 유래했다.[64] 이 공산당들(그리고 머지않아
그 뒤를 따르는 프랑스 공산당과 더 작은 몇몇 공산당들)의 공통점은
자국 유권자들의 신뢰를 얻으려고 소련과 거리를 뒀다는 것이다. 거리
두기의 즉각적 목표는 두 가지였다. 첫째, 소련을 위해 자국 지배계급을
배신하지 않겠다는 것을 보여 줘서 자국 지배계급을 안심시키는 것이
었다. 둘째, 사회민주주의에 환멸을 느끼지만 여전히 혁명적 좌파에 이
르지 못한 당시의 새로운 활동가층을 포섭하는 것이었다.[65] 그들의 활동
방식은 사실 그다지 새로울 것이 없었다. 유러코뮤니즘이 표방한 [스탈린
주의와의] 차별성은 실제로는 아주 피상적이었는데, 그들의 태도가 스탈린
주의가 전성기 때 취한 태도와 매우 비슷했다는 것만 봐도 알 수 있다.[66]

히틀러가 권력을 차지하자 스탈린은 독일 제국주의한테서 소련을 지
키려고 영국·프랑스 제국주의와 동맹을 맺으려 했다. 이런 맥락에서 코
민테른이 적극 채택한 정책은 훗날 인민전선 전략으로 불리는 정책이었
다. 인민전선 정책의 핵심은 파시즘에 맞서 자국의 '진보적' 부르주아지
(즉, 소련과 군사동맹을 맺을 의사가 있는 부르주아지)와 동맹을 맺으라
고 각국 공산당을 종용하는 것이었다. 인민전선은 혁명적 미사여구로

치장돼 있었지만 본질적으로 개혁주의 전략의 변형판이었다. 각국 공산당은 [혁명이 아니라] 의회를 통한 변화를 추구했지만, [다른 개혁주의와는 달리] 소련에 충성하고 소련 외교정책을 돕는 구실을 했다.[67] 이처럼 각국 공산당은 이미 1930년대부터 혁명적 정치와 암묵적으로 결별했다. 그러다 1951년 영국 공산당이 《사회주의로 가는 영국의 길》이라는 이름으로 강령을 출판하면서 혁명적 정치와 결별했음을 공개적으로 처음 드러냈다. 이후 프랑스·스페인·이탈리아 공산당도 유러코뮤니즘을 거쳐 영국 공산당의 뒤를 따랐는데, 당시의 두 가지 중요한 상황 변화가 그 배경이 됐다. 첫째, 미·소 핵무기 경쟁으로 냉전이 교착상태로 접어들면서 소련에 서유럽 공산당들이 예전만큼 쓸모 있지 않게 됐다. 둘째, 1968년 소련이 체코슬로바키아를 침공해* 새로 급진화하던 서유럽 유권자들에게 소련의 매력이 예전 같지 않게 됐다.

스탈린주의가 혁명적 정치와 결별한 것을 유러코뮤니즘이 되풀이한다는 것을 명료하게 보여 준 것은 바로 스페인 공산당 사무총장 산티아고 카리요가 쓴 《'유러코뮤니즘'과 국가》다. 이 책에서 카리요는 자신이 초창기 사회민주주의자들과 다르다는 것을 보이려 애썼다. 그는 카우츠키가 틀렸고 레닌이 옳았으며, 1917년에는 "프롤레타리아 독재가 필연적인 역사적 요구"였다고 주장했다. 그러나 1917년 이후 사회가 변했으므로 "민주주의적 길"을 따라서도 사회주의를 실현할 수 있게 됐다고 주장

---

* 공산당이 집권한 체코슬로바키아(오늘날은 체코와 슬로바키아로 나뉘어 있다)에서 더 많은 민주주의를 요구하는 시위가 정권을 위협하자('프라하의 봄') 소련은 탱크로 국경을 넘어 시위를 진압했다.

했다. 그래서 카리요는 "1920년 분열의 상처를 치유하지 않을 이유가 없다"고 썼다.[68] 두말할 나위 없이 여기서 가리키는 분열은 스페인 사회민주주의 정당 내 혁명적 좌파가 당내 우파와 결별해 공산당을 만든 것이다. 카리요가 이 분열의 상처를 치유하자고 주장한 것은 개혁이냐 혁명이냐는 구분이 적어도 유럽에서는 더는 합당하지 않다는 뜻이었다. 뒤에서 보겠지만, 이런 논리를 따르면 공산당과 사회민주주의 정당의 차이를 갈수록 흐려 결국 그 둘이 다를 것이 없다고 여기게 된다.

카리요의 책은 영향력이 컸지만 아주 조야했던 반면, 니코스 풀란차스의 작업은 (좌파적) 유러코뮤니즘의 입장을 가장 정교하게 옹호하려 한 것이었다.[69] 풀란차스가 중요한 것은 단지 그가 1970~1980년대에 영향을 끼쳤기 때문만이 아니라 최근에도 그의 사상을 되살리려는 시도가 있기 때문이다.[70] 풀란차스의 주장에서 가장 흥미로운 점은 그가 레닌주의를 비판하는 여타의 논자들과 달리 매우 급진적 형식을 취하면서도 정작 그 내용은 지극히 상투적이라는 것이다. 내용이 상투적이라는 것은 풀란차스도 톰슨, 밀리밴드, 카리요, 스푸르달라키스처럼 사회민주주의와 레닌주의 사이에서 양자택일을 할 필요가 없고 "그런 이분법의 딜레마에서 스스로 해방돼야 한다"고 주장한다는 뜻이다.[71] 이는 '개혁이냐 혁명이냐는 논쟁을 초월했다'는 흔한 말을 되풀이한 것에 지나지 않지만, 풀란차스를 다른 사람들과 구별해 주는 급진적 주장은 "국가주의"에 대한 그의 분석이다. 풀란차스는 국가주의를 사회민주주의와 '레닌주의'의 공통점으로 지적했다. 이 지적은 다음과 같은 그의 말처럼 현실의 중요한 측면을 반영한 것이었다. 서구의 사회민주주의 정권과 동구의 '공산주의' 정권은 모두 "대중이 주도력을 발휘하는 것에 극도로 불신을 나타냈고 국가주의를 특징으로 했다. 요컨대, 민주주의 요구를 죄다 불순한 것으로 여겼다."[72] 이 주장의 문제는 스탈린이 민주주의를 경멸한 근원을 레닌에게서 찾는다는 것이다.

'레닌 원죄설'을 주장한 냉전기 지식인들이 레닌의 《무엇을 할 것인가》를 들어 레닌을 비난한 것과 대조적으로, 풀란차스는 (전통적으로 레닌의 가장 민주주의적인 저작이라고 여겨진) 《국가와 혁명》을 비난 대상으로 삼았다는 것이 흥미롭다. 먼저 풀란차스는 볼셰비키가 제헌의회를 탄압했다는 로자 룩셈부르크의 비판을 불완전하게 소개한 뒤, 레닌이 "대의민주주의 기관들과 정치적 자유를 단지 부르주아적 잔재로 여기"며 제쳐 버린 것이 레닌 정치의 근본 오류였다고 주장한다.[73] 풀란차스는 레닌과 달리 국가 자체는 투쟁의 장場, 다시 말해 "계급들과 계급 분파들 사이의 세력관계를 구체적으로 보여 주는 응축물"이라고 주장했다.[74] 풀란차스는 이런 [국가] 모형을 내세워 레닌이 말한 이중권력과 전혀 다른 과정을 통해서도 사회주의 사회로 전환할 수 있다고 주장했다. 레닌이 말했듯이, 혁명적 상황에서는 노동계급이 자신의 권력기관들을 창출하지만 아직 기존 국가기구를 대체하지는 못하는 이중권력 상황이 도래한다. 이처럼 이중권력은 자본주의 국가와 노동자 국가가 불안정한 상태로 공존하는 상황인데, 결국 한쪽이 다른 쪽을 격퇴해 혁명이 승리하든지 반혁명이 승리하든지 둘 중 하나로 끝난다. 풀란차스는 레닌의 이런 주장이 자본주의 국가의 내부 결속력을 지나치게 크게 보는 반면 국가 안에서 갈등이 빚어질 가능성을 지나치게 작게 보는 문제가 있다고 주장했다. 풀란차스에 따르면 레닌은 사회주의 프로젝트의 본질을 잘못 이해했을 뿐 아니라 대의민주주의 기구들의 중요성을 과소평가해서 스탈린의 비민주적 국가주의로 문을 열어 준 인물이었다. 레닌과 달리 풀란차스는 "사회주의로 가는 민주적 길에서 핵심 문제"를 다음과 같은 것으로 봤다. "정치적 자유와 대의민주주의 기구들이 확대·심화되는 동시에, 직접민주주의와 자치 기구들이 발전하는 식으로 국가를 완전히 탈바꿈하게 만드는 것은 어떻게 가능한가?"[75]

국가는 사물이 아니고 또 그 내부에 갈등이 있는 것은 분명하므로 풀란차스의 주장에 타당한 측면이 있지만 풀란차스는 실제 국가의 내부 결속력을 과소평가하고 있다. 특히 위기 상황에 직면해서는 국가의 내부 결속력이 더 두드러지게 나타난다. 예를 들어, 요아임 히르슈는 국가가 자본과 맺는 관계 때문에 위기가 닥치면 노동자 운동과 충돌하는 방향으로 행동할 수밖에 없다고 주장했다. 그래서 이윤이 감소하면 국가는 한편으로는 "자본의 이익을 지키려" 나서고 다른 한편으로는 노동자들의 소득을 공격하게 된다.[76] 프레드 블록은 풀란차스가 국가와 시민사회의 관계를 설명할 때 사용한 "상대적 자율성" 개념을 더 일반적으로 비판했다. 풀란차스는 상대적 자율성 개념으로 국가를 이해해야만 환원론에 빠지지 않으면서도 유물론적일 수 있다며 국가 이론에서 마르크스주의를 고수하려면 이 개념이 반드시 필요하다고 주장했다.[77] 그러나 블록은 "상대적 자율성 개념은 한계가 너무 많아" 환원론을 극복하는 도구가 될 수 없다고 지적했다. 왜냐하면 국가는 계급 관계들을 구체적으로 보여 주는 응축물이라는 풀란차스의 진술은 사실 국가권력을 계급 관계들로 환원한 것이기 때문이다.[78] 블록은 국가권력이 계급 관계로 환원될 수 없고 오히려 국가는 구체적 현실 속에 존재하기 때문에 자본에 얽매이게 된다고 풀란차스를 비판했다(훗날 크리스 하먼도 국가와 자본의 관계를 구조적 상호의존관계라고 설명하면서 비슷한 설명을 제시했다). 첫째, 국제 경쟁 때문에 국가는 자국 영토 내 분쟁을 줄이려고 한다. 둘째, 부와 자원에 대한 통제권은 부르주아지에게 편중돼 있다. 셋째, 자본주의 양식의 구체적 모순은 구체적 문제를 창출한다. 이런 요소들이 결합되면서 국가는 계급 관계들을 단지 "응축"한 것이라 보기 어려운 행동을 하게 된다.[79]

이런 점은 노동자들이 권력에 도전할 기관들을 결성할 만큼 계급투쟁이 높은 수위에 달할 때 특히 중요해진다. 바로 이런 시기에 국가는 자본과의 구조적 상호의존관계 때문에 똘똘 뭉쳐 노동자 운동을 공격하게 된다.[80] 풀란차스는 레닌의 이중권력론을 비판하려고 로자 룩셈부르크를 끌어들이지만, 룩셈부르크 자신은 독일 혁명 한가운데에서 그 점[국가가 똘똘 뭉쳐 노동자 운동을 공격한다는 것]을 체득했다. 콜린 바커는 룩셈부르크가 독일 국회(러시아의 제헌의회와 비슷한 성격의 기구)에 대한 입장을 바꿨다고 지적한다. 룩셈부르크는 혁명 속에서 실천적 경험을 거치며 원래 입장을 수정했고, 살해당하기 두 달 전에는 러시아에서 레닌이 주장한 것과 거의 같은 내용을 독일에서 주장했다. "국회를 옹호하는 사람은 스스로 의식하든 의식하지 않든 이 혁명을 부르주아 혁명의 역사적 차원으로 떨어뜨리고 있는 것이다."[81] 독일 혁명을 거치면서 룩셈부르크는 러시아 혁명에서 제기됐던 것과 본질적으로 같은 문제, 즉 소비에트냐 의회냐는 문제가 독일에서도 제기됐음을 이해했다.

혁명가들은 대의민주주의를 대수롭지 않게 여겨도 된다고 주장하려고 이런 말을 하는 것이 아니다. 사실 소비에트는 직접민주주의와 대의민주주의를 결합시킨다.[82] 그러나 부르주아 의회라는 대의 형태가 대중의 통치 참여를 방해할 뿐 아니라 심지어 대중의 뜻을 통치에 반영하는 것조차 방해한다는 것을 알아야 한다. 바커가 지적하듯이 자본주의적 민주주의에서 유권자는 시민사회의 원자화된 개인으로 참여하고, 비밀 투표는 유권자가 서로 영향을 주고받지 못하게 만들어서 이런 파편성을 공고히 한다. 더욱이 유권자는 대표자를 거의 통제하지 못한다. 그뿐 아니라 유권자는 입법부를 제외한 국가기구는 선출하지 못하고 정책의 일반론에 대해서만 투표할 뿐 구체적 집행 과정에 대해서는 투표할 수 없다.[83] 그렇다고 혁명가들이 부르주아 민주주의의 중요성을 무시하자는 게 아니다. 그러나 혁명가들은 부르주아 민주주의의 본질은 대의제 형태의 통치 방식이 아니라 자본주의적 지배의 재생산 방식이라고 본다. 그래서 예컨대, 파시즘 하에서 자본주의적 지배는 중간계급의 대중운동을 앞세운 탄압에 기대지만 자유민주주의 하에서는 노동 관료를 매개로 하는 방식을 취한다.[84] 물론, 부르주아 민주주의를 방어하려면 그것의 대의제 형태도 함께 방어해야 하지만 이것이 파시즘에 맞서 부르주아 민주주의를 방어해야 하는 근본적 이유는 아니다. 부르주아 민주주의가 파시즘보다 나은 핵심 이유는 부르주아 민주주의에서는 노동자들이 그동안 쟁취한 단결권 덕분에 질적으로 더 많은 자유를 누릴 수 있기 때문이다.

좌우를 막론하고 개혁주의의 비극은 단순히 정권을 잡는 것과 권력 장악을 혼동해서 자본주의의 포로가 된다는 것이다. 개혁주의 프로젝트는 국가의 나머지 광범한 부분을 건드리지 못할 뿐 아니라 [생산수단] 통제권을 둘러싼 더 뿌리 깊은 경제 관계에는 도전조차 하지 않는다. 이처럼 개혁주의는 정치권력을 잘못 이해하기 때문에 노동자 운동에 부정적 영향을 많이 끼쳐 왔다. 개혁주의 정치인은 선거 승리를 우선시하며 의회 바깥 활동 일체, 특히 노동자 조직의 활동을 선거 승리에 종속시키기 쉽다. 그 결과 개혁주의는 (자본주의 국가를 이용해 반자본주의적 정책을 시행할 수 있다는 잘못된 믿음 아래) 현실에서 벌어지는 반자본주의 활동을 약화시키곤 한다. 좌파적 개혁주의는 개혁주의의 결과를 비판하는 덕분에 부상하지만 왜 개혁주의가 그런 결과를 낳는지 제대로 설명하지는 못한다. 풀란차스는 국가를 계급 세력관계의 응축물이라고 말했지만 실천에서는 유러코뮤니즘이 "좌파 정부를 유지하려고 대중운동을 부차화시키는" 것을 옹호했는데,[85] 이는 그의 부르주아 민주주의 분석이 계급투쟁과 철저하게 유리돼 있었기 때문이다.[86]

윌리 톰슨은 유러코뮤니즘 경험을 평가하면서 "그 어느 곳에서도, 그 어떤 성공도 거두지 못했다"고 직설적으로 썼다.[87] 그러나 이조차 유러코뮤니즘의 약점을 과소평가한 것인데, 유러코뮤니즘은 근본적 사회 변화는 고사하고 공산당 자체도 약화시켰을 뿐 아니라 노동계급을 향한 공격도 용인해 줬기 때문이다. 이런 실패는 유러코뮤니즘 전략의 중심에 자리잡은 근본 모순에서 비롯한 것이다. 유러코뮤니즘은 기존 자본주의 국가를 활용해서 진보적 변화를 성취하겠다는 노선에 기울어 있어서 집권에 가까워질수록 점점 더 전통적 사회민주주의 정당들처럼 행동했다. 그 모습은 1970년대 중반 스페인(몽클로아 협약), 이탈리아('역사적 타협'), 프랑스('좌파 연합')에서 여실히 드러났다. 스페인 공산당은 프랑코 정권 출신의 총리 아돌포 수아레스에게서 공산당 합법화를 얻는 대가로 왕정 체제, 임금 억제, 지출 삭감을 수용했다. 그 무렵 이탈리아 공산당 지도부는 칠레에서 쿠데타가 벌어지자* 이탈리아 사회의 양극화 심화를 막겠다며 기독교민주당 정부의 긴축정책을 지지하기로 했다. 프랑스에서는 상황이 조금 달랐는데, 프랑스 공산당은 1970년대에는 사회당 등과 선거연합을 꾸렸고 1981년에는 사회당 정부에 들어갔다.

1960년대 말과 1970년대 초 분출한 투쟁 직후에 각국 공산당은 우파의 행보를 좌파적으로 포장해 줘 노동계급[의 전투성]을 누그러뜨리는 데 일조했다(나라마다 구체적 모습은 달랐지만 말이다). 이는 영국 노동당 정부가 체결했던 '사회 협약'과 비슷한 것이었고, 유러코뮤니즘 정당도 영국 노동당과 마찬가지로 자신의 사회적 기반과 갈등을 빚었다. 모든 경우에서 좌파는 쇠약해졌고 우파는 득을 봤다.[88] 그 결과 유러코뮤니즘 정당들뿐 아니라 더 광범한 노동계급도 위기를 겪었다. 이후 신자유주의는 이 위기를 이용해 맹공격에 나설 기반을 닦을 수 있었다.

불행히도, 유럽 혁명적 좌파의 일부는 이른바 '좌파 정부'에 대한 환상을 부추겨 이 위기를 더 악화시켰다. 그래서 많은 혁명적 단체들은 대중이 이 '좌파 정부'의 선거 승리를 반기고 기대감이 치솟을 때는 득을 볼 수 있었지만, 유러코뮤니즘 정당(과 유럽 사회민주주의 정당)들이 대중의 기대를 배신하고 긴축을 자행하자 그들과 함께 위기로 빨려 들어갔다.[89] 그러나 이런 결과는 피할 수 있는 것이었다. 혁명적 단체들이 노동자 운동 안에서 개혁주의 정부에 대한 환상을 부추기지 않았다면 적어도 그렇게까지 심각한 위기에 처하지는 않았을 것이다. 크리스 하먼

---

* 1973년 칠레 군부는 쿠데타를 일으켜 좌파적 개혁주의 정부를 무너뜨렸고 대통령 아옌데를 살해했다.

과 팀 포터가 노동자 정부 문제를 근본적으로 검토하면서 지적했듯이, 의회 바깥에서 국회의원들에게 압력을 가하는 방식으로 개혁을 쟁취할 수 있는 것은 맞지만, 의회 바깥 세력이 국회의원들에게 정치적·조직적으로 독립적일 때 그 가능성은 훨씬 더 커진다. 좌파 정부가 선출되면 노동자들의 자신감이 커지는 것은 맞지만, 집권당에 정치적으로 의존하는 노동자들은 그렇지 않은 노동자들보다 더 고분고분한 경향이 있다. 다시 말해, 노동자들이 긴축을 수용하며 배신하는 정부에 정치적으로 독립적일 때 개혁을 위한 투쟁에 더 잘 나설 수 있다.

노동계급의 권력 장악이라는 전략이 혁명적 정치의 핵심인 만큼 혁명가들은 좌파 정부 선출을 보며 노동자들의 자신감이 커지는 것을 당연히 환영하지만, 독립성을 유지하며 좌파 정부에 대한 노동자들의 환상을 깨려고 애써야 한다. 왜냐하면 좌파 정부가 진정한 권력을 쥐고 있지 못하기 때문이다.[90] 이 사실을 부정적으로 보여 준 가장 중요한 사례는 십중팔구 스페인 내전 당시 마르크스주의통일노동자당POUM이 겪은 일일 것이다. POUM은 명목상 혁명적 조직이었지만 공화국 정부 내 개혁주의 세력에게서 독립성을 유지하거나 투쟁 속에서 개혁주의 지지자들을 혁명적 정치로 설득하겠다는 전망이 없었다. 그 대신 "대중조직 지도자들의 '좌파'적 벗이나 조언자 이상의 구실은 하지 않으려고 갖은 애를 썼다."[91] 결국 POUM은 프랑코를 격퇴할 수 있는 힘[노동계급의 투쟁]을 사용할 의사도 능력도 없는 부르주아 정부를 좌파로 포장하는 구실을 했다. 그래서 트로츠키는 POUM의 회원들 개인은 "정직하고 영웅적"이지만 POUM은 그 중간주의 때문에 "스페인의 비극에 엄청난 책임"이 있다고 썼다.[92]

불행히도 역사는 한층 더 우스꽝스럽게 되풀이되곤 한다. 이탈리아 좌파가 '역사적 타협'이라는 십자가 위에 스스로를 못 박은 지 30년이 지난 뒤[2006년], 옛 공산당의 최대 분파가 민주좌파당이라는 이름을 달고서 로마노 프로디가 이끄는 연립정부에 참여한다. 프로디 정부에는 재건공산당(리폰다치오네 코무니스타)도 참여했는데, 재건공산당은 원래 옛 공산당원들 중 소수가 민주좌파당의 사회민주주의 정치를 거부한다며 만든 정당이었다. 재건공산당은 2000년대 초 반자본주의 운동에서 중요한 구실을 했지만 바로 몇 년 뒤[인 2006년 중도좌파 연립]정부에 참여해서 긴축 시행과 아프가니스탄·레바논 파병에 동참하면서 유권자들에게 심판받았다. 결국 재건공산당은 전과 비교했을 때 과거의 흔적만 남은 [무의미한] 세력이 됐고 2008년에 [재벌이자 우파 정치인인] 베를루스코니가 다시 집권하게 된다.[93]

당초 재건공산당이 자신의 행보를 정당화하며 내세운 개혁주의 논리는 얼핏 보면 흠잡을 데가 없는 듯했다. 베를루스코니의 집권을 막으려고 2006년에 프로디 정부에 참여한다는 것이었다. 그러나 그 결과, 재건공산당은 프로디가 긴축정책을 펴는 것을 좌파적인 양 포장했을 뿐 아니라, 참으로 역설이게도 베를루스코니 반대 세력을 이끌 자신의 기반을 스스로 무너뜨렸다. 크리스 하먼은 재건공산당이 부르주아 정부에 참여한 뒤 보인 모습은 권력을 잡은 사회주의자가 아니라 부르주아 정치인 같았고, 이는 로자 룩셈부르크가 다음과 같이 예측한 그대로였다고 지적했다. "계급 지배가 여전한 상황에서 사회주의자가 정부에 들어가면, 부르주아 정부가 사회주의적 정부로 바뀌는 것이 아니라 사회주의자가 부르주아 장관으로 바뀐다."[94]

결론

사회민주주의는 진보적 변화를 바라는 노동계급의 염원을 정치적으로 표현하면서 등장했다. 그러나 이런 염원은 노동 관료를 통해 자본주의 틀 내의 제도로 흡수됐다. 이처럼 사회민주주의가 자본주의와 구조적으로 연계를 맺게 되면서 빚어진 결과 하나는 개혁을 자본주의가 감당할 수 있는 수준으로 자제시키려 한다는 것이다. 그래서 사회민주주의 정치인들은 전후 호황기[1950~1960년대]에 개혁을 요구할 때조차 "그 비용을 충분히 감당할 수 있다"는 점을 한사코 강조했다. 그런데 호황이 끝나고 불황이 닥치자 비용 문제가 전보다 더 중요해졌다. 그 문제는 특히 경제 위기가 다시 심화한 [2007년 이래] 지난 6년 동안 더 중요해졌다. 자본주의의 틀을 건드리지 않으면서 변화를 이룰 여지가 줄어들자 사회민주주의 정당들은 긴축이 필요하다는 주장을 받아들였다.

상황이 이렇다 하더라도 진보적 변화를 바라는 염원은 사라지지 않았다. '상식'과 부합하는 개혁주의가 생겨나는 물질적 조건도 사라지지 않았다. 따라서 많은 사람들이 노동당에 실망하면서도 새로운 종류의 개혁주의에 기대를 거는 것은 그리 놀랄 일이 아니다. 렌 맥클러스키가 "노동당을 되찾자"고 주장하는 것이나, 켄 로치가 시리자 같은 새 사회주의 정당을 만들자고 호소하는 것은 이런 맥락에서 봐야 한다. 둘 다 긴축과 그에 대한 노동당의 대응을 비판하지만 동시에 변화를 이룰 주된 통로는 의회라고 여기는 광범한 개혁주의적 정서를 반영한다. 혁명적 사회주의자들은 이런 상황의 긍정적 요소와 문제적 요소를 모두 볼 수 있어야 한다.

렌 맥클러스키나 켄 로치 같은 정치 조류의 강점은 긴축 자체와 긴축을 정당화하는 정치인들에 대한 광범한 분노와 함께한다는 것이다. 그들의 약점은 급진적 미사여구를 사용하지만 개혁주의와 근본적으로 단절하지 않는다는 것이다. 예컨대, 최근 에드 룩스비는 켄 로치의 전망을 옹호하는 주장을 개진하면서 러시아 사회주의자 보리스 카갈리츠키를 근거로 삼았다. 카갈리츠키를 좇아서 룩스비는 영국에서 개혁주의자와 혁명가 사이의 구분을 뛰어넘는 새로운 사회주의 정당이 필요하다고 주장했다.[95] 여기까지는 룩스비와 카갈리츠키가 달라 보이지 않는다. 그러나 룩스비가 카갈리츠키의 주장 중에 언급하지 않는 것도 있는데, 바로 카갈리츠키는 자신의 주장을 뒷받침하는 구체적 사례로 1980년대 초 프랑수아 미테랑이 이끈 프랑스 사회당과 공산당의 연정을 꼽는다는 것이다. 카갈리츠키는 개혁을 통해 "자본주의 논리와 정면으로 충돌"할 "혁명적 개혁주의" 전략을 개발하자고 말하지만, 정작 그 자신은 미테랑 정부가 집권 초 케인스주의 정책을 실험하다가 이내 실패하자 긴축으로 전환한 것을 옹호했다. 카갈리츠키는 "급진적 개혁을 이룰 가능성이 소진"됐으므로 미테랑이 긴축 프로그램을 택한 것은 "논리적이고 또 필요한 일"이었다고 주장했다.[96] 미테랑의 정책을 논리적이고 또 필요한 일로 보는 것은 오로지 자본가의 관점에서 볼 때만 그렇다! 미테랑의 긴축정책이 초래한 현실 하나는 1981년 미테랑의 당선을 기뻐하며 거리에서 춤췄던 사람들 중 상당수가 그의 긴축정책 때문에 일자리를 잃었다는 것이다. 결국 프랑스에서 좌파에 대한 기대가 꺼졌다.[97] 미테랑의 행보는 좌파 (또는 그다지 좌파적이지도 않은) 개혁주의 정치인들에게서 흔히 볼 수 있는 것이었다. 진짜로 불행한 일은 개혁주의 정권이 자신의 지지층과 충돌할 때 카갈리츠키처럼 개혁주의 정권에 대한 비판을 '비현실적'이라고 깎아내리면서 정권의 '현실주의'를 옹호하는 경우가 흔하다는 것이다.

제2인터내셔널(1889~1914년)은 사회주의자들이 개혁주의 정당과 정부에 독립적이지 못할 때 어떤 결과를 초래하는지 잘 보여 주는 고전적 사례다. 관료 기구와 의회를 통해 자국 국가와 긴밀하게 얽혀 있던 제2인터내셔널은 말은 장황하고 급진적으로 하면서도 실천은 개혁주의적으로 했다. 그리고 카를 카우츠키는 그 시대의 풀란차스라고 할 수 있었다. 카우츠키는 좌파가 "국가권력을 파괴하려 해서는 안 되고 국가 내 세력 관계를 바꾸려고 해야 한다"고 주장했다.[98] 이런 관점 때문에 카우츠키는 의회정치를 다른 모든 정치보다 우선시했고, 결국 1914년에 이르기까지 수십 년 동안 독일 사회민주주의가 독일 자본주의 국가와 긴밀한 관계를 맺는 것을 사실상 옹호했다.[99]

레닌이 1914년에 사회민주주의와 결별하게 된 계기가 바로 독일 사회민주주의 전략의 파산이었다. 레닌이 사회민주주의와 결별했다고 해서 그가 의회 내 활동을 전부 등한시한 것은 아니었다. 그러나 레닌은 의회 내 활동과 아래로부터 대중운동 건설의 관계를 사회민주주의자들과는 정반대로 설정해야 한다고 주장했다. 사회민주주의자들은 후자를 전자에 종속시켰지만, 레닌은 아래로부터 운동 안에서 선동하는 것을 정치의 핵심으로 삼았다. 그래서 레닌은 노동자 평의회를 통해 진정한 정치권력을 장악하는 것을 중심에 놓고 다른 모든 활동을 거기에 종속시켰다. "공산당 국회의원들은 반드시 자신의 의정 활동을 모두 의회 밖에서 당이 하는 활동에 종속시켜야 한다."[100] 그러나 사회민주주의 정당들은 애초부터 그런 식으로 활동하지 않았고 그렇게 활동하도록 바뀔 수도 없었다. 그래서 사회민주주의 정당들은 비록 그 기원은 급진적이었을지라도 결국 의회주의 정당이 됐고 그들이 내세운 사회주의는 그 뿌리까지 흔들렸다. [혁명적] 사회주의 정당은 전혀 다른 정치 지향을 기반으로 해서만 건설할 수 있다.

이런 관점에서 봤을 때, 렌 맥클러스키와 켄 로치의 구상은 모두 노동당 지도부를 비판하지만 의회주의적 개혁주의와 분명히 단절하지 않는다는 문제가 있다. 결과적으로, 둘 다 영국에서 사회주의 실현을 앞당기는 토대로는 충분하지 않다.

그런 정치 단체들과 함께 활동할 수 없다고 말하려고 이런 분석을 제시하는 것이 아니다. 이런 분석이 뜻하는 바는 그들과 함께 연합체를 꾸리더라도 혁명적 조직을 청산해서는 안 된다는 것이다. 트로츠키가 지적했듯이, 위험은 그런 운동에 참여하는 것 자체가 아니라 그런 운동에 "환상을 품는 것"에 도사리고 있기 때문이다.[101] 혁명적 실천을 하려면 먼저 개혁주의에 정치적으로 독립적이어야 한다.

그러나 정치적 독립을 지키는 것은 혁명적 사회주의 정치의 기초에 불과하다. 혁명적 정치의 진정한 가치는 (좌파적) 개혁주의 세력과 함께 활동하는 방법을 구체적이고 참신하게 개발해 낼 때 비로소 온전히 드러난다. 사람들이 정치적으로 각성하면 대체로 이런저런 개혁주의를 출발점으로 삼는다는 점 때문에 혁명가들은 개혁주의를 지지하는 노동자들과 관계 맺으려 하고 전통적으로 공동전선 전술을 사용했다. 이라크·아프가니스탄 전쟁이 벌어졌을 때 영국 사회주의노동자당은 공동전선 전술을 정치 영역으로 확장해, 노동당에 비판적인 좌파적 개혁주의자

들과 함께했다. 리스펙트는* 이를 실현하는 가장 중요한 창구였다.[102]

리스펙트를 둘러싸고 벌어진 소동이 남긴 교훈이 하나 있다면, 그것은 혁명가들이 선거에서 주류 개혁주의 정당과 다른 좌파적 대안을 제시하고자 좌파적 개혁주의자들과 함께 "정치적 공동전선"을 꾸릴 때 혁명가들의 정치적 독립성을 지키는 게 사활적으로 중요하다는 것이다. 이런 연합체는 주류 개혁주의 정당들과 단절했다는 점에서는 긍정적이지만 그 안에 있으면 의회주의에 타협하라는 압력도 크게 받는다. 그래서 혁명가들은 당면한 상황을 면밀하게 따져 본 뒤에 참여 여부를 전술로서 결정해야 하고, 그 연합체 안에 있든 밖에 있든 정치적 독립성을 지키는 것이 중요하다. 역사를 돌아보면, 좌파적 개혁주의 정치인들이 의회 내 명망을 위해 운동을 종속시킨 역사는 언젠가 되풀이될 공산이 크고, 그때가 되면 혁명가들이 개혁주의자들과 갈라서야 하기 때문이다.[103]

이런 일이 생기는 이유는, 로자 룩셈부르크가 지적했듯이 개혁주의자들과 혁명가들은 목표가 다르기 때문이다. 혁명가들은 노동자 평의회를 통한 노동자 권력 창출을 목표로 삼기 때문에 사회주의를 실현하는 데서 노동계급의 독자적 정치 활동이 의회 입성보다 훨씬 더 중요하다고 본다. 반면 개혁주의자들이 바라는 최대치는 정권을 잡는 것인데, 그것으로는 진정한 권력을 잡지 못하므로, 좌파 정부(나 집권을 눈앞에 둔 좌파 정당들)는 머지않아 자신의 지지 기반이던 운동과 충돌할 것이

---

* Respect. 영국에서 이라크 전쟁·점령 반대 운동이 낳은 급진화를 배경으로 2004년에 만들어진 급진좌파 선거연합으로, 2007년에 분열했다.

라고 예상할 수 있다. 그런 순간에는 혁명적 사회주의자들이 그 운동의 지도력을 획득할 수 있느냐 없느냐가 사활적으로 중요해진다. 그래야 운동이 의회주의 정치라는 막다른 골목에서 벗어날 수 있기 때문이다.[104] 혁명가들이 이런 과제를 완수하지 못하면, 우리에게 남는 운명은 또 다른 (좌파 또는 우파) 개혁주의 정부에 배신당하고 더 많은 긴축을 겪는 것뿐이다.

노동자 정당이 집권하면 노동자 정부인가?

이 글은 30년 전[1977년] 영국 사회주의노동자당의 《국제 상황 보고》에 실렸다. 당시 이탈리아에서는 1968~1975년의 거대한 투쟁 물결 속에서 등장한 최대 극좌파 조직들의 일부가 자신의 전략을 수정해 기성 의회 제도 안에서 '좌파' 정부를 구성하는 전략을 모색했다. 그런 정부가 실현되지는 못했다. 오히려 당시 강력한 이탈리아 공산당이 기독교민주당과 '역사적 타협'을 맺으면서 종속적 구실을 자임하자 혁명적 좌파는 빠져나올 수 없는 수렁에 빠졌다. 그럼에도 당시의 주장들은 오늘날 혁명가들이 정부 구성 문제를 대할 때 취해야 하는 태도와 관련해 시사하는 바가 많다. [2006년] 이탈리아에서 재건공산당이 로마노 프로디의 중도좌파 정부에 입각해 아프가니스탄과 레바논에 이탈리아군을 파병하는 것에 찬성표를 던졌기에 특히 그렇다.

— 크리스 하먼 2007년

이 글은 크리스 하먼과 팀 포터의 "The workers' government", *SWP International Discussion Bulletin*, No 4, 1977을 번역한 것이다. 국역: "노동자 정당이 집권하면 노동자 정부인가?", 《마르크스21》 10호(2011년 여름).

지난 3년 동안 '좌파 정부' 개념이 크게 수정됐다. 칠레의 경험이 재앙으로 끝난 것이 이런 수정의 발단이었다. 국제사회주의자들IS을* 비롯한 일부 경향은 개혁주의 노선으로는 사회주의로 갈 수 없음이 다시 한 번 드러났다고 본 반면 다른 단체들, 특히 이탈리아의 일 마니페스토(선언)는 좌파 정부 선출이 사회주의로 가는 결정적 첫걸음이라고 봤다.

1976년에 이런 분석은 이탈리아에 적용됐다. 아반과르디야 오페라야AO(노동자 전위)와 PdUP(공산주의를 위한 프롤레타리아 단결당) — 일 마니페스토는 PdUP로 통합했다 — 선거 강령의 주요 슬로건은 공산당, 사회당, 그리고 아마 혁명적 좌파도 포괄하는 좌파 정부 수립이었다. 이들은 대중의 압력이 있으면 "좌파 정부가 자본주의에 이롭게 상황을 안정시키는" 것을 막을 수 있고, 그러면 "노동계급이 권력을 행사하는 길이 열릴" 수 있다고 주장했다.

그 후 두 조직 모두 분열했는데, 그 핵심 쟁점 하나는 좌파 정부의 구실과 한계를 둘러싼 것이었다.

프랑스에서는 사회당과 공산당이 내년[1978년] 총선에서 다수 의석을 차지할 것이 확실시되자 혁명적 좌파 내에서 다시 좌파 정부 개념을 두고 논란이 벌어졌다. 프랑스의 혁명적 좌파들은 이탈리아 극좌파들이 빠진 것과 같은 개혁주의 함정에 빠지지는 않았지만, 흔히 좌파 정부를 그 자체로 중요한 것으로 보는 경향이 있었다(예를 들어 《국제 상황 보고》 2/3호에 실린 앙리 베베르의 글 참조). 따라서 두 가지 핵심 쟁점이 등장했다. 첫째, 부르주아 민주주의 안에 머무는 정부가 "노동자 권력으

---

* 영국 사회주의노동자당의 전신.

로 가는 길을 열" 수 있는가? 둘째, 기성 노동자 정당들이 집권하게 되면 혁명가들의 전략은 무엇이어야 하는가?

'좌파 정부'나 '노동자 정부'란 무엇인가?

단지 노동자 대다수의 표를 얻는다고 해서 기성 노동자 정당(들)이 정부 권력을 얻는 것은 아니다. 그것은 부르주아지가 그 정당(들)의 집권을 허용하는 것에도 달려 있다. 달리 말해, 부르주아 정부의 직위들을 노동자 운동에 기반을 둔 정당 지도자들에게 허용할 수밖에 없다고 부르주아지가 느껴야 한다. 부르주아지는 단지 일시적인 권력 상실을 막으려고 의회 민주주의 신화를 파괴하는 것이 이롭지 않다고 느끼거나, 노동자 운동의 대규모 분출 앞에서 후퇴할 수밖에 없다고 느낀다면 그렇게 양보할 것이다(가령 1918년 독일에서 사회민주당과 독립사회민주당USPD의 연립정부가 들어섰을 때, 그리고 1936년 9월 스페인에서 카바예로 정부가 들어섰을 때 그랬다).

그러나 부르주아지가 포기하는 것은 단지 정부 직위뿐이다. 그들은 국가기구의 주요 부분, 경제의 핵심 부분, 언론의 대부분을 계속 통제한다. 달리 말해, 그들은 자본의 집중이 진척될수록 점점 덜 중요해지는 곳인 국가의 '최전방'에서 물러날 뿐이다. 대신에 부르주아지는 국가기구의 고위층과 경제 영역에서 그들의 권력을 강화한다.

따라서 '좌파 정부'는 부르주아 국가를 분쇄하고 세워진 혁명적 정부가 아니다. 오히려 좌파 정부는 자본주의와 그 국가를 온전히 용인한다.

심각한 사회적 위기 때 부르주아지는 자신의 주요 통제 수단인 국가 기구가 온전하기만 하다면 심지어 상당한 물질적 개혁도 양보할 태세가 돼 있다. 부르주아지는 장기적 지배를 유지할 수단을 보유하는 한 단기적 양보를 할 수 있다. 노동자 운동이 쇠퇴할 때 언제든지 개혁을 되돌리고 새로 공격에 나설 수 있기 때문이다. 그러나 일단 국가가 파괴되면 부르주아지는 노동계급의 힘에 대항할 도구를 잃게 된다.

따라서 '좌파 정부'는 선택에 직면하게 된다. 부르주아지의 기구[자본주의 국가]와 협력하든가 아니면 그 기구를 파괴하고 이를 평의회와 시민군 같은 노동자 권력의 구조로 대체하든가. 좌파 정부에게 이 선택은 출범과 거의 동시에 강요된다. 아옌데도 군대를 건드리지 않는다는 조건으로 겨우 집권할 수 있었다. 어떤 '좌파 정부'라도 국가와 협력하도록 만들기 위한 수많은 조처를 강요당하게 된다.

따라서 '좌파 정부'가 처음부터 기성 국가기구에 단호하게 대항하지 않는다면 국가권력을 사실상 내버려 두는 꼴이 된다. 예를 들어, 1936년 7월 프랑코의 쿠데타가 부분적으로 패배한 지 두 달 후 스페인 공화국에서 부르주아지는 산업 통제력을 대부분 잃었다. 국가기구는 거의 복구할 수 없을 정도로 붕괴했고 노동자 시민군이 무력을 거의 독점하다시피 했다. 정부를 운영하던 부르주아 자유주의자들은 자신들이 거의 아무것도 할 수 없음을 깨달았다.

그래서 1936년 9월 정부 권력은 '좌파' 사회당원인 라르고 카바예로에게 넘어갈 수 있었다. 카바예로는 부르주아지를 위해 자유주의자들만으로는 결코 이룰 수 없었던 일을 해냈다. 자신에 대한 대중의 신망을 이용해 국가기구를 재건한 것이다. 그는 '헌법을 준수하는' 좌파 정부가 제구실을 할 수 있는 방법은 옛 국가기구의 잔재에 기대는 것밖에 없다고 생각했다. 그래서 자신의 이데올로기적 영향력(과 다른 노동자 조직들의 영향력)을 이용해 국가를 재건했다. 이 일이 어찌나 잘 이뤄졌던지 1937년 5월에 이르면 국가의 고위층은 카바예로를 자신들의 이익에 훨씬 더 부합하는 사람으로 대체할 수 있었다. 카바예로는 자신이 재건한 국가기구에 의해 쫓겨난 것이다. 아옌데도 장군들의 권력을 존중하겠다고 약속했지만 바로 그 장군들에게 살해당했다. 그러나 1936년 스페인 노동계급에게는 국가를 분쇄할 힘과 자신의 국가를 건설할 의지가 있었다. 그런데 카바예로는 낡은 국가에 기대어 노동자 권력의 기관들(부르주아지가 카바예로를 제거하기로 결심했을 때 그를 유일하게 방어했다)이 성장하는 것을 가로막았고 그 자신이 대표하는 '좌파' 정치의 구현을 가로막았다.

이렇게 국가기구와 협조하는 경향이 나타나는 주된 원인은 그들이 부르주아 정당들로 이뤄진 정부 안에 들어가 있기 때문이 아니다. 심지어 기성 노동계급 정당만으로 구성된 '순수 노동자 정부'조차 여전히 국가를 통해 부르주아지와 사실상 연합하게 될 것이다. 아옌데의 정책은 민중연합 정부 내의 급진당 같은 소규모 부르주아 세력이 결정한 게 아니었다. 아옌데가 국가 고위층에 간섭하지 않겠다고 약속한 1970년의 헌법 준수 서약이나, 국가가 사회주의 건설에 이용될 수 있는 중립적 도구라는 아옌데의 주장(모든 개혁주의자들의 공통된 생각)이 훨씬 더 중요한 것이었다.

일부 좌파 경향은 이 분석이 '조야'하거나 기계적이라고 말할 것이다. 즉, 현대의 유러코뮤니즘 대중정당들을 전쟁[제2차세계대전] 전의 사회민주주의 정당들과 조악하게 등치시키는 주장이라고 말이다. 그러나 그때 이후로 변한 것은 무엇인가?

유러코뮤니즘 정당들이 확고하고 전투적인 당원들로 이뤄진 대중정당이라는 것은 사실이다. 그러나 이 점은 [전쟁 전] 사회민주주의 정당도 마찬가지였다. 예를 들어, 1918년 독일 사회민주당이 그랬다. 그러나 그런 대중정당들의 지도부는 국가를 재건했고 기층 당원들은 당내 구조에서 지도부가 그렇게 하는 것을 막을 힘이 없었다. 핵심은 당이 국가와 협력하는 것을 막아 내는 것은 대중적 기반 유무에 달려 있지 않다는 점이다. 기층 당원들이 정부 정책에 어느 정도 저항할 수 있지만 그들이 처음부터 그 정부가 국가나 부르주아지와 단호히 절연하도록 강제하지 못하면 그 정부는 스페인, 칠레, 독일의 전철을 밟을 수밖에 없다. 그런데 기층이 베를링구에르[이탈리아 공산당 지도자], 마르셰[프랑스 공산당 지도자], 미테랑[프랑스 사회당 지도자]에게 이를 정말로 강제할 수 있을까?

유럽 전역에서 집권한 사회민주주의 정당들은 급속하게 우경화했다. 영국, 독일, 포르투갈에서 노동계급 운동을 공격하고 자본의 지배를 안정시킨 것은 바로 사회민주주의 정당들이었다. 이탈리아 사회당이나 프랑스 사회당도 똑같은 시도를 할 것이다.

공산당도 비슷한 구실을 할 것이다. 이탈리아 공산당의 강령은 명백히 자본주의를 복구하고 국가를 합리화하는 정책이다. 이들은 벌써부터 국가나 부르주아지와 절연할 필요성을 부인한다. 사실, 이들은 부르주아지의 정치적 대표들과 함께하는 연립정부를 바란다.

더욱이, 공산당들의 지도부는 당내에서 확고한 기반을 갖고 있고 그들의 정치도 마찬가지다. 공산당을 서서히 좌측으로 끌어당기겠다는 일

마니페스토의 전략은 현실화될 수 없다. 기껏해야 공산당이 분열해서 가장 전투적인 당원들이 혁명적 경향으로 이끌리는 것이 기대할 수 있는 최선이다.

좌파 정부에 들어가 좌파적 영향력을 발휘하겠다는 일 마니페스토의 전략도 사실 역사적 선례들이 있다. 1936년 카탈루냐의 좌파 정부에도 혁명적 세력이 포함돼 있었다. 그들은 마르크스주의통일노동자당POUM이었는데, 오늘날 이탈리아의 일 마니페스토보다 지지 기반이 훨씬 넓었고 부르주아 국가를 소비에트로 대체해야 한다고 훨씬 더 설득력 있게 주장했다. 그러나 POUM은 좌파 정부에 참여한 대가를 치러야 했다. 기층 당원들의 자주적 행동과, 행정 업무 원활화를 위해 부르주아 국가기구가 안정될 필요성이 충돌할 때마다 POUM은 당원들을 길들이고 노동자 운동의 자율성을 훼손해야 한다는 것을 받아들였다. 그래서 1936년 11월 그 지도자인 안드레우 닌은 예이다[스페인식 명칭은 레리다] 시의 국가기구를 대체한 혁명위원회들을 해체하라고 당원들을 설득했다. 6개월 뒤 복구된 국가기구는 안드레우 닌을 살해하는 일을 공모하기에 이른다.

1936년 스페인의 혁명적 격변 속에서 아나키스트들과 POUM이 겪은 일은 이탈리아 공산당과 일 마니페스토의 지도자들에게도 그대로 일어날 것이다. 국가와 협력하는 진영과 노동자 운동에 양다리를 걸칠 수는 없는 법이다. 노동자 운동이 성장하면 부르주아 국가와 대결할 수밖에 없다. 혁명가들은 그런 대결이 벌어질 때 노동계급에게 방향을 제시하기 위해 계급 안에서 기반을 닦아야 한다.

이탈리아와 프랑스에서 추진되는 좌파 정부 전략은 그런 대결로 나아갈 수밖에 없다. 좌파 정부 전략은 자본주의 위기 시기의 개혁 추구에 근거한다. 따라서 당연히 불안정할 것이다. 자본가들은 자신의 특권을 되살리라고 요구할 것이다. 나라 경제가 세계 체제 안에 여전히 머무르는 한 경제는 호전되지 못할 것이다. 왜냐하면 세계 체제는 개혁이 아니라 희생을 요구하기 때문이다. 부르주아지가 점차 이윤 감소를 염려하면 할수록 경제 회복 방해 행위도 늘어날 것이다.

좌파 정부에 대항해 반자본주의 입장에서 노동자들을 동원하는 명확한 좌파적 대안이 없다면 우파 대중운동이 부상할 수 있다.

요컨대, 좌파 정부는 국가기구와 단호히 절연하지도, 노동자 권력으로 가는 길을 닦지도 못했다고 말할 수 있다. 1918년 독일에서는 좌파 정부 자체가 반혁명의 도구가 돼, 기성 국가에 반대하는 스파르타쿠스단의 반란을 진압했다. 칠레에서는 좌파 정부가 국가와 협력하면서 대안적 노동자 권력 기구들을 억압하거나 무력하게 만들었고, 민중연합 정부의 기반이 분열하자 무장한 국가기구가 기력을 회복해서 민중연합 정부와 운동을 파괴했다.

이탈리아와 프랑스에서는 좌파가 집권하면 기독교민주당과 드골주의자들이 그 기회를 이용해서 자기네 세력을 더 효과적인 부르주아 지배 도구로 재편할 공산이 크다. 노동계급이 노동자 정당들의 자본주의 합리화 시도로 사기를 잃을 즈음이면 그들[기독교민주당이나 드골주의자들 같은 우파]은 다시 기세등등해져서 나타날 것이다. 이미 프랑스의 시라크가 이런 반동의 지도자를 자처하고 있다.

그러나 다른 가능성도 있는데, 그것은 혁명가들이 왼편에서 좌파 정부를 무너뜨리고 노동자 국가를 세우는 것이다. 그러나 그러려면 혁명가들이 이 목표를 이루는 데 꼭 필요한 전략을 명확히 이해해야 한다.

코민테른의 입장

1922년의 노동자 정부 논쟁은 레닌과 트로츠키가 구체적 문제들에서 사회민주주의자들의 주도권을 무너뜨리는 방법으로서 공동전선 전술을 받아들이라고 코민테른 내 초좌파 공산주의자들을 압박하면서 벌인 투쟁의 결과였다. 공동전선 활동이 공동의 노동자 정부 강령으로 나아가지 말아야 하는 이유는 무엇인가?

안타깝게도 그 토론으로 쟁점이 선명해졌다고 말할 수는 없다. 토론을 주도한 사람은 지노비예프와 라데크였다. 두 사람 모두 공산당과 사회당 공동 정부 구성을 위한 투쟁은 노동자 공동전선을 옹호하는 선동의 논리적 귀결이라고 강력하게 주장했다. 이들은 그런 정부가 수립되면 투쟁 수준이 거의 저절로 심화하고 결국 프롤레타리아 독재가 등장할 것처럼 시사했다.

라데크의 발언은 다음과 같이 무척이나 기계적이었다.

노동자 정부가 등장하면 그 정부는 바로 프롤레타리아 독재로 가는 디딤돌에 불과할 것이다. 왜냐하면 부르주아지는 아무리 민주주의 원칙을 바탕으로 수립됐더라도 노동자 정부를 참지 못할 것이기 때문이다. 사회민주당 당원인 노동자는 자신의 원칙을 지키려면 공산당원이 될 수밖에 없는 처지에 놓일 것이다.

그러나 그 정부의 바탕이 될 민주주의 원칙들은 정확히 말해 국가가 정해 놓은 틀 안에서만 적용되는 원칙들이다. 그 틀은 급진적 사상을 가진 장관들을 무기력하게 만들려고 고안된 구조들이다. 더구나 그런 정부에서 득세하는 세력은 사태의 영향을 받아 생각이 바뀔 수 있는 사회민주주의 노동자들이 아니라, 투쟁의 김을 빼려고 전력을 다할 개혁주의 관료들이다. 라데크의 도식과 달리 공산당 지도자들이 정부의 구조들로 빨려 들어갈 가능성이 훨씬 더 크다.

실제로 통과된 결의안은 지노비예프와 라데크의 발언보다 훨씬 더 신중했다. 노동자 정부가 확실히 "대중투쟁으로 건설"되도록 한다는 엄격한 조건들이 제시됐다. 그러나 여전히 그런 정부가 필연적으로 "당장 부르주아지의 완강하기 이를 데 없는 저항에 부딪히게 된다"고 봤다. 따라서 "노동자 정부의 가장 기본적인 임무는 프롤레타리아를 무장시키는 것이다."

논쟁이 뒤죽박죽이었다는 깃은 분명하다. 부분적으로 이는 당연한 일이었다. 어쨌든 노동자 정당들로만 구성된 정부의 경험이 거의 없었기 때문이다. 가령 트로츠키는 1923년에 다음과 같이 썼다.

일단 … 노동자 정부라는 … 이 슬로건을 대다수 노동자가 지지하도록 만들 수 있다면 르노델, 주오, 블룸 같은 개혁주의 지도자들은 별로 쓸모가 없어질 것이다. 왜냐하면 이 신사 양반들은 부르주아지와 동맹을 맺어야만 자신을 지탱할 수 있기 때문이다.[1]

안타깝게도 쓰라린 경험을 55년이나 겪고 나서야, 자본주의가 끝장나지 않아도 얼마든지 부르주아지가 참여하지 않는 개혁주의 정부가 가능하고, 흔히 부르주아지의 지배를 강화하는 데 그런 정부가 이용됐다는 사실을 깨달았다.

그러나 그렇다고 해서 진정한 노동자 정부가 프롤레타리아 독재보다 먼저 존재할 수 없다는 말은 아니다. 무척 예외적이기는 했지만 프롤레타리아의 무장을 가장 기본적인 임무로 삼는 노동자 정부들이 있었다. 가령 1919년 헝가리와 바이에른에서는 부르주아 권력이 사실상 붕괴했고 소비에트 권력이라는 슬로건을 기본으로 삼은 사람들이 정권을 잡았다. 먼저 탄생한 노동자 정부가 프롤레타리아 권력의 구조인 노동자 시민군과 노동자 평의회 등을 창설해야 했다.

이 정부들의 주요 인사는 공공연한 혁명가였다. 그들의 가장 중요한 임무는 부르주아지가 재결집하기 전에 노동자 국가를 새로 창건하는 것이었다. 바이에른 공산당 지도자 레비네는 제1차 소비에트 정부에는 참여하기를 거부했다. 왜냐하면 그 정부는 노동자를 무장시키고 진정한 노동자 평의회들을 건설할 태세가 돼 있지 않은 중간주의자들과 개혁주의자들로 이뤄졌기 때문이다. 그러나 레비네가 올바르게 주장했듯이 그런 조처, 즉 프롤레타리아 독재를 수립해야만 노동자 정부를 든든한 반석 위에 올려놓을 수 있었다. 노동자 정부를 더 협소한 기반 위에 세운다면 그것은 반혁명을 부를 것이다.

레닌의 태도도 비슷했다. [1917년] 10월 혁명 몇 주 전에 레닌은 혁명이 전진할 수 있는 방법은 소비에트에 기반을 두는 정부를 수립하는 것밖에 없고 그 정부에서 핵심 직위는 모두 볼셰비키가 맡아야 한다고 주장했다. 그러나 볼셰비키가 노동계급 안에서 여전히 소수파라는 것을 인정해 레닌은 만일 다른 사회주의 정당들이 그런 정부를 세우려 한다면 볼셰비키는 [노동]계급 앞에서 정부의 실정을 계속 비판하는 '충실한 야당' 노릇을 하겠다고 말했다. 볼셰비키는 그런 정부의 정책에 책임을 질 수 없으며 그 정부로부터 독립성을 유지할 것이다. 볼셰비키의 과제는 장차 그 정부 대신에 프롤레타리아 독재를 세우기 위해, 개혁주의 정당들을 지지하는 대중을 설득해서 볼셰비키 쪽으로 끌어당기는 것이다.

오늘날 적용할 수 있는 것은 바로 이런 유산이지 코민테른 테제를 통째로 받아들이는 것이 아니다.

개혁주의 정부에 대한 혁명가들의 전술

좌파 정부가 사회주의로 나아갈 수 없다고 해서 혁명가들이 좌파 정부의 집권 여부에 부관심하지는 않다. 비록 부르주아지가 최전방에서 물러났을 뿐 여전히 경제와 국가를 장악하고 있는 것이긴 해도 [좌파 정부의 등장은] 엄청난 가능성을 열 수 있다.

프랑스와 이탈리아에서 공산당과 사회당이 1940년대 말 이후 처음으로 정권을 잡게 되면 노동자 운동의 자신감이(아마 전투성도) 고양될 것이다. 좌파 정부가 당선하면 노동자 운동이 크게 전진할 가능성이 열린다. 대중이 부르주아지의 일시적 혼란을 이용한다면 말이다. 그러나 그렇다고 해서 전진이 필연적인 것은 아니다. 정부는 상황을 진정시키려 할 것이고 부르주아지는 재결집할 것이다. 만일 노동자들이 첫 장벽을 넘어선 것이 아니라 권력을 장악했다는 환상에 빠져든다면, 다시 말해 노동자 자신의 행동이 아니라 정부에 기댄다면 전진은 대단찮은 개혁에 국한될 것이고, 기력을 회복한 부르주아지는 이 개혁을 얼마든지 되돌릴 수 있을 것이다.

따라서 매우 중요한 역설이 나타난다. 즉, 좌파 정부의 출현이 노동자 운동을 강화하는 경우는 오직 노동계급이나 적어도 계급의 가장 선진적인 부문이 이 정부에 대해 착각하지 않는 경우뿐이라는 것이다. 노동자 운동이 독립적이고 강력할수록 좌파 정부에게서 더 많은 개혁을 얻어 낼 수 있다. 노동자 운동이 자신의 고유한 조직 형태들에 의지할수록 노동자 및 그 동맹들과 부르주아지 사이의 세력균형이 근본적으로 뒤바뀔 가능성이 더 커진다. 그러나 운동이 국가권력이라는 구조에 얽매일수록 부르주아 반동의 가능성이 더욱 커진다.

따라서 혁명가들의 구실은 "좌파 정부 내부에서 그 모순들을 첨예하게 만들겠다"고 좌파 정부에 들어가는 것이 아니다. 그런 입각이야말로 노동자들을 부르주아지에게 얽어매는 것이기 때문이다.

혁명가들의 임무는 노동자들이 '좌파' 정부에 대해 갖고 있는 착각을 깨뜨리는 것이다. 이를 위해 노동자들의 부분적·제한적 투쟁들에 모두 개입하고 이를 일반화하고 이끌어야 한다(설령 이 투쟁들이 좌파 정부의 전략과 충돌한다고 해도 말이다). 요약하자면, 혁명가의 임무는 좌파 정부에 대한 좌파적 야당 세력을 조직하는 것이고, 국가에 기대는 것이 아니라 노동자들이 스스로 조직하게 하는 것이다.

물론 혁명적 좌파가 전술적으로 좌파 정부를 옹호하거나 어쩌면 그 정부의 특정 조처들을 옹호해야 할 때가 있다. 우파와 부르주아지가 잃어버린 지위를 되찾으려고 좌파 정부를 공격할 때가 그런 때다. 그러나 그렇다고 해서 혁명적 정당이 취해야 하는 근본적 태도가 모호해져서는 안 된다. 즉, 노동계급의 권력 형태들을 발전시키는 전략은 확고해야 한다. 당연히 그 권력 형태들은 정부를 왼편에서 전복하고 이를 노동자 국가로 대체하기 위해, 여전히 존재하는 부르주아 국가권력과 충돌할 것이다.

그렇지 않다면 혁명가들은 [아옌데 집권 당시] 칠레의 좌파와 똑같은 처지에 놓일 수 있다. 칠레의 좌파는 노동자나 프티부르주아지 운동과 대립하는 인기 없는 정부 정책을 때때로 옹호했고, 그래서 우파가 이런 운동을 자신의 목적에 맞게 이용할 수 있게 해 줬다.

절연하기

개혁주의 노동자 정당의 집권 가능성은 특히 부르주아 정당들이 오랫동안 집권하고 있을 때 많은 노동자들에게 매우 매력적일 수 있다. 그런 정부는 근본적 사회 변화의 전제 조건처럼 느껴진다. 그런데 혁명가들은 우선 이것이 환상임을 깨달아야 한다. 노동자 정당들이 정부 권력을 차지하더라도 국가를 그대로 둔다면 노동자들은 사회를 변화시킬 수 없다. 둘째, 동시에 많은 노동자들에게 이 환상은 계급의식이 성숙한 결과라는 것도 깨달아야 한다. 그들은 노골적인 자본주의 기준에 따라 운영되는 사회가 아니라 노동계급이 지배하는 사회를 생각하기 시작하는 것이다.

혁명가의 임무는 계급의식의 발전에 바탕을 두는 동시에 좌파 정부의 구실에 대한 환상을 무너뜨리는 것이다.

우리는 혁명적이지 않은 노동자들에게 다음과 같이 말해야 한다. "여러분은 좌파 정부가 노동계급에게 이롭게 사회를 변화시킬 수 있다고 생각합니다. 우리는 생각이 다르지만 여러분과 함께 투쟁하면서 여러분의 견해가 옳은지 확인하고 싶습니다. 그러나 거듭 말하지만 여러분의 정치 지도자들을 맹신하지 말고 여러분 자신의 투쟁에 의지해야 합니다."

따라서 좌파 정부나 노동자 정부라는 슬로건을 신통한 만병통치약으로 여겨서는 안 된다. 이 슬로건은 우리가 지지하면서도 노동자 투쟁을 발전시킨다는 우리의 전반적 정치에 종속되는 **전술적 슬로건**이다.

우리의 임무는 노동자들이 자신의 이익을 스스로 지키기 위해 나서도록 하는 슬로건을 제기하는 것이고, 개혁주의 노동자들과 단결해서 행동하고, 그 투쟁 속에서 '좌파 정부'에 대한 착각을 깨는 것이다. 계급의식은 무엇보다 행동 속에서 변한다.

이탈리아의 혁명적 좌파가 "이탈리아 공산당과는 다른 전략" 운운할 때 큰 실수를 하는 이유가 여기에 있다. 그들은 위기에 빠진 자본주의를 전복하려 하지 않고 그 위기의 해결책을 제시하려 한다. 그래서 그들은 이탈리아 자본주의가 국제수지 위기에 직면하자 그 해결책으로 배급제와 수입 통제 정책들을 지지했다. 그러나 국제수지 위기를 근본적으로 해결하려면 이탈리아가 자본주의 체제와 절연해야 하고, 그 전제 조건은 국내의 부르주아지를 타도하는 것이다. 이 문제에서 이탈리아 좌파는 기본적으로 국민국가적 입장을 채택해, 영국·일본·독일의 동료 노동자들을 희생시켜서 이탈리아의 위기를 해결하려 한다. 한 나라에서 수입을 통제하면 다른 나라에서 실업률이 증가한다.

더 일반적으로 보면 혁명적 좌파는 자본주의의 위기를 해결하는 대안적 전략을 제안해서는 안 되고 자본주의의 전복을 추구해야 한다. 그러나 위기의 결과에 맞서 싸우는 전략은 제시할 수 있다. 실업과 인플레이션 등에 반대하는 전략 말이다. 그런 전략은 노동자들이 작업장에서 가지고 있는 힘을 발휘해서 대중 세력으로서 추진할 수 있다. 그런 투쟁은 노동자들의 조직과 의식을 강화할 수 있고 자본주의 전복을 향하게 된다. 그런 운동에서는 혁명가들과 대중적 개혁주의 정당의 지지 기반 사이에 단결이 이뤄지게 된다. 이렇게 부분적 목표를 위한 단결된 행동을 통해 노동자들을 개혁주의와 절연시킬 수 있다. 노동자들은 그 지도자들이 지지 기반과 자본의 요구 사이에서 끊임없이 동요하는 모습을 보고서야 개혁주의와 단절할 수 있기 때문이다.

이탈리아 좌파의 생각과 달리 노동자와 개혁주의 사이의 절연은 더 급진적인 개혁주의 강령을 제시하는 것으로는 이루어질 수 없다.

노동자들은 [개혁주의적 좌파와 혁명적 좌파가 내놓은] 두 가지 개혁주의적 강령(그중 AO와 PdUP의 강령은 영국 공산당의 강령보다 우파적이다) 중 개혁주의자들이 제시한 강령을 선택할 것이다. '좌파 정부'의 주요 세력은 혁명가들이 아니라 이탈리아 공산당일 것이고 따라서 그 강령을 실행할 수 있는 것은 공산당이라고 생각할 것이기 때문이다. 더욱이 개혁주의자들과 혁명가들은 강령을 둘러싼 투쟁에서 단결할 수 없고 서로 논쟁만 벌일 것이다.

이탈리아 좌파는 AO가 겨우 3년 전에 경고한 바로 그 함정에 빠졌다. 당시 AO는 다음과 같이 말했다.

혁명가들은 정부에 참여하려는 이탈리아 공산당에 조언해서는 안 된다. 그랬다가는 개혁주의 전략의 꽁무니를 쫓게 되고 혁명적 과정을 개혁주의자들의 행동에 맡기는 꼴이 된다. 이것은 자체 조직화의 수준과 정치 모두에서 자율적 혁명 전략을 세우려는 노력에 반하는 것이다. 결국 이런 조언은 대중을 혼란에 빠뜨리는 근원이 될 것이다.[2]

AO가 자신의 원래 전략을 빨리 되찾을수록 이탈리아 좌파가 내부 혼란을 해결하는 시기도 더 앞당겨질 것이다.

니코스 플란차스의 정치 이론 비판

이것[권력 분립은 자유로운 정부의 1차 조건이라는 프랑스 2공화국 헌법 조항]은 낡고 어리석은 헌법 조문이다. '자유로운 정부'의 전제 조건은 권력 분립이 아니라 **통합**이다. 정부 기구는 단순할수록 좋다. 정부 기구가 복잡하고 이해하기 힘든 것은 부정직한 자들의 술수 때문이다.[1]

최근 몇 년 사이에[1970년대를 말함] 마르크스주의 진영에서 국가 논의가 부활했다. 반가운 일이다. 두 사람이 이 토론과 결부돼 있다. 랠프 밀리밴드와 니코스 플란차스가 그들이다.[2]

이 글은 콜린 바커의 "A 'New' Reformism? — A Critique of the Political Theory of Nicos Poulantzas", *International Socialism* 4(Spring 1979)를 번역한 것이다. 국역: "니코스 플란차스의 정치 이론 비판", 《마르크스21》 8호(2010년 겨울).

두 사람의 저작은 많은 비판을 받았다. 더 통찰력 있는 비평가들은[3] 두 사람의 저작이 개혁주의적으로 해석될 소지가 다분하다고 지적했다. 물론 혁명적 사회주의자들은 둘 모두의 저작에서 배울 수 있다. 그러나 그들의 입론은 개혁주의적 결론 도출을 가능케 하는 것이었다. 그렇지만 뭐든지 왜곡해 대는 개혁주의자들의 습성 때문에 개혁주의적 결론이 도출된 것은 아니다(물론 그런 왜곡이 익숙한 현상이긴 하지만 말이다). 밀리밴드와 풀란차스는 국가와 자본주의 사회를 두 가지 이상의 해석이 가능하게 설명했다.

문제의 핵심을 약간 도식적으로 살펴보자. 풀란차스는《뉴 레프트 리뷰》에 기고한 글에서 밀리밴드에게 "문제적 이론"이 하나도 없는 것이 중요한 문제점이라고 얘기했다. 풀란차스의 말은 틀렸다. 밀리밴드의《자본주의 사회의 국가》를 보면 그에게 아주 뚜렷한 형태의 "문제적 이론", 곧 그 나름의 "사회 이론"이 있다는 걸 알 수 있다. 그러나 밀리밴드의 이론은 마르크스의 이론과 아주 달랐다. 풀란차스는 이 점을 알지 못했다. 견해가 달랐음에도 그 역시 밀리밴드와 똑같은 근본적 실수를 저질렀기 때문이다.

뭐가 잘못됐던 것일까? 마르크스가 이룩한 거대한 이론적 성취를 이해하지 못한 것이 근본적 이유였다. 마르크스는 생애 상당 기간 고전파 정치경제학자들을 비판하면서 이런 업적을 이뤄 냈다. 마르크스는 정치경제학 범주(가치, 자본, 재산, 지대, 국가, 계급 등등)를 깊게 파고들어 탐구했고, 이것들이 역사적으로 형성된 사회관계를 나타낸다는 것을 입증했다. 특히, 마르크스는 "생산"을 인간이 자신의 세계를 창조하고 개조하는 사회적 과정으로 볼 때만 제대로 이해할 수 있음을 보여 줬다. 생산은 단지 인간과 자연이 맺는 "기술技術적" 관계가 아니라 사람들이 자신의 역사와 자신의 사회를 만드는 사회 활동이기도 하다는 것이다.

생산을 이해하려면 생산이 이뤄지는 다양한 사회형태를 파악해야 한다[고 마르크스는 지적했다]. 그래서 마르크스는 《자본론》 앞부분에서 상품을 생산과정이 이중으로 반영된 것이라고 분석했다. 즉, 상품은 인간에게 유용한 사물, 곧 사용가치이면서 동시에 생산자들이 맺는 특정한 사회관계를 나타내는 가치이기도 하다는 것이다. 상품을 생산하면 유용한 재화를 생산할 뿐 아니라 소외된 사회관계를 바탕으로 한 독특한 사회형태도 생산하는 셈이다.

이와 마찬가지로 정치경제학의 다른 모든 용어도 사회의 이런 능동적이고 창조적인 과정을 반영하는 것으로 이해해야 한다. 자본주의 사회의 공장 노동자들은 자동차·철강·화학제품·칫솔 따위를 만든다. 그러나 그들은 이렇게 구체적이고 유용한 재화를 만들면서 잉여가치도 생산한다. 노동자들은 자신의 노동을 통해 자신에 대한 착취와 지배를 유지하는 수단을 생산하면서 사용자들도 재생산한다. 우리는 사회구조 전반(가족 관계, 국가, 과학, 교육 등등)을 능동적 개인들이 사회적 상호연관을 맺으면서 끊임없이 생산하고 재생산하는 요소들로 이해해야 한다. 사회의 한 부분이 사회와 환경 등등을 만들고, 다른 부분은 단순히 수동적으로 조직되는 게 아니다. 인류의 역사 전체가 사회를 이루는 모든 개인들이 활동한 기록인 것이다.

이것이 마르크스의 혁명적 사회주의 정치학이 역사 이해에 바탕을 두는 이유다. 사회주의(민주적으로 결정된 계획에 따라 모든 주민이 자의식적으로 사회를 만들어 나가는 사회)의 가능성은 자본주의 사회와 기타 계급사회를 분석한 결과에 근거하고 있다. 즉, 자신이 만들고 다시 만들어 온 것들을 인간은 스스로 개발한 필요와 인식에 따라 다시 새로 만들 수 있는 것이다. 사회주의 혁명이 아무리 과거와 급격히 단절하는 것이라 할지라도 완전히 새로운 원리를 역사에 도입하는 것은 아니다. 인간의 자주적 활동은 역사 속에 존재해 왔고, 그런 자주적 활동을 제외하면 과거의 역사도 온전히 이해할 수 없다.

그래서 마르크스의 더 "철학적인" 저술은 모두 그의 혁명적 정치학과 모순되지 않는다. 마르크스의 헤겔 비판과 기계적 유물론 비판은 그의 정치경제학 비판이나 다양한 '위로부터의 사회주의' 비판과 모순되지 않는다.

이렇게 보면 사회관계의 특정 형태가 다양한 "생산양식"을 규정한다는 점을 알 수 있다. 자본주의 사회 같은 계급사회에서 사회를 파악하는 핵심은 계급들이 능동적으로 벌이는 상호 투쟁의 형태다. 특히, 피억압 대중의 사회관계와 행동 양식이 사회가 유지되는 방식, 그리고 혁명적 실천을 통해 그 사회를 전복할 수 있는 방법을 알아내는 데서 결정적으로 중요하다.

그런데 밀리밴드와 풀란차스의 분석 내용은 같지 않지만 이 두 사람의 연구 어디를 봐도 그토록 결정적으로 중요한 계급투쟁에 대한 이해가 빠져 있다. 특히 피착취계급들의 활동 형태 분석이 빠져 있다. 두 사람의 분석과 마르크스의 분석 사이에는 커다란 차이가 있는 셈이다.

밀리밴드를 보자. 밀리밴드를 날카롭게 비판한 아이작 밸부스가 지적했듯이,[4] 《자본주의 사회의 국가》는 '엘리트' 이론과 '계층' 이론을 결합한 사회 이론에 기대고 있다. 밀리밴드의 연구 내용 전체가 계급투쟁이 아니라 계급 지배를 중심으로 편성돼 있는 것이다. 밀리밴드의 연구를 보면 지배계급만 행동하는 것 같다. 그가 분석하는 각종 제도에서 계급 갈등은 거의 또는 아무런 의미가 없다(예컨대, 밀리밴드의 책이 1969년에 출판됐는데도 학교와 대학 교육을 논한 부분에서 당시의 학생 반란을 전혀 언급하지 않는다는 점은 주목할 만하다). 밀리밴드의 연구는 이렇게 일면만 강조한다. 그는 지배계급이 존재하는 토대를 거론하면서 그들이 생산에서 하는 구실이 아니라 분배에서 차지하는 이익을 강조한다. 밀리밴드의 책에서 지배계급이 (능동적) 자본가가 아니라 재산과 부富를 (수동적으로) 소유하는 존재로 서술되는 이유다. 꼭 마찬가지로 그는 노동계급을 투쟁과 여러 조직 형태를 통해 사회형태에 중요한 영향을 미치는 계급이 아니라 "고되게 일하지만 최소한으로만 받는" 계급으로 서술한다. 밀리밴드의 분석에서는 능동적이고, 창조적이고, 투쟁하는 계급으로서의 노동계급이 없다. 그저 고통받는 존재인 것이다. 그런데 책의 마지막 부분에서 노동계급이 언젠가는 자본주의를 완전히 일소해 버릴 세력이라는 말이 느닷없이 나온다. 부가적 장식물처럼 말이다. 그래서 일관된 논증의 결론처럼 다가오지 않는다.

국가 문제로 말하자면, 밀리밴드는 현행 국가가 노동계급을 권력에서 배제하는 다양한 제도적 수단을 거의 다루지 않는다. 정통 사회학의 방법으로 국가의 계급적 특성을 강조하는 게 그의 주안점이다. 국가의 여러 형태가 아니라, 국가의 상층을 차지하는 사람들의 "사회계급적" 기원이나 그들과 부자들의 유사한 태도 등을 살펴보는 식이다. 존 리가 지적한 것처럼,[5] 노동계급 정당들이 국가 "장치"를 장악해 노동계급에 득이 되게 활용하고, 더 나아가 자본주의를 파괴할 수 있는지의 문제가 밀리밴드에게는 미해결로 남아 있다. 그는 국가의 여러 형태(국가 관료의 특성, "가짜 민주주의", 국민국가 등등)를 설명하지도, 비판하지도 않는다.

풀란차스의 저작을 살펴보자. 그의 연구는 알튀세르 학파가 발전시킨 사상 체계를 바탕으로 한다. 알튀세르주의는 굵직한 비판을 이미 수도 없이 받았다.[6] 알튀세르주의는 한편으로 마르크스주의를 "경제주의적"으로 해석하는 데 반발하는 흐름이었다. 알튀세르는 경제주의를 생산력 발전에 따른 역사 전개에 주목하는 일종의 결정론으로 정의했다. 생산을 사회적 과정이 아니라 기술적 과정으로 취급하는 것이 "경제주의"의 특징이라고 한다(루초 콜레티는 "제2인터내셔널 마르크스주의"를 비슷한 뜻으로 사용했다).[7] 그러나 사이먼 클라크가 지적하듯이(후주 3 참조), '경제주의'의 함정에 빠지지 않으려고 열심히 경계한다고 해서 꼭 마르크스주의의 본령에 당도하는 것은 아니다. 다른 함정도 많다. 알튀세르 역시 다른 함정에 빠졌다. 이 구덩이 속에서 알튀세르는 마르크스 저작의 무수한 결함을 제거한답시고 마르크스의 저술들을 재해석하고 그의 이론을 아예 다시 쓰기까지 했다.

알튀세르는 "경제주의"를 대신해 사회를 상호 의존적인 수준들의 복합적 체계로 보자고 제안했다. 경제 수준, 정치 수준, 이데올로기 수준 등이 상호 침투하지만 "최종 심급에서" 경제적 수준이 결정적 요인 구실을 하는 사회 모형을 떠올리면 되겠다. 그런데 알튀세르는 자기 책의 독자들에게 그 "최종 심급"이 결코 도래하지 않는다고 확언했다. 알튀세르의 체계는 미국의 보수적 사회학자 텔컷 파슨스가 개발한 "구조 기능주의" 체계와 매우 유사하다고 많은 비판자들이 지적했다. 실제로 알튀세르의 체계는 파슨스의 체계처럼 역사 변동의 원리를 자리매김하기가 매우 어려운 모형이다. 역사가 "주체 없는 과정"이고, 모든 게 "영원한 존재"로 취급되는 일련의 생산양식들로 이뤄지기 때문이다. 개별 생산양식 내부의 어떤 것도 역사를 위협하지 않는다. 위협한다고 믿는 것은 "경제주의"나 "역사주의"의 함정에 빠지는 것이다. 알튀세르의 체계는 철저히 엘리트주의적이다. 그래서 알튀세르는 "과학"과 "이데올로기"를 구별하는데, 이 구별에 따르면 모든 형태의 사회에는 이데올로기가 필요해 사회주의도 소수의 "과학적" 엘리트만 이해할 수 있는 체제가 될 수밖에 없을 것이다.

풀란차스는 이 체계를 넘겨받았다. 본질적으로 그의 국가론은 기능주의 용어로 개진됐다. 국가는 "사회의 응집력을 보장하는 보편적 요인"이라는 게 풀란차스 설명의 핵심이다. 국가는 억압 기구이자 이데올로기 기구로, 체제 전체를 결속시킬 뿐 아니라 생산관계를 만들고 조직하는 실체이기도 하다. 자본주의 사회의 특징인 원자화된 개인들과 그들의 경쟁 관계는 그렇게 해서 형성된다. 국가는 어떤 의미에서도 자본주의 사회의 생산관계와 교환관계를 "표현하거"나 거기서 "비롯하지도" 않는다. 국가는 자본주의의 생산관계와 교환관계를 형성한다. 풀란차스는 알튀세르의 체계를 넘겨받으면서 스승에게는 장식품에 불과했던 것인 계급을 추가했다. 그러나 풀란차스는 계급이 생산관계 안에서가 아니라 "상대적으로 자율적인" "정치·법률 수준"에서 형성된다고 봤다. "경제수준"에서는 생산과정이 존재한다. 생산과정은 노동자, 생산도구와 생산대상, 비노동자로 구성된 기술적 의미의 "생산관계"를 토대로 재화를 생산하는 과정이다. 풀란차스의 분석 어디를 봐도 계급투쟁을 사람들이 자본주의 사회를 만들어 가는 매개체인 일련의 사회관계들로 보는 설명을 찾을 수 없다. 풀란차스가 보기에 사회관계는 정치적으로, 즉 "상대적으로 자율적인" 정치·법률 영역에서 형성된다.

밀리밴드와 풀란차스는 상당히 다르지만(문체의 난이도도 다르다) 출발점은 같다. 둘 다 기술적 의미로 이해한 생산관계에서 출발하는 것이다. 그 위에서 두 사람은 사회적(계급적) 분배·소유·전유專有 관계를 구성했다. 그 결과 둘 다 각자의 분석틀 내에서 변화와 변동을 설명하는 데 어려움을 겪었다. 그래서 두 사람 다 파시즘을 양차 세계대전 사이에 발생한 세계 자본주의의 위기와 결부해 설명하지 못한다(밀리밴드는 짤막한 논의만 했고, 풀란차스는 책 한 권을 써서 파시즘을 규명하려고 했지만 말이다). 아무도 히틀러와 무솔리니 치하 계급투쟁 형태를 검토하지 않았다. 두 사람은 서로 꽤 많이 논쟁했음에도 이데올로기와 "이데올로기 기구들"을 비슷하게 분석했다. 그들이 생각한 이데올로기와 이데올로기 기구들은 내적으로 일관되고 모순이 없었다. 계급투쟁 과정에서 거듭 새로운 형태를 취하는 관념이 아니었던 것이다.

둘 다에게 알튀세르가 말한 "부재不在"가 존재한다. 즉, 둘 다 자본주의 사회의 생산관계에서 비롯하는 계급투쟁을 자본주의 사회의 사회관계들을 조직하고 교란하는 핵심 요소로 보거나 설명하지 않는다. 그래서 그들의 분석에서는 노동자들의 실제 투쟁이 이렇다 할 구실을 하지 못한다. 이 때문에 두 저자의 분석틀은 항상 개혁주의적으로 해석될 여지가 있었다.

그래도 최근까지는 최종 판단을 유보해야 했지만, 이제는 두 사람 모두 정치적으로 급격하게 추락했다. 노골적인 개혁주의 정치 강령을 천명하는 책들을 출간한 것이다. 밀리밴드의 최근[1977년] 저서 《마르크스주의 정치학 입문》 결론 부분에 칠레의 대실패[1973년]를 보는 그의 견해가 나온다. 아옌데 정권의 몰락에서 그가 끌어내는 본질적 교훈은 칠레와 똑같은 경험이 반복될 수밖에 없다는 것이다. 그저 다음번엔 개혁주의 정부가 자기방어를 위해 사회 변화 과정을 심화시켜야 함을 지적하는 사회주의자 집단이 있어야 할 것이라는 말밖에 없다. 즉, 실제 혁명이라는 질풍노도 없이도 사회혁명을 성취할 수 있다는 것이다.[8]

니코스 풀란차스도 [1978년]《국가, 권력, 사회주의》를 출간했다.[9] 이 책이 발행되면서 그 유명한 '밀리밴드-풀란차스 논쟁'이 사실상 종결된 셈이다. 두 사람이 기본적인 정치적 문제에서 서로 동의했기 때문이다. 둘 다 스스로 현 "유러코뮤니즘" 경향의 "좌파"(이 말이 의미가 있는 한에서는)로 자리잡았다. 두 사람은 마르크스의 마르크스주의, 즉 "노동계급의 해방은 노동계급 자신의 힘으로 쟁취해야 한다"는 사상과 단절했음을 확실하게 표명했다.

풀란차스의 제안

풀란차스는 사회주의로의 이행이 두 차원에서 진행돼야 한다고 주장했다. 첫째, 좌파가 의회 제도를 사회주의 정치 활동의 필수적인 부분으로 활용하고 그 제도를 유지해야 한다. 둘째, 이와 병행해 노동자 평의회처럼 직접민주주의 원리를 바탕으로 조직되는 "자치" 기구가 발전해야 한다. 요점은 "사회주의로 가는 민주적 길, 곧 민주적 사회주의"를 찾아내는 것이다. 곧,

정치적 자유와 대의민주주의 제도(민중이 획득한 성과이기도 한)가 확대·심화되는 동시에, 직접민주주의와 자치 기구들이 발전하는 식으로 국가를 완전히 탈바꿈하게 만드는 것은 어떻게 가능한가?[10]

"핵심 문제"는 "탈바꿈한 대의민주주의와 일반 민중의 직접민주주의를 결합하는 것"이라는 것이다.[11] "민주적 사회주의만이 유일하게 가능하다"고 한다.[12] 국가의 중앙정부는 의회를 기반으로 조직돼야 한다. 풀란차스는 앙리 베베르와 한 대담에서 이 구상을 더 구체적으로 제시했다. 보통 선거권을 바탕으로 한 비밀투표로 정부를 선출할 것, 국회의원에 대한 "명령적 위임"(구속적 위임) 폐지, 국회의원 소환권 없음,[13] 부르주아 정당들의 권리 인정[14] 등이 그것이다. 이런 국가 시스템 외에 "직접민주주의"의 원리들, 예컨대 대표자 소환이나 대표자 위임제 같은 것들을 바탕으로 한 지역 기구들이 있어야 한다. 중앙 수준에서는 의회제 대의민주주의가 있어야 하고 여기에 더해 공장 등등에 기초를 둔 노동자 평의회도 있어야 한다. 이 두 가지 형태가 공존하고 연계돼야 하는데, 둘이 어떻게 연계되는지는 더 자세히 알지 못한다고 풀란차스는 실토했다.[15] 곧,

이 문제의 답은 아직 존재하지 않는다. 무슨 신성한 문서에 이론적으로 입증된 모델 같은 것도 없다.

풀란차스 스스로 밝히듯이 이런 구상은, 기존 국가를 분쇄하고 마르크스가 찬양한 파리코뮌 류의 국가로 대체해야 한다는 생각과 완전히

단절했음을 의미한다.

"사회주의로 가는 민주적 길에서 나타나는 국가기구의 전면적 탈바꿈"은 전통적으로 일컬어져 온 국가기구의 분쇄와 파괴를 더는 의미하지 않는다. 분쇄라는 용어(마르크스도 객관적 사실을 말하기 위해 이 말을 사용했다)는 결국 매우 엄밀한 역사적 현상을 지칭하게 됐다. 다시 말해, 온갖 형태의 대의민주주의와 "형식적" 자유를 근절하고, 일반 민중의 직접민주주의와 이른바 실질적 자유만을 지지하는 것 말이다. 편을 들 필요가 있다. … 국가기구를 분쇄하거나 파괴한다는 얘기는 단순한 말장난에 지나지 않을 수 있다. 정작 중요한 것은 온갖 다양한 변화 속에서도 대의민주주의 제도들의 실질적 연속성을 보장하는 것이다. 대의민주주의는 참고 용인해야 하는 불쾌한 유산이 아니라 (필요하다는 점 때문에도) 민주적 사회주의의 필수 조건이다.[16]

"프롤레타리아 독재" 얘기도 더는 없다. 풀란차스는 마르크스가 그 용어를 다음과 같이 사용했다고 주장한다.

[프롤레타리아 독재는] 기껏해야 이정표 구실을 하는 응용 전략 개념이다. 그 개념은 국가의 계급적 본질을 나타내고, 사회주의로의 이행과 점진적 국가 소멸 과정에서 국가가 탈바꿈할 필요성을 나타낸다.[17]

풀란차스가 "프롤레타리아 독재"라는 말을 계속 사용할수록 그의 강령만 불분명해질 뿐이었다. 프랑스 공산당PCF이 프롤레타리아 독재 구상을 폐기하기로 한 것을 풀란차스가 지지하는 이유다.

풀란차스는 에티엔 발리바르처럼 당 강령에 그 문구를 유지하고자 하는 프랑스 공산당원들을 비판한다. 그런 사람들이 다음과 같은 "진부한 교조"를 표명하는 일에 열중하고 있다는 것이다. "국가는 모두 계급국가다. 정치적 지배는 모두 일종의 계급 독재다. 자본주의 국가는 부르주아지의 국가다."[18] 이런 "진부한 교조들"이 가끔씩 아무런 검토 없이, 비난조로, 의미의 깊이를 더하지 않고 거론되는 것은 사실이다. 그러나 그렇다고 해서 이 말들이 거짓이 될까? (따지고 보면 풀란차스 자신의 저작이 대부분 이 말들의 진실성을 부연 설명하는 데 할애됐다.) "진부한 교조"에 관한 풀란차스의 얘기는 여기서 그치지 않는다. 그는 "이런 분석으로는 연구가 단 한 걸음도 더 나아갈 수 없다"고 말한다. "자본주의 국가의 차별적 형태와 역사적 변모를 설명할 수 없어서 구체적 상황"을 이해하는 데 도움이 안 된다는 것이다.[19] 이런 단순화 때문에 스탈린주의는 파시즘에 직면해 [마르크스주의에] 재앙들을 안겨 줬다고 풀란차스는 말한다.

풀란차스가 "파시즘에 직면해 [빚어진] … 재앙들" 가운데 딱 한 종류의 재앙만을 거론한다는 사실에 주목해야 한다. 풀란차스는 히틀러의 등장을 보고 독일 공산당이 채택한 끔찍한 전술을 뒷받침한 '사회파시즘'론을 든다. 그러나 '사회파시즘'론이 앞에서 말한 "진부한 교조" 탓일까? 천만의 말씀이다. 트로츠키는 그 "진부한 교조들"이 진실임을 단 한 번도 믿어 의심치 않았지만, 히틀러의 등장에 관한 분석과 공동전선을 구축해 나치를 격퇴하자는 그의 제안을 능가하는 분석과 대안은 아직까지도 존재하지 않는다. 오히려 인민전선 시기의 코민테른(풀란차스는 이 문제에 침묵한다)이 프랑스의 블룸 정부에 굽신거리고, 스페인에서 프랑코 장군이 모든 과실을 차지하게 되는 [인민전선] 전략을 추구한 것은 바로 이 "진부한 교조들"을 "망각"했기 때문이다. 그러나 풀란차스는 인민전선을 비판하지 않는다. 오히려 그의 제안은 인민전선의 경험을 재연하자는 셈이다.

풀란차스의 제안을 추구했다가는 재앙이 발생할 것이다. 그 제안대로 하면 노동계급은 20세기에 이미 경험한 일련의 패배를 되풀이하게 될 것이다. 그가 제시한 강령은 마르크스주의와 명백히 단절하고 있다. 그런데 그의 강령을 뒷받침하는 논증은 취약하기 짝이 없다.

노동자 권력이 스탈린주의로 이어지는 것은 불가피한가?

풀란차스는 고전적 마르크스주의의 사회주의 혁명 개념(기존 국가기구를 파괴하고 노동자들의 직접민주주의로 대체하는 것)이 "국가 통제주의"인 스탈린주의로 직결된다고 말한다. 지금 공산당들이 민감하게 반응하는 스탈린주의의 참상은 모두 러시아 혁명이 수행된 방식에서 비롯했다는 것이다. 물론 이것은 자유주의자들과 각종 반反사회주의자들도 이구동성으로 동의하는 명제다. 그래서 풀란차스는 로자 룩셈부르크라는 대단한 권위에 호소한다. 독일의 이 위대한 혁명적 사회주의자가 다른 무엇보다 1918년 볼셰비키가 제헌의회를 해산해 버린 일을 강하게 비판하는 소책자를 썼던 것이다.

그러나 풀란차스는 이 문제와 관련한 구체적인 정보라고 할 만한 것을 별로 내놓지 않는다. 그러니 몇 가지 문제를 우리가 직접 살펴보자. 룩셈부르크의 볼셰비키 비판은 옳았는가? 알다시피 볼셰비키는 제헌의회를 가장 적극적으로 옹호했다. 그러던 볼셰비키가 왜 무력을 동원해 제헌의회를 해산했을까? 그들이 그렇게 한 것은 잘못 아닌가?

풀란차스는 룩셈부르크의 비판과 밀접한 관계가 있는 몇 가지 점을 언급하지 않는다. 몇몇 역사학자들에 따르면,[20] 룩셈부르크는 볼셰비키에 대한 바로 이 비판을 나중에 철회했다. 그뿐 아니라 룩셈부르크가 러시아 혁명 후 1년 만에 독일에서 똑같은 문제에 직면했다는 사실도 주목해야 한다. 그때 카우츠키의 독립사회민주당은 풀란차스가 옹호하는 것과 정확히 같은 종류의 제안을 했다. 국회 더하기 소비에트 말이다. 로자 룩셈부르크는 이 생각에 완전히 비타협적으로 반대했다. 풀란차스가 이 문제를 바라보는 룩셈부르크의 견해를 인용하지 않는 것은 놀랄 일도 아니다.

국회를 옹호하는 사람은 스스로 의식하든 의식하지 않든 이 혁명을 부르주아 혁명의 역사적 차원으로 떨어뜨리고 있는 것이다. 그는 부르주아지의 위장한 대리인이거나 자기도 의식하지 못하는 프티부르주아지의 대리인이다.[21]

또 인용해 보자.

혁명의 경로는 분명 그 목표에서 나온다. 혁명의 방법들은 그 과제들에서 도출된다. 모든 권력을 노동 대중의 수중으로! 모든 권력을 노동자 평의회와 병사 평의회의 수중으로! 이것이 지도 원리다. ⋯ 모든 행동, 모든 조처가 나침반처럼 이 방향을 가리켜야 한다.[22]

국회는 "민주적 사회주의"를 보장하기는커녕 바로 "노동계급에 맞서 건립된 반혁명의 근거지"였던 것이다.[23]

이렇듯 로자 룩셈부르크는 실천에서는 의회 권력을 유지해야 한다고 생각하지 않았다. 룩셈부르크가 민주주의에 대한 (1917년의) 헌신을 갑자기 잃어버린 것일까? 결코 그렇지 않다. 룩셈부르크의 태도는 민주주의에 대한 완전한 헌신, 노동계급과 직접적 권력 사이에 어떤 방해물도 있어서는 안 된다는 굳은 신념에서 나왔다. "권위"에 의존한 논증을 시도할 요량이라면 룩셈부르크야말로 풀란차스가 인용하기에 그다지 좋은 대상이 아니다. 볼셰비키는 왜 제헌의회를 해산했는가? 볼셰비키가 1917년에 제헌의회 소집 운동을 벌였다는 것은 분명한 사실이다. 정말 그들은 막강한 소비에트 체제만이 제헌의회를 확실하게 보장할 수 있다고 주장했다. 소비에트와 의회가 충돌할 수도 있다는 사실을 10월 이전에는 그들도 몰랐던 듯하다. 이것 자체는 그다지 놀라운 일이 아니다. 볼셰비키는 실행으로 마르크스주의 이론을 재구성하고 있었던 것이다. 따지고 보면, 볼셰비키는 부르주아 혁명이라는 전망 속에서 혁명에 뛰어들었다. 2월 혁명 이전에는, 볼셰비키가 아니었던 단 한 명 트로츠키만이 연속혁명 이론을 바탕으로 다르게 생각했다.

10월 봉기로 그림이 완전히 바뀌었다. 이 점을 맨 먼저 깨달은 사람은 레닌이었다. 레닌은 제헌의회 선거를 연기하고 투표 연령을 18세로 낮추라고 촉구했다. 자주 그랬듯이, 레닌은 다수를 설득해 자신의 제안을 지지하도록 하는 데 실패했고, 선거가 치러졌다. 사회혁명당이 확실한 다수파를 차지했다. 그러나 [농민에 기반을 둔 정당이었기에] 사회혁명당의 득표수는 유권자들이 혁명의 중심지에서 떨어져 있는 거리와 정비례했다. 사회혁명당의 승리가 딱히 민주적인 것도 아니었다. 사회혁명당은 봉기 과정에서 분열해, 좌파는 봉기를 지지했고 우파는 반대했는데도 선거인 명부는 "통합" 정당으로 제출했던 것이다. 유권자들이 실제로 누구를 지지해서 투표했는지가 분명하지 않았던 셈이다.

제헌의회 개회 첫날 볼셰비키는 소비에트의 권력 장악, 토지 법령, 평화 법령, 노동자들의 생산 통제 등을 승인하는 동의안을 제출했다. 제헌의회는 237 대 136으로 그 동의안을 부결시켰다. 그날부로 제헌의회는 해산됐다. 제헌의회는 이미 반혁명 세력이 결집하는 중심부로 변해 있었고, 몇 개월 뒤 발발한 내전에서도 계속 그 구실을 했다. 제헌의회를 해산하지 않았다면 그것은 반혁명 범죄였을 것이다. 그랬다면 "이중권력" 상황이 다시 등장해, 목표와 방법이 정반대인 전국적 정치 구심 두 개가 경쟁하게 됐을 것이다.[24]

이 사건을 보면 스탈린주의의 기원을 알 수 있다는 주장(풀란차스는 이 주장 말고도 레닌의 《무엇을 할 것인가》가 스탈린주의를 예비했다는 그 구태의연한 유언비어도 되풀이한다[25])이야말로 기상천외한 역사 해석일 뿐 아니라 형식주의의 극치다. 러시아 혁명의 변질이라는 비극은 혁명의 고립, 내전의 혹독함과 끔찍함, 기근, 생산 붕괴, 시민의 도시 이탈 따위로 말미암아 다른 무엇보다 노동계급이 직접 통치할 수 없게 돼 버렸기 때문이다. 혁명의 살아 숨 쉬던 심장인 소비에트는 러시아 노동자들의 목숨과 함께 박동을 멈췄다. 강조하건대, 반민주적 정당이나 지도부가 처음부터 관료적으로 조종하고 통제한 것이 아니다. 온갖 상황이 가혹한 압력으로 작용했던 것이다.[26]

'대의민주주의'

풀란차스의 두 번째 논법을 살펴보자. 그는 '대의민주주의', 곧 의회 제도가 정치적 자유를 보호하는 핵심적 보장책이라고 주장한다. 대의민주주의가 국가 권위주의에 맞선 전략적 방어선이라는 것이다. 풀란차스는 베베르와 한 대담에서 이탈리아 사회민주주의자 노르베르토 보비오의 견해를 인용한다.

> [보비오는] 한 가지 점을 강조했다. 그의 말을 인용해 보자. "우리가 표현의 자유 등 다원주의를 지키고 싶어 한다고 해 보자. 내가 알기로 이런 자유는 전 역사에 걸쳐 의회제와 결부돼 있었다." 물론 보비오는 사회민주주의의 형태를 얘기했을 것이다. 그렇지만 나는 궁금하다. 거기에 어느 정도라도 진리가 없는 것일까? 정치적 자유를 형식적으로라도 유지하려면 대의민주주의 제도의 권력 형태를 유지해야 하는 것 아닐까? 분명 대의민주주의의 권력 형태들은 탈바꿈할 것이다. 부르주아 의회를 있는 그대로 유지하는 문제가 아니게 될 것이다.[27]

풀란차스는 "대의민주주의"를 옹호하면서 이런 정부 형태와 각종 정치적 자유가 "대중이 획득한 성과"라는 관찰 말고는 별다른 논증을 제시하지 않는다. 노동자들이 자본주의 하에서 시민적·정치적 권리를 획득한 경로를 이렇게 단순화해 버린 것을 트집 잡을 수도 있겠지만 굳이 원론적으로 반대해야 하는 것은 아니다. 마르크스주의자들은 우파가 이런 권리들을 공격하는 것에 맞서 계속 그런 권리를 방어해야 한다. 다른 한편으로 우리는 이런 권리와 자유의 범위나 성격을 미화해서도 안 된다. 특히 대의민주주의에 포함된 "성과"가 매우 애매하고 제한적이라는 것을 인정해야 한다.(사실, 풀란차스는 초기 저작《정치권력과 사회계급》과 최근 저작 모두에서 이 쟁점 전체에 관해 흥미로운 논의를 전개한다. 그는 많은 자료를 동원해 의회제 정부가 가짜 민주주의라고 맹렬히 비난한다.) 딱 맞는 명칭 그대로의 '부르주아 민주주의'가 뛰어넘을 수 없는 주요 한계를 몇 가지 상기해 보자.

자본주의적 민주 정체 하에서 노동자들은 의회와 지방선거 투표권이 있다. 그들은 이 권리를 비밀투표로 행사한다.[28] 개별 유권자는 국가와 관련해 원자화된 개인으로서 "권력"을 행사한다. "시민"과 국가 사이의 이런 원자적 관계는 1840년대 초부터 마르크스의 자본주의 국가 비판에서 주요 화두였다. 풀란차스 자신의 저술도 이런 원자화된 관계를 다룬다.[29] 개인적 투표는 효과와 중요성 면에서 공개 토론이나 집회에 못 미친다. 개인적 투표는 철저하게 개별화돼 있다. 혁명가들은 대중 집회가 비밀투표보다 더 민주적이라고 항상 주장했다. 관련 사실들을 모두 숙고하고 결론을 내릴 수 있어, 외떨어진 유권자가 할 수 있는 것보다 더 폭넓은 정치적 추론이 가능하기 때문이다. 대중 집회에서는 쟁점들을 토론할 수 있고, 주장이 반박되기도 한다. 대중 집회에서는 어떤 행동 제안들에 대한 전반적 지지 수준을 가늠할 수 있고, 따라서 그 행동이 성공할 가능성도 가늠할 수 있다. 비밀투표로는 이런 일을 할 수 없다.

둘째 한계는 악명 높은 것이다. 유권자들은 그들이 선출한 "대표"를 전혀 통제하지 못한다. 국회의원 등을 소환할 수 있는 실질적 권리도 없고 그들에게 행사할 수 있는 유효적절한 권한도 없다. 유권자들은 국회의원을 선출할 때 외떨어진 유권자로서 선출하므로 그 의원을 어찌하지 못한다. 국회의원은 일단 선출되면 온갖 "특권" 덕분에 선거구민들의 통제를 피할 수 있다. 국회의원은 일단 선출되면 더는 누군가를 대표하지 않는다. 18세기 말 보수주의자 에드먼드 버크가 국회의원과 선거구민의 관계를 아주 잘 표현했다. 그는 브리스톨의 유권자들에게 자기를 당선시켜서 의회에 보내 주면 '국가에' 그들을 대변하지 않고, 그들에게 국가를 대변할 것이라고 말했다. 더 근래의 예도 보자. 해럴드 윌슨 [1964~1970년과 1974~1976년 재임한 노동당 소속 영국 총리]은 민주주의를 "국민의, 국민을 위한, 국민에 의한 정부"라고 정의한다고 새삼 환기하면서 자신은 "강조점을 정부에 두겠다"고 해 버크와 똑같은 생각을 피력했다. 그러니 의회 제도에서는 정치적 자유와 권력을 몇 년에 한 번씩 몇 초 동안만 행사하는 셈이다. 유권자들은 문맹자처럼 투표용지에 기표하면서 의회에서 자신을 대표하지도 않을 사람을 고르는 것이다.

셋째, 어쨌든 익명의 힘없는 유권자들이 뽑는 것은 입법부뿐이다. 나머지 국가기구는 전혀 통제하지 못한다. 만약 그곳에 영향력을 조금치라도 행사할 수 있다면 그것은 합법적·합헌적 수단이 아니라 폭동에서 뇌물에 이르는 다양한 수단들로 가능하다. 유권자는 이른바 "시민의 종복"이라는 군대·사법부·경찰을 선출하지 못한다. 그들을 통제할 효과적인 수단도 없다. 그들을 고소하더라도 흔히 그들에게는 담당 변호사들과 그들에게 동정적인 판사들을 동원할 수 있는, 내적으로 확립된 그 나름의 메커니즘이 있다. 입법부, 곧 의회가 국가 관료를 실질적으로 통제하는 경우는 매우 이례적이다. 세금과 각종 공과금 등으로 재정적 뒷받침을 받으면서도 대중의 일상생활을 다양하게 지배하는, 선출되지 않는 국가기구는 대중의 통제를 받지 않는다. 여기에는 온갖 제도적 수단이 동원된다. 각종 모욕죄(판사들을 '국민 모욕죄'로 기소할 법조항이 없다는 사실에 주목하라), 공무상의 비밀(사회보장 혜택 관련 법규에까지 적용된다), 관리 임명 등등. 국회의원들조차 관료의 행위와 인사 이동을 대부분 자세히 조사할 수 없다.

넷째, 입법부는 주로 법을 제정한다. 특정 사례들이 아니라 일반적 규칙을 다루는 것이다(그 밖에는 대체로 학생들의 방과후 토론 교실처럼 시끄럽게 떠든다). 그러나 현대 국가들은 광범하게 일반적으로 적용되는 법률보다는 특정 세부 사항, 예컨대 행정 부처와 기업들의 세부 협상, 특정 행정 업무 등을 더 많이 다룬다. 의회는 이런 문제를 다룰 권한이 없고, 역량도 안 된다. "법치국가"의 공간 자체가 자본과 권력의 집중 경향 때문에 꾸준히 축소되고 있는 것이다.[30] 전통적 정치학에서는 이런 양상을 "압력단체 이론"이나 "의회 쇠퇴" 등으로 분석한다. 그 누구도 제대로 대변해 본 적이 없는 의회는 사회의 진정한 권력을 점점 덜 대표하고, 진짜 의사 결정에도 점점 덜 관여하고 있는 것이다.

요컨대, 투표권이라는 "성과"는 꽤 공허한 것으로 드러나고 있다. 기존 투표권을 방어하는 게 민주주의의 원리를 주요하게 방어하는 것이라고 말할 수가 없는 것이다. 물론 풀란차스는 "탈바꿈한" 대의민주주의를 유지하고자 한다. 그러나 대의민주주의가 어떻게 "탈바꿈"해야 할지에 관한 생각은 대체로 불분명하다. 풀란차스는 비밀투표, 국회의원 소환권 부재, 국회의원에 대한 [대중의] 권한 결여 등을 바꿔서는 안 된다고 주장한다.[31] 우리가 '탈바꿈'을 기대하는 점 어느 것에 대해서도 민주화를 제안하지 않는 것이다.

그러나 풀란차스는 자신에게 훨씬 더 웅대한 목표가 있다고 주장한다. "점진적 국가 소멸이라는 세계적 전망을 열어젖혀야" 한다는 것이다.[32] "점진적 국가 소멸"이라는 사상은 마르크스와 엥겔스가 최초로 발전시킨 고귀한 사상이다. 그러나 두 사람은 기존 자본주의 국가 분쇄, 프롤레타리아 독재, 그리고 풀란차스가 내다 버리고 싶어 하는 다른 것들에 관한 사상도 함께 제시했다. 마르크스와 엥겔스의 "점진적 국가 소멸" 사상은 사회의 대다수를 차지하는 노동계급이 스스로 직접 통제하는 새로운 국가권력을 만들어 냈을 때에야 비로소 사회적 과제를 처리하는 데서 조직된 폭력이 점점 덜 필요해지는 새로운 형태의 사회관계와 생활 조건들을 형성하는 과정을 나타내는 것이다. 국가가 점차 소멸하면 강압보다는 설득이 사회의 핵심적 조직 원리로 등장한다는 것이다. 그러나 사회에 직접 종속돼 있지도 않은 의회 기구를 유지해서는 이런 열망을 실현하는 데 필요한 조건을 조금치도 충족시키지 못한다. 의회 기구는 그런 열망 실현의 방해물이다. 의회는 민중의 통제를 벗어난 통치 형태라는 점에서 민주적 삶의 장애물이다. 풀란차스는 실제로는 "점진적 국가 소멸"로 가는 길을 제안하고 있는 게 아니다. 풀란차스의 "점진적 국가 소멸" 운운은 본인의 말을 빌리면 말장난이다.

요컨대 풀란차스의 "사회주의로 가는 민주적 길"은 비민주적 통치 형태를 유지하는 데 기대고 있다.[33]

노동자 자치에 대한 공격

풀란차스는 직접민주주의, 특히 노동자 평의회라는 통치 형태도 공격한다. 여기서도 그의 논증은 취약하기 이를 데 없다.

풀란차스의 첫째 논점은 논증이 아니다. 그는 프롤레타리아 독재를 목표로 일어난 노동계급 운동은 지금까지 모두 실패했다고 한다. 물론 이 말은 사실이다. 전 세계 어디를 봐도 사회주의는 존재하지 않으니까. 노동계급의 혁명적 운동은 모두 지금까지 갖가지 수단으로 격퇴당했다. 풀란차스의 이 주장은 이런 패배의 역사적 경험에서 교훈을 이끌어 내 다음번에는 성공하자는 주장에 반대한다는 말일 뿐이다. 익사하니까 수영하는 법을 배워서는 안 된다는 논법과 비슷하다.

둘째, 풀란차스는 기존 국가가 너무나 강력해서, 사회주의 혁명의 전주곡인 '이중권력'을 형성하는 대항 구심이 등장할 수 없다고 말한다. 곧,

> 국가기구의 본질을 이해하기 위해 작금의 프랑스 국가를 살펴보자. 그러고 나서 민중의 권력이 집중된 형태도 살펴보자. … 말할 나위 없이 몇 발짝도 떼지 못하고 분쇄되고 말 것이다. 현 상황에서 대항 권력 창출을 목표로 [기존] 국가와 병행하는 권력이 집중되는 것을 [기존 국가가] 놔두지 않으리라는 것은 분명하다. 그런 조직화의 낌새라도 있는 듯하면 순식간에 사태가 평정될 것이다.[34]

풀란차스의 변설은 이 지점에서 완전히 새로운 차원으로 진입한다.

변증법처럼 보이지만 실제로는 자기모순일 뿐이다. 비유하자면, 케이크를 먹으면서도 그 케이크가 줄어들지 않기를 바라는 것과 마찬가지다. 자신의 개혁주의적 주장을 뒷받침하고자 할 때 풀란차스의 주장에서 국가는 기본적으로 취약한 존재다.[35] 국가가 너무 약해서 "사회주의로 가는 민주적 길"을 확실히 방해할 수 없다는 것이다. 그러나 자신이 반대하는 사회주의자들한테는 국가가 너무나 강력하다고 강조한다!

이 주장은 둘 중 어느 면으로든 말이 안 된다. 아니, 프랑스의(또는 다른 어디라도) "현 상황에서" 노동자들이 자신들의 평의회를 만들어 그것에 권력을 집중시키려 하고 있단 말인가? "현 상황"이 바뀌어야 그런 사건도 일어날 수 있는 법이다. 비혁명적 상황 속의 혁명이라는 생각 자체가 터무니없다. 혁명적 시기에는 기존 국가기구와 지배계급이 반드시 분열한다. 혁명적 시기에는 국가가 위기에 처하고, 효과적으로 움직이지 못하게 된다. 그런 위기가 없는 혁명은 있을 수 없다. 이것은 마르크스주의의 기본이다. 국가가 위기에 봉착해야 '이중권력' 상황이 출현하고, 새로운 형태의 국가권력이 이길 가능성도 있다.

다른 모든 개혁주의자들처럼 풀란차스도 사회주의로의 이행을 "현 상황"에서 추론하려고 한다. 그는 오늘날의 자본주의 국가는 위기에 처한 국가, 위기 상태로 파악할 때 비로소 가장 잘 이해할 수 있다고 말한다.

국가가 이렇게 위기에 처해 있어서 좌파는 사회주의로의 민주적 이행이 객관적으로 가능한 기회를 붙잡을 수 있다. 정치 위기의 종류는 몇 가지다. 좌파는 현 위기의 성격에 따라 어떤 분야가 민주적으로 이행하는 것이 가능한지 정확하게 알 수 있다. 현 위기는 이중권력의 위기도 아니고, 파시즘 체제로 나아가는 경향에서 비롯한 위기도 아니다.[36]

이 구절에 관해 두 가지를 지적할 수 있겠다. 첫째, 위기로 나아가는 경향이 전반적이라 해서 그 자체로 혁명적 위기가 아니라는 지적은 ("진부하"기는 해도) 정확한 지적이다. 둘째, 혁명적 위기가 없이도 사회주의로 이행할 수 있다는 생각은 터무니없다. 혁명적 위기는 경제 불황 같은 것이 아니라 계급 관계의 위기를 가리킨다. 레닌은 《좌파 공산주의 — 유치증》에서 혁명적 위기를 다음과 같이 규정한다. 지배계급이 더는 옛 방식으로 계속 지배할 수 없고, 피지배계급도 더는 옛 방식으로 계속 지배당하지 않겠다고 나서는 부글부글 끓는 상황. 풀란차스도 가끔은 이 점[혁명적 위기가 계급 관계의 위기라는 쉽]을 인정한다. 그는 "좌파" 정부가 선출되더라도 "민중"이 동원되지 않으면 그 집권은 "사회민주주의를 경험"하는 것일 뿐이라고 얘기한다. 그러나 민중이 동원된다면 노동계급과 국가와 각종 정치 생활의 "현 상황"이 근본적으로 바뀔 수 있다는 생각은 풀란차스에게 떠오르지 않는 듯하다.

셋째, 풀란차스는 소련에 관한 자신의 주장과 궤를 같이해 노동자들의 직접민주주의가 스탈린주의 체제로 귀결돼, 정치적 자유가 억압당하고 반대 의견이 분쇄되리라고 말한다. 곧,

직접민주주의(나는 소비에트[노동자 평의회]에 의한 직접민주주의만을 얘기하고 있다)는 언제 어디에서나 복수 정당 제도와 정치적·형식적 자유에 대한 억압을 동반했다.[37]

이 주제는 《국가, 권력, 사회주의》에서도 반복된다. "모든 것을 대중의 직접민주주의를 바탕으로 한다"면 "조만간 필연적으로 국가의 폭정이나 전문가들의 독재를 낳고 말 것이다."[38] 노동자 평의회가 자체의 국가권력을 만들면 "국가가 점차 소멸하거나 직접민주주의가 승리하기는커녕 새로운 유형의 권위주의 독재가 출현하고 만다."[39] 노동계급의 자치가 불가능하다는 이런 엘리트주의적 명제를 풀란차스가 논증으로 뒷받침하지 않는다는 사실을 지적해야겠다. 그저 일언지하로 단언할 뿐이다. 그럼에도 우리는 두 가지 얘기를 할 수 있다.

첫째, 풀란차스는 틀렸다. 노동자 평의회와 "복수 정당제"의 소멸 사이에는 아무런 연관이 없다(중국, 쿠바, 캄보디아 등은 노동자 평의회가 존재한 적이 없으므로 풀란차스의 주장을 입증해 주는 사례가 될 수 없다). 파리코뮌에는 복수의 정당이 참여했다. 1936~1937년 스페인 노동자 평의회도 마찬가지였다. 1956년 헝가리 노동자 평의회의 핵심 요구는 복수 정당제였다.

둘째, 풀란차스가 실제로 옹호하는 것은 복수의 부르주아 정당들이다. 그는 부르주아 정당이 복수로 존재해야 "정치적 자유"가 보장되는 걸로 본다. 노동자 평의회에 부르주아 정당이 참여할 여지가 별로 없는 것은 사실이다. 노동자 평의회가 부르주아 정당들을 금지해서가 아니라 혁명적 상황에서 부르주아 정당들이 노동자 평의회 안에서 민주적 권리를 추구하려 하지 않고 오히려 파괴하려 했기 때문이다! 따지고 보면, 제헌의회는 소비에트 권력을 인정하기를 거부했다. 영국에서 노동자 평의회의 대회가 열리는 상황을 가정해 보자. 대처 여사[1979년 5월 보수당이 집권하기 전에 이 글이 씌었다]의 주된 관심사가 핀칠리[런던 북부의 노동계급 거주 지구] 노동계급 대표자를 포섭하는 것은 아닐 것이다.

어쩌면 풀란차스는 사회주의 혁명의 개념이 무엇인지조차 이해하지 못했을지도 모른다. 그는 몇 군데에서 "요새" 비유를 하며 이것이 혁명적 좌파의 생각인 양 취급한다. 혁명적 좌파를 그것에 비유할 요량으로 말이다. 예컨대 다음의 인용문들을 보라. "우선 국가권력을 잡아야 한다. 그렇게 해서 그 요새를 차지한 다음에 전체 국가기구를 완전히 파괴하고, 제2의 권력(소비에트)으로 대체하는 것이다."[40] "우선 기존 국가권력이 장악되면 그다음에 또 다른 국가권력이 그것을 대체한다는 견해는 더는 받아들여질 수 없다."[41] 도대체 누가 이런 생각을 "받아들였다"고? 그건 개혁주의자들의 상상이다. 사회주의 혁명이 먼저 스스로 부르주아 국가기구를 맡고, 그다음에 그것을 폐지한다는 생각은 말도 안 되는 소리다. 기존 국가권력은 파괴의 대상일 뿐이지 '차지'할 목표가 아니다.

그래도 어쨌든 풀란차스는 사회주의를 원하지 않나?

니코스 풀란차스 자신의 주장으로 미뤄 보건대 그가 사회주의를 회피하지 않는지는 명확하지 않다. 그는 인터뷰에서 두 가지 주장을 잇따라 한다. 첫 번째는 나무랄 데 없는 지적이다.

동의합니다. 현 국가 전체와 그 기구들 전부(사회보장, 보건, 교육, 행정 등)의 구조는 부르주아지의 권력에 부합합니다. 저는 대중이 자본주의 국가 내에서 자율적 권력의 지위들(종속적 지위조차)을 차지할 수 있다고 생각하지 않습니다. 그런 지위들은 저항의 수단이고, 부식되는 요소들로, 국가의 내적 모순을 두드러지게 합니다.

그다음 두 번째 주장이 주목할 만하다.

단지 국가의 물리적 범위 안에 갇힌 투쟁이라는 의미에서뿐 아니라 그럼에도[국가의 물리적 범위 안에 갇혔어도] 국가의 전략적 지형 위에 자리잡은 투쟁이라는 의미에서도 [국가 안에서 투쟁해야 합니다.] 그런 투쟁은 부르주아 국가기구들을 하나씩 하나씩 차례로 접수해 마침내 권력을 장악할 목적으로 고안된 일련의 개혁을 통해 부르주아 국가를 노동자 국가로 대체하기 위한 투쟁이 아니라, 국가의 내적 모순을 날카롭게 만들고 국가를 심층적으로 바꿔내는 투쟁, 저항의 투쟁인 것입니다.[42]

간단히 말해, 권력을 장악하지 말자는 얘기다!
풀란차스는 《국가, 권력, 사회주의》에서 국가의 경제 기구들이 분쇄돼서는 안 된다고 주장한다.

어떤 단계에서도 변화로 말미암아 경제 기구가 해체돼서는 안 된다. 사태가 그런 식으로 전개되면 그 기구가 마비될 테고, 그에 따라 부르주아지의 보이콧[자본 투자 거부 등] 가능성도 커질 것이다.[43]

세상에, 우리가 통상산업부나 재무부를 마비시킬지도 모른다니! 풀란차스는 앞 페이지에서 "경제 기구[그렇다, 바로 그 경제 기구 — 지은이]가 통일체로서 여전히 자본의 재생산에 필수적인 요소"라고 언급해 놓고도 이런 주장을 할 수 있다고 생각한다. 부르주아지가 여전히 보이콧 능력이 있다고 가정하는 것에도 주목하라. 노동자 평의회가 공장과 은행 따위를 통제해 이런 보이콧의 위험을 줄일 수도 있지 않을까? 천만에. 풀란차스는 그럴 가능성도 배제한다. 곧,

사회주의로 가는 민주적 길은 오랜 과정이다. 그 과정의 첫 단계는 독점자본의 헤게모니에 도전하는 것이다. 그러나 성급하게 핵심적 생산관계를 전복해서는 안 된다.[44]

'도대체 왜 안 되나?' 하고 감히 순진한 질문을 던지는 독자는 다음과 같은 대답을 듣게 된다.

변화가 일정한 한계를 넘어서게 되면 필연적으로 경제가 붕괴할 위험을 무릅쓰게 된다.[45]

그러므로 풀란차스가 말하는 사회주의로의 이행은 "현 상황"에서 출발해야 하고 "경제가 붕괴하지 않아야" 한다. 그는 혁명가들이 공상적이라고 생각한다! 우리는 풀란차스에 반대해 다음과 같은 점에 명확해야 한다. 즉, 노동계급이 사회를 완전히 재편하는 사회주의로의 이행은 "경제가 붕괴하지" 않고서는 일어날 수 없다. 사회주의 혁명은 "경제 붕괴"를 동반한다. 문제는 새로운 토대 위에서 경제가 즉시 회복할 수 있도록 사회주의 혁명을 단호히 완수하는 것이다.[46] 그러나 풀란차스의 견해는 반대다.

반독점 단계에 수반된 단절에 덧붙여 여전히 국가는 경제의 작동을 보장해야 할 것이다. 경제는 이후로도 오랫동안 어느 정도 여전히 자본주의적이어야 할 것이다.[47]

역사의 교훈

앞에서 나는 의회 민주주의와 노동자 평의회가 양립할 수 없는 제도라고 말한 셈이다. 풀란차스는 두 제도가 병행해야 한다고 주장한다. 그러나 그는 그 방법을 모른다. 그러면서도 다음과 같이 말한다. "역사를 보면 … 피해야 할 부정적 사례들과 성찰해 봐야 할 실수들을 찾을 수 있다. 이것은 사소한 문제가 아니다."[48] 그렇다면 한 번 따져 보자. 의회 민주주의와 노동자 평의회가 "병행"했던 고전적인 "부정적 사례"와 "실수들"은 1936년과 1937년의 스페인이었다.

1936년 7월 프랑코가 스페인 공화국을 반대해 군사 반란을 일으켰다. 이 반란은 처음에 스페인의 여러 지역에서 격퇴당했다. 민중의 무장 세력이 크게 활약한 덕분이었다. 그들은 공화국 정부에 무기를 요구했고, 많은 경우 탈취했다. 군 장성들이 반란을 일으킨 이유는 스페인 전역에서 대중투쟁이 걷잡을 수 없이 분출했기 때문이었다. 투쟁의 전조로 1936년 2월 인민전선 정부가 선출됐다. 총파업과 토지 몰수가 들불처럼 번지면서 노동자 평의회와 농민 평의회가 생겨났다.

7월 이후 이 운동은 열 배로 불어났다. 스페인의 대부분 지역, 특히 카탈루냐·아라곤·카스티야에서 노동자 평의회와 농민 평의회는 생산과 분배를 조직했고 도시와 촌락을 운영했고 자체 시민군을 설립했다. 스페인 공화국의 심장부에는 엄청나게 약화된 부르주아 의회제 정부가 있었다. 7월 이후 스페인은 전형적인 "이중권력" 상황이었다.

프랑코를 저지하고자 스페인 공화국에 군사원조를 주로 제공한 것은 스탈린이었다. 스탈린은 히틀러에 맞서 프랑스와 영국의 지배계급들과 외교적·군사적 동맹을 맺길 원했다. 그래서 스탈린은 스페인에서 사회주의 혁명이 전개되는 것을 완강히 반대했다. 다른 무엇보다도 그 때문에 프랑스 정부나 영국 정부와 멀어질까 봐 두려워한 것이다. 그래서 스탈린은 스페인 공화국을 지원하면서도 큰 대가를 요구했다. 스페인 혁명이 부르주아 민주주의의 한계를 결코 넘어서는 안 된다고 고집했다.

주로 모스크바에 의해 무장되고 조직된 공화국 중앙정부는 1937년 중반까지 지역의 노동자 평의회나 노동자 시민군과 끊임없이 충돌했다. 부르주아 민주주의 공화국이 노동자와 농민의 투쟁과 조직, 이들이 구현하고 있던 요구들(재산 사회화, 토지 몰수, 노동자들의 생산 통제 등)과 양립할 수 없다는 것은 명백하다. 그 충돌의 결과, 먼저 스페인 사회의 기층 세력이 억제되고 제한됐고, 그 다음에 공화국 중앙정부의 치안 활동과 총력전으로 노동자 평의회가 파괴됐다. 1937년 5월 초 바르셀로나에서, 얼마 후 아라곤에서 말이다.

이 모든 비극은 부르주아 의회제 정부가 존속하는 한, 지역 노동자 평의회들조차 살아남을 수 없음을 증명한다. 중앙정부가 지시한 협소한 한계를 넘는 지역 차원의 독자적인 노동계급 행동조차 살아남을 수 없다. 그러므로 스페인의 비극이 빚어진 핵심 원인은 다음과 같다. 스페인 노동자 평의회를 이끈 사람들, 특히 아나키스트들은 노동자 평의회들을 중앙집중화하는 것에 반대했다. 그 결과 스페인인 정치 생활의 중심이 텅 비게 됐고, 그 빈 공간을 채운 것은 반혁명적 자유주의자들과 공산당이었다. 그들은 노동계급에 맞서 그 빈 공간을 조직하고 활용했다. 이 투쟁의 유일한 승자는 프랑코 장군이었다.

의회 민주주의는 노동자 평의회와 양립할 수 없다는 것이 번번이 입증됐다. 어느 하나가 유지되려면 나머지 하나는 파괴돼야만 했다. 1936년 프랑스에서 공산당은 인민전선 정부를 수호하려고 대중파업 운동을 철회시켰다. 제2차세계대전이 끝나 갈 무렵 프랑스와 이탈리아의 공산당들은 항독 레지스탕스 운동을 무장해제시켜 의회 제도를 보호했다. 칠레에서도 아옌데의 국민연합 정부는 자신을 지키기 위해 노동자 운동을 공격했다. 직접적 공격과 관료 집단을 통해 제한하는 방법을 모두 동원해서 말이다. 거듭 반복된 잘 알려진 재앙들은 다 이런 전략의 결과다.

풀란차스는 "새로운" 전략을 내놓고 있는 게 아니다. 그는 낡은, 검증된, 결과가 확실한 방식을 내놓고 있는 것뿐이다. 노동계급이 패배하게 되는 결과 말이다. 노동자 평의회라는 새로운 기관으로 자신의 권력을 집중하고 그 집중화의 장애물을 모두 분쇄해 사회주의 혁명 과정을 완성하지 않는 노동계급 대중운동은 몰락할 수밖에 없다는 점을 마르크스주의자들은 부끄러워하지 말고 주장해야 한다. 노동자 권력에 제한을 두자는 풀란차스 같은 사상가들의 사상을 최대한 강력하게 논박해야 한다.

그러나 우리가 싸워야 하는 게 풀란차스 자신이 아닐지도 모르겠다. 그의 책은 "민주적 길" 위에서 만날 수도 있는 "위험 요소들"에 관한 우울한 몽상으로 끝난다.

최악의 경우 우리가 희생자가 돼 강제 노동 수용소로 끌려가거나 학살당할 수도 있다. 이에 답해 보자. 우리가 그 위험성을 가늠한다면 그것은 다른 사람들을 학살하다가 결국에 가서는 우리 자신이 공안위원회와 어떤 프롤레타리아 독재자의 서슬 퍼런 칼날 아래 놓이는 것보다는 어쨌든 바람직하다. … 민주적 사회주의가 직면할지도 모를 위험 요소들을 피할 확실한 방법은 딱 하나뿐이다. 선진적 자유민주주의의 지도와 회초리 아래 조용히 전진하는 것이다. 그러나 이것은 또 다른 얘기다.

이 모호함이 풀란차스의 특징이다. 풀란차스가 이 문제를 화두로 다음번 제안을 내놓을까? 이미 봤듯이 풀란차스가 자유민주주의의 이론적 지도를 이미 받고 있으므로 전혀 가능성이 없는 얘기도 아닐 것이다. 자유민주주의라는 말 앞에 '선진적'이라는 수식어를 붙여도 달라질 것은 없다.

오늘날 국가와 자본주의

1   M Kidron, "Two Insights Do Not Make a Theory", *International Socialism* (old series) 100; C Harman, "Better a Valid Insight Than a Wrong Theory, a reply to M Kidron", in *International Socialism* (old series) 100, and *Explaining the Crisis*, 3장[국역: 《마르크스주의와 공황론》, 풀무질, 1995]; N Harris, *Of Bread and Guns* and *The End of the Third World*[국역: 《세계 자본주의 체제의 구조 변화와 신흥공업국》, 신평론, 1989]; A Callinicos, "Imperialism, Capitalism and the State Today — a review of Nigel Harris's The End of the Third World", *International Socialism* 2:35.

2   H 굴랍은 매우 옳게도 밀리밴드와 풀란차스가 자본가계급의 '자율성'을 두고 벌인 논쟁에서 두 사람 모두 '자유주의 국가론'을 받아들인다고 지적했다. 두 사람은 모두 "경제적인 것과 정치적인 것의 분석적 구분이라는 전제에서 출발한다. 이 때문에 국가를 계급 지배 관계와 무관한 권력을 가진 독립적 실체로 여기게 된다." 그러나 현실에서 국가는 자본축적의 전반적 조건을 유지하는 일을 한다. "Capital Accumulation, Classes and the Relative Autonomy of the State", *Science and Society*, vol 51 no 3, Fall 1987 참조.

3   R Miliband, "The State in Capitalist Society; Reply to Nicos Poulantzas", *New Left Review* 59, January-February 1970; "Analysing the Bourgeois State", *New*

Left Review 82, November-December 1972; "Debates on the State", *New Left Review* 138, March-April 1983 참조.

4   N Poulantzas, *Political Power and Social Classes*[국역: 《정치권력과 사회계급》, 풀빛, 1996]; "The problem of the Capitalist State", *New Left Review* 58, November-December 1970; "Controversy over the State", *New Left Review* 95, January-February 1976; "Dual Power and the State", *New Left Review* 109, May-June 1978. 이것이 풀란차스의 주장이라고 나는 생각한다. 그러나 풀란차스가 글을 쓰는 방식이 매우 난해하고 모호해서 내 생각이 틀렸을 수도 있다는 점을 인정해야겠다. 정말 그런지 알아보려고 풀란차스의 글을 하나하나 훑어보는 무의미한 일을 할 사람이 과연 몇이나 있을지 의심스럽다.

5   예컨대, 1987년 런던에서 로버트 브레너가 아이작 도이처 기념상 수상 강연을 한 후 토론할 때 P 앤더슨과 F 핼리데이가 그렇게 주장했다.

6   A 바넷이 *Soviet Freedom*, 1988에서 근본적으로 그렇게 주장했다.

7   N Harris in *Socialist Worker Review* (London, September 1987). 해리스가 거론한 구체적 사례는 1987년 8월 한국 시위지만, 그가 자신의 주장에는 더 광범한 함의가 있다고, 즉 진정으로 국제적인 자본가계급이 등장하는 추세의 일부를 가리키는 것이라고 생각한다는 점은 분명하나.

8   V I Lenin, *Imperialism: the Highest Stage of Capitalism*[국역: 《제국주의론》, 백산서당, 1986]; N Bukharin, *Imperialism and the World Economy*[국역: 《제국주의론》, 지양사, 1987] (with and introduction by Lenin) and *The Economics of the Transformation Period*[국역: 《과도기 경제학》, 백의, 1994] (with marginal notes by Lenin).

9   1948년에 등사판 형태로 처음 발표된 *State Capitalism in Russia*[국역: 《소련은 과연 사회주의였는가》, 책갈피, 2011] 참조.

10   1963년 old series of *IS*에 처음 실렸고 *Neither Washington Nor Moscow* 1982에 재수록된 글 "Deflected Permanent Revolution" 참조.

11   M Kidron, "Two Insights Don't Make a Theory", 앞의 책.

12   콜린 바커가 자신의 글 "The State as Capital", *International Socialism* 2:1, 1978; "A Note on the Theory of the Capitalist State", *Capital and Class*, no 4, Spring 1978에서 그들을 비판하며 그렇게 주장했다.

13   "기업주 반대 투쟁은 핵폭탄 반대 투쟁이다"가 1960년대 초 국제사회주의자들IS의 구호였다.

14   "Two Insights Don't Make a Theory"에서 마이크 키드런이 사실상 그렇게 주장

했고, 이와 약간 비슷한 견해는 S Clarke, "Althusser's Marxism" in S Clarke and others, *One Dimensional Marxism* London, 1980에도 나온다.

15 사실, 일부 이탈리아 자율주의자들의 사례가 보여 주듯이 혁명적 '자발성주의'는 흔히 운동주의적 개혁주의로 넘어간다. 영국에서도 '큰 불꽃'Big Flame이라는 소규모 단체와 마이크 키드런이 부분적으로 운영하던 시절의 플루토 출판사 사례에서 똑같은 사태 전개를 찾아볼 수 있다.

16 F Braudel, "The Wheels of Commerce", *Civilisation and Capitalism*, vol 2, London 1982, p 213[국역: 《물질문명과 자본주의 2-1, 2-2》, 까치, 1996].

17 R S DuPlessis and M C Howell, "Reconsidering the Early Modern Economy: The Case of Leiden and Lille", *Past and Present*, February 1982에 나오는 16세기 릴과 레이던에 관한 설명 참조.

18 마르크스가 1857년에 쓴 《자본론》 초고를 보면 5권과 6권에서 각각 국가와 외국무역을 다룰 계획이었다. 그러나 시간이 없어서 이 주제들을 다룬 책을 쓰지 못했고, 그가 완성한 책의 일부에서는 '세계시장에서의 경쟁'이라는 주제를 연구 범위에서 의식적으로 배제했다. 마르크스의 저작에 관한 설명은 R Rosdolsky, *The Making of Marx's Capital*, London 1980, pp 14, 22[국역: 《마르크스의 자본론의 형성 1, 2》, 백의, 2003] 참조.

19 *The Wealth of Nations*[국역: 《국부론 상, 하》, 비봉, 2007], *Financial Times*, 21 July 1990에서 인용.

20 이런 연줄을 다룬 문헌에 관한 유용한 설명은 J Scott, *Corporations, Classes and Capitalism*, London 1985 참조.

21 D Clark, *Post Industrial America*, 1984, p 93.

22 C Lorenz in the *Financial Times*, 20 June 1988. 이 문제는 최근 R Reich's, *The Work of Nations: Preparing Ourselves for 21st Century Capitalism*[국역: 《국가의 일》, 까치, 1994]과 관련해서 많이 논의됐다. 이 책에 관한 서평은 P Riddell in *Financial Times*, 14 March 1991와 이 책을 비판한 C Lorenz, *Financial Times*, 15 March 1991 참조.

23 *Financial Times*, 13 November 1989.

24 인용문은 모두 first draft of *The Civil War in France*[국역: 《프랑스에서의 내전》 첫 번째 초고", 《칼맑스 프리드리히엥겔스 저작선집 4》, 박종철출판사, 1997]에 나오는 것이다.

25 이탈리아나 브라질 같은 나라에서는 이것[국가의 직접투자]이 생산적 투자 총액의 절반을 차지한다. 미국의 경우에는 '비생산적' 투자 형태인 군비 지출이 오랫동안 생

산적 투자 총액과 맞먹었다.

26 *Capital*, vol 3, Moscow 1962, pp 862~863.

27 마르크스는 《자본론》 초고에서 다음과 같이 썼다. "자본과 임금노동은 똑같은 관계의 두 측면을 표현할 뿐이다. 자본가는 가치의 자기 증식을 구현하는 한에서만, 즉 축적의 화신인 한에서만 자본가다." 노동자는 "노동의 객관적 조건" 때문에 자본과 대립하는 한에서만 노동자다.

28 아주 정확하게 말하면, 그것[국가의 수입]은 총 국가 수입에서 복지 혜택, 보조금 등 노동계급이 돌려받는 몫(총 잉여가치의 일부)을 뺀 것이고, 노동력의 가치는 노동자가 집으로 가져가는 임금 총액에 이런 복지 혜택, 보조금 등을 더한 것이다.

29 R Hilferding, *Finance Capital*, London 1981[국역: 《금융자본론》, 비르투, 2011].

30 R Cornwell, *God's Banker: an Account of the Life and Death of Roberto Calvi*, London 1983, p.24.

31 같은 책.

32 같은 책, p 25.

33 같은 책, p 40.

34 같은 책, p 113.

35 같은 책, pp 75~76.

36 같은 책, p 113.

37 *Financial Times*, 9 May 1990.

38 예컨대, *Imperialism: the Highest Stage of Capitalism*, London 1933, p 108 참조.

39 C Harman, *Explaining the Crisis*, London 1984[국역: 《마르크스주의와 공황론》, 풀무질, 1995].

40 Calculation by A Winters, contained in *Financial Times*, 16 November 1987.

41 이 수치들은 *Financial Times*, 16 November 1987에 나오는 S Kuznets의 자료에 근거한 것이다. W W Rostow도 비슷한 추세를 보여 주는 수치들을 제시하는데, 그 수치를 보면 1929년부터 1950년까지 세계 생산은 80퍼센트 증가했지만 세계 무역은 약 8퍼센트 감소했다(Hobsbawm, *The Age of Imperialism*, London 1989, p 319[국역: 《제국의 시대》, 한길사, 1998]에서 인용).

42 *Financial Times*, 28 February 1989에 실린 GATT 수치 참조.

43 A Winters, 앞의 책.

44 *Financial Times*, 28 February 1989.

45 E Hobsbawm, *Industry and Empire*, London 1969[국역: 《산업과 제국》, 한벗, 1984]의 도표 28에 나오는 수치.

46 E Hobsbawm, *Industry and Empire*, Diagram 34.

47 이 초기 '다국적기업들' 가운데 하나가 어떻게 사업을 했는지에 관한 설명은 "Counter Information Services", *Report on Unilever*, 1972 참조.

48 *Financial Times*, 12 April 1988에 나오는 수치들.

49 *Financial Times*, 9 May 1990.

50 *Economist*, 5 May 1990.

51 이 과정에 관한 설명은 P Emergenti, *Citta Futura*, Rome 1973, and Brasile, *Citta Futura*, Rome 1973 참조. 이 주장을 요약한 것은 내 글 "Poland and the Crisis of State Capitalism", *International Socialism* (old series) 참조.

52 *Financial Times*, 13 July 1990.

53 *Financial Times*, 20 September 1990.

54 "Poland and the Crisis of State Capitalism", *International Socialism* (old series) 94 & 95 (1977) and "The Storm Breaks", *International Socialism* 2:46[국역: 《1989년 동유럽 혁명과 국가자본주의 체제 붕괴》, 책갈피, 2009].

55 *Financial Times Survey*, World Banking, 22 May 1986.

56 *Financial Times Survey*, World Banking, 22 May 1986.

57 *Financial Times Survey*, International Capital Markets, 21 April 1987.

58 *Financial Times*, 21 September 1990에 나오는 수치들.

59 *Business Week*, 14 May 1990.

60 *Financial Times*, 4 December 1989.

61 *Financial Times*, 20 January 1989.

62 *Financial Times*, 13 October 1986.

63 *Financial Times*, 5 October 1990.

64 *Financial Times*, 19 July 1990.

65 *Financial Times*, 24 September 1990에 실린 요약.

66 *Financial Times*, 19 September 1989.

67 이 표현들은 내가 전에 쓴 글 "The Storm Breaks", 앞의 책에서 사용한 것이다.

68 *Economist*, 5 May 1990.

69 *Financial Times*, 24 September 1990에 실린 요약.

70 예컨대, GEC-알스톰의 합작 사업이 부딪힌 문제들은 *Financial Times*, 19 March 1990 참조.

71 *Financial Times*, 5 October 1990.

72 *Financial Times*, 20 December 1990.

73 *Financial Times survey*, International Fund Management, 16 November 1987.

74 *Financial Times*, 24 September 1990.

75 *Financial Times*, 24 September 1990.

76 *Financial Times*, 21 September 1990.

77 Report in *Financial Times*, 29 November 1990.

78 *Financial Times*, 20 December 1990.

79 *Financial Times*, 4 September 1990.

80 "Pentagon Takes Initiative in War against Chip Imports", *Financial Times*, 27 January 1987 참조.

81 *Financial Times*, 12 September 1990.

82 *Independent*, 1 December 1989.

83 예컨대, 머독은 1990년 11월 당시 영국 총리인 마거릿 대처에게 전화해서 자신이 경쟁사인 위성TV 방송사 BSB를 인수했다고 알려 줬는데, 이 사실은 한참 뒤에야 시장에 알려졌다.

84 *Financial Times*, 3 January 1991.

85 *Financial Times*, 12 November 1990.

86 Gavril Popov, "Dangers of Democracy", *New York Review of Books*, 16 August 1990.

87 *Financial Times*, 12 November 1990.

88 *Financial Times*, 12 November 1990.

89 *Financial Times*, 31 August 1990.

90 *Financial Times*, 17 January 1990.

91 *Financial Times*, 25 June 1990.

92 *Financial Times*, 22 October 1990.

93 *Financial Times*, 11 May 1990.

94   *Independent on Sunday,* 3 February 1991.

95   예컨대, *Financial Times,* 8 May 1990, and M M Thomas, "The Greatest American Shambles", *New York Review of Books,* 31 January 1991 참조.

96   *Financial Times,* 8 May 1990에서 인용.

97   *Financial Times,* 7 January 1991.

98   "Poland and the Crisis of State Capitalism", 앞의 책; *Class Struggles in Eastern Europe,* London 1983[국역: 《동유럽에서의 계급투쟁》, 갈무리, 1994]; "Glasnost Before the Storm", *International Socialism* 2:39[국역: "기로에 선 글라스노스트", 《페레스트로이카란 무엇인가?》, 신평론, 1989] and "The Storm Breaks", *International Socialism* 2:46 참조.

99   *Financial Times,* 4 February 1991.

100 *Financial Times,* 4 February 1991.

101 *Financial Times,* 12 November 1990.

102 P Kedzierski and A Zebrowski, "Hollow Victory", *Socialist Worker Review,* January 1991.

103 같은 책.

104 이것은 예컨대, 레닌그라드의 대규모 국유 기업 경영자들의 목표다. 그들은 자신들의 단체인 기업인 협회를 통해 독자적으로 은행을 설립해서, 민영화된 소규모 기업들을 사들이는 데 필요한 자금을 스스로 조달했다.

105 "Labour and the Common Market", *International Socialism* (old series) 8.

106 Layton, *Cross frontiers in Europe,* p 3. C Harman, "The Common Market", *International Socialism* (old series) 49에서 인용.

107 J Scott, *Corporations, Classes and Capitalism,* p 210.

108 EC Commission figures, quoted in *Financial Times,* 5 October 1987.

109 EC Commission figures given in *Financial Times,* 21 September 1990.

110 J Scott, 앞의 책.

111 문제를 단순화하기 위해 여기서는 또 다른 연계들, 즉 오스트리아·스칸디나비아·스위스 등 EC 외부와 EC 내부의 유럽 기업들 사이에서 이뤄진 연계나 EC 기업들과 동유럽 기업들 사이의 연계는 무시했다.

112 N Harris, *The End of the Third World,* Harmondsworth 1987, p 202.

113 Lash and Urry, *The End of Organised Capitalism,* London 1987.

114 *Financial Times*, 7 March 1991에 실린 Nihon Keizai Shimbun 기사 보도.

115 *Independent*, 29 March 1991.

토대와 상부구조

1 Karl Marx, *A Contribution to the Critique of Political Economy*, London 1971[국역:《정치경제학 비판을 위하여》, 중원문화, 2012].

2 Karl Marx and Frederick Engels, *Collected Works*, Progress Publishers, Moscow 1975, Vol 6, p 166.

3 Karl Kautsky, *The Economic Doctrines of Karl Marx*, London, 1925, p 365[국역:《마르크스 자본론 해설》, 광주, 1986].

4 Karl Kautsky, *Vorläufer der neuren Sozialismus, Erster Band: Kommunistische Bewegungen im Mittelalter*, Berlin 1923, p 365. 이 책의 일부는 1890년대에 영어로 번역됐지만, 오늘날은 거의 구할 수 없다. 이 점은 유감스러운 일이다. 비록 카우츠키의 방법에 약점은 있지만 그의 역사 연구는 흥미롭기 때문이다.

5 Karl Kautsky, *Ethics and the Materlalistic Conception of History*, London 1906, p 81[국역:《윤리와 유물사관 외》, 범우사, 2003].

6 대다수 기계적 유물론자들과 마찬가지로 카우츠키도 자신의 방법을 엄격하게 고수할 수 없었다. 때때로 그는 인간의 활동이 중요한 구실을 한다고 암시하는데, 예컨대 *Erfurt Programme*[국역:《에르푸르트 강령》, 범우사, 2003] 머리말에서 그런다. 또, *The Class Struggle*, Chicago 1910, p 87에서는 다음과 같이 말한다. "사회가 진화의 법칙"에 따라 "생산수단의 사유재산제도라는 부담을 떨쳐버리지" 못하면 그 제도가 "사회를 나락에 빠뜨릴 것이다."

7 Georgi Plekhanov, "The Role of the Individual in History", in *Essays in Historical Materialism*, New York 1940, p 41[국역: "역사에 있어서 개인의 역할", 《맑스주의의 근본문제》, 거름, 1991].

8 같은 책.

9 Georgi Plekhanov, *Fundamental Problems of Marxism*, Moscow n.d., p 83[국역:《맑스주의의 근본문제》, 거름, 1991].

10 같은 책, p 80.

11 Plekhanov, *The Role of the Individual in History*, 앞의 책, p 44.

12 그것은 결코 플레하노프 탓이 아니다. 왜냐하면 플레하노프는 흔히 이론적으로 매

우 정교했지만, 스탈린주의자들은 그의 저작을 조야하게 이용했기 때문이다.

13 Letter of 25 January 1894.

14 Letter of 21/22 September 1890. 또 엥겔스가 슈미트에게 보낸 1890년 8월 5일과 10월 27일자 편지, 그리고 메링에게 보낸 1893년 7월 14일자 편지와 비교해 보라.

15 예컨대, E P 톰슨이 알튀세르 학파를 격렬하게 비판한 책 *The Poverty of Theory*, London 1978[국역: 《이론의 빈곤》, 책세상, 2013] 참조.

16 In *New Left Review*, No 3, May 1960.

17 *The Poverty of Theory*, 앞의 책, pp 251~252 참조.

18 예컨대, 그의 글 "Rethinking Chartism", in *Language of Class* (Cambridge, 1983) 참조.

19 예컨대, "Is the Family Part of the Superstructure?" in *International Socialism*, Vol 26에서 노라 칼린이 "토대와 상구부조의 구별은 유용하기보다는 오해의 소지가 있다"고 말한 것과, *Marxism and Philosophy*, London 1983, p 12[국역: 《현대철학의 두 가지 전통과 마르크스주의》, 갈무리, 1995]에서 알렉스 캘리니코스가 마르크스주의 방법은 "생산력이 아니라 생산관계에서 출발하고 생산관계를 독립적인 것으로 다룬다"고 주장한 것 참조.

20 G A Cohen, *Karl Marx's Theory of History: a Defence*, Oxford 1978[국역: 《카를 마르크스의 역사 이론》, 한길사, 2011].

21 A Labriola, *Essays on the Materialist Conception of History and Socialism and Philosophy*, Chicago 1918 참조.

22 V I Lenin, *Collected Works*, Progress Publishers, Moscow, Vol 38, p 276.

23 트로츠키의 견해에 대한 비판은 Isaac Deutscher, *The Prophet Outcast*, pp 240~247[국역: 《추방된 예언자 트로츠키》, 필맥, 2007] 참조.

24 *The German Ideology*[국역: 《독일 이데올로기 1》, 청년사, 2007] in Marx and Engels, *Collected Works*, vol 5, pp 31, 41~42. *Collected Works*에 실린 글과 내가 인용한 옛날 번역문은 약간 다르다.

25 같은 책, p 31.

26 Labriola 앞의 책, p 55.

27 *The German Ideology*, 앞의 책, p 31.

28 같은 책, p 32.

29 같은 책, p 35.

30 *Theories of Surplus Value*, Part I, Moscow n.d., p 280[국역: 《잉여가치학설사》, 아침, 1989].

31 앞의 인용문.

32 *The Poverty of Philosophy*, 앞의 책, p 166[국역: 《철학의 빈곤》, 아침, 1989].

33 "The Communist Manifesto" in Marx, Engels, Lenin, *The Essential Left*, London 1960, p 7.

34 같은 책, p 15.

35 청동기 문명이 잇따라 붕괴해서 '암흑 시대'로 후퇴한 과정에 대한 탁월한 설명은 V Gordon Childe, *What Happened in History*, Harmondsworth 1948, pp 134, 135~136, 165[국역: 《인류사의 사건들》, 한길사, 2011] 참조. 아마존 강 유역의 '퇴보'는 C Levi Strauss, "The Concept of Archaism in Anthropology" in *Structural Anthropology*, Harmondsworth, 1968, pp 107~112[국역: 《구조인류학》, 종로서적, 1983] 참조.

36 C Turnbull, *The Mountain People*, London, 1974와 비교해 보라.

37 *Capital*, Vol 1, pp 339~340.

38 *The German Ideology*, 앞의 책, p 93.

39 게오르크 루카치가 *History and Class Consciousness*, London 1971, pp 55~59[국역: 《역사와 계급의식》, 지만지, 2015]에서 이렇게 주장했다.

40 이 과정에 대한 간략한 설명은 Lindsey German, "Theories of Patriarchy" in *International Socialism*, No 12 참조.

41 일부 가부장제 이론가들이 이렇게 주장하고, "Is the Family Part of the Superstructure?" in *International Socialism*, No 26에서 노라 칼린의 주장도 마찬가지다.

42 노라 칼린은 이런 변화에 많은 주의를 기울이지만, 그런 변화가 어디서 유래하는지는 고려하지 않는다. 토대와 상부구조라는 범주들을 진지하게 받아들이지 않기 때문이다.

43 사이먼 클라크가 *Althusser's Marxism*, in Simon Clarke *et al.*, *One Dimensional Marxism*, London 1980, p 20에서 그렇게 주장한다. "사회적 생산관계는 구체적인 경제적·이데올로기적·정치적 형태로 나타난다."

44 사이먼 클라크는 결국 그런 모순과 관련해서 "모든 사회관계는 자본주의적 관계 아래 포섭된다"고 말한다. 이것은 마르크스 자신의 '토대'와 '상부구조'보다 훨씬 더 번잡한 문구이고, 자본주의 경제의 모순들과 다른 모순 요소들(체제의 구체적 역사에

서 때때로 나타나는)을 쉽사리 구별할 수 없게 만든다. 이런 관점에서는 체제가 만들어 내는 모든 충돌을 똑같이 중요한 것으로 여기게 된다. 그래서 정치적으로는 포스트알튀세르주의와 매우 비슷한 주의주의로 나아가게 된다.

45 Marx & Engels, *The Communist Manifesto in Selected Works*, Moscow 1962, Vol 1, p37.

46 이런 생각을 훨씬 더 충분히 발전시킨 것으로는 졸저 *Explaining the Crisis*, Bookmarks, London 1984 참조.

47 The German Ideology, 앞의 책, p 36.

48 같은 책, p 36.

49 같은 책, p 43.

50 같은 책, pp 43~44.

51 같은 책, p 446.

52 같은 책, p 83.

53 Marx & Engels, *Collected Works*, Vol 5, pp 3~5.

54 의식의 서로 다른 형태들을 구별한 것이 독일 철학의 성과 중 하나였고, 헤겔의 초기 저작인 *Phenomenology of Mind*[국역: 《정신현상학 1, 2》, 한길사, 2005]에서 찾아볼 수 있다. 물론 마르크스는 이런 구별에 헤겔과는 다른 의미를 부여한다. '직접적' 의식에서 진정한 일반적 의식 또는 '매개된' 의식으로 나아가는 것이 어떻게 가능한가 하는 문제가 루카치의 중요한 철학 논문 "Reification and the Consciousness of the Proletariat" in *History and Class Consciousness*, 앞의 책, p 446의 관심사다.

55 *The German Ideology*, 앞의 책, p 446.

56 같은 책, p 449.

57 마르크스와 비트겐슈타인을 비교한 것은 A MacIntyre, "Breaking the Chains of Reason" in E P Thompson (ed.), *Out of Apathy*, London 1960, p 234 참조.

58 여기서 나는 '역사주의'라는 용어를 상대주의의 전통적 의미, 즉 진리와 허위의 일반적 기준은 존재하지 않으며 어떤 생각의 옳고 그름은 그것이 제기된 구체적인 역사적 상황에 달려 있다는 의미에서 사용하고 있다. 예컨대, 그람시가 그런 의미로 '역사주의'라는 용어를 사용했다. 이것을 칼 포퍼가 *The Poverty of Historicism*[국역: 《역사주의의 빈곤》, 벽호, 1993]에서 역사에 대한 일반적 설명을 거의 모두 역사주의라고 부르며 이 용어를 남용한 것과 혼동해서는 안 된다.

59 *Theories of Surplus Value*, London 1951, p 202.

60 *Theories of Surplus Value*, Vol.1, Moscow n.d., p 279.

61 같은 책, p 291.

62 *The Eighteenth Brumaire of Louis Bonaparte*[국역: 《루이 보나파르트의 브뤼메르 18일》, 비르투, 2012] in *Collected Works*, Vol 11, p 103. 개레스 스테드먼 존스 같은 포스트알튀세르주의자들이 마르크스주의의 방법은 "정치적 언어를 해독해서 … 이해관계의 근원적·물질적 표현을 읽어 내려는" 노력을 포함한다고 주장하는 것은 터무니없는 소리다. *Language of Class*, 앞의 책, p 21.

63 Antonio Gramsci, "Avriamento allo Studio della Filosofia del Materialismo Storico" in *Materialismo Storico* Turin 1948, translated in *The Modern Prince*, London 1957, pp 66~67.

64 *Materialismo Storico*, 앞의 책, p.38.

65 같은 책, translated in *The Modern Prince*, 앞의 책, p 67.

66 레닌 자신이 나중에 그 점을 인정했다. V I Lenin, *Collected Works*, Vol 6, p 491.

67 1905년에 레닌이 다음과 같이 말한 것을 보라. "노동계급은 본능적으로, 자발적으로 사회민주주의자다." Chris Harman, "Party and Class" in Tony Cliff *et al.*, *Party and Class*, Bookmarks, London 1996[국역: "당과 계급", 《당과 계급》, 책갈피, 2012]에서 인용.

68 Georgi Plekhanov, "The Role of the Individual in History" 앞의 책.

69 Leon Trotsky, *History of the Russian Revolution*, London 1965, Preface to Vol 1, p 18[국역: 《러시아 혁명사 상, 중, 하》, 풀무질, 2004].

70 같은 책, Introduction to Vols 2 & 3, p 510.

71 같은 책, Preface, p 8.

72 같은 책, Introduction, p 511.

73 같은 책, p 9.

74 같은 책, Vol 1, p 334.

75 같은 책, p 302.

76 같은 책, p 343.

77 같은 책, p 343.

78 같은 책, p 339.

79 같은 책, p 343.

1 이 논문의 초안을 읽고 조언해 준 콜린 바커, 이언 버철, 알렉스 캘리니코스, 조셉 추나라에게 감사한다.

2 두 정치 세력을 우호적으로 소개한 언론 보도로는 Marlière, 2013과 Mason, 2012 가 있다.

3 이에 대한 개괄로는 Callinicos, 2013b.

4 예컨대, Mayer and Lavellette, 2012.

5 Callinicos, 2012a; 2012b.

6 Burgin and Hudson, 2012; Seymour, 2012a; 2012b; 더 일반적으로는 시리자에 대한 Davanellos, 2008의 견해 참조.

7 Marvis, 2012.

8 클리프가 사회주의 정치에서 전통의 구실이라는 더 광범한 주제를 다루면서 제시 한 이 통찰에 대해서는 Collier, 2009, p 102 참조.

9 Kampagiannis, 2013, p 176.

10 마르크스가 쓴 포이어바흐에 관한 10번째 테제는 다음과 같다. "시민사회는 낡은 유 물론의 관점이고, 새 유물론은 인간 사회 또는 사회적 인류를 출발점으로 삼는다."

11 Marx, 1973, p 156.

12 Thompson, 1960a, p 5.

13 하이예크가 이런 전통을 가장 중요하게 대표하는 인물일 듯하다. Gamble, 1996, pp 98~99 참조.

14 Engels, 1972.

15 Pashukanis, 1978, pp 138~139.

16 물론 실제의 국가는 기업의 이익과 무수한 관계를 맺고 있고, [언론 재벌] 루퍼트 머독이 법과 맺는 관계는 우리가 법과 맺는 관계와 다르다.

17 Blackledge, 2012, p 76.

18 Marx 1975; Picciotto, 1979, p 172.

19 Pashukanis, 1978, p 144; Holloway and Picciotto 1978; 1991.

20 "합리적"이라는 단어를 이해할 때는 언제나 누구의 관점에서 합리적이냐를 물어야 한다.

21 Harman, 2009, p 110; 1991, p 15; Barker, 1978; Barker, 1991.

22 엥겔스도 이런 생각을 지지했다는 주장에 대한 반박으로는 Nimtz, 2000, pp 253~283 참조.

23 이런 종류의 초기 형태에 대한 단호한 비판은 Rosa Luxemburg(1989)에서 볼 수 있다.

24 Harman, 2004, p 6.

25 2013년 4월 《히스토리컬 머티리얼리즘》 뉴욕 학술대회에서 폴 켈로그는 좌파들이 당의 필요보다 운동의 필요를 우선시해야 한다고 주장했다. 이런 식의 변증법적이지 못한 진술은 운동보다 당을 우선시하는 종파적 오류를 단순히 뒤집어 놓은 것이다. 그러나 운동 안에서는 어떻게 전진할지를 놓고 투쟁이 벌어지므로 운동을 건설하는 것과 그 안에서 당을 건설하는 것은 대립되지 않을 수 있다.

26 Choonara, 2008, p 50.

27 Marx, 1976, p 732; Arthur, 1986, p 145.

28 Blackledge, 2012.

29 Barker, 1987; Gluckstein, 1985; Ness and Azzellini, 2011.

30 Cliff and Gluckstein, 1986, pp 21~22.

31 Post, 2010; Johnson 1980.

32 Luxemburg, 1986; Michels, 1962; Webb and Webb 1920; Schorske, 1983, p 127; Burgess 1980, p 27.

33 Cliff and Gluckstein, 1986, p 290; Callinicos, 1995, pp 16~19; Darlington and Upchurch, 2011, p 80.

34 Hyman, 2011. 이에 대한 비판으로는 Darlington and Upchurch, 2011 참조. 이 둘보다 한참 전에 Duncan Hallas가 Richard Hyman과 비슷하게 벌인 논쟁에 대해서는 Hyman, 1980과 Hallas, 1980 참조.

35 Luxemburg, 1986.

36 Callinicos, 1995, pp 23~26.

37 Steenson, 1981, p 86.

38 Lenin, 1920.

39 Luxemburg, 1989.

40 Cliff, 1975, p 126에서 재인용.

41 Birchall, 1986.

42 Ellen, 1984.

43   Cliff and Gluckstein, 1996, pp 429~433.

44   Pemberton and Wickham-Jones, 2013; McGuinness, 2012.

45   Trotsky, 1979, p 658.

46   Trotsky, 1973a, p 260; 1973b, p 66.

47   Trotsky, 1975, p 273.

48   Lenin, 1968; Gluckstein, 1985. Blackledge, 2011, pp 86~89도 참조.

49   Kampagiannis, 2013.

50   Spourdalakis, 2012, pp 108; 116.

51   Baltas, 2012, p 133.

52   Baltas, 2012, p 132.

53   Watkins, 2012, p 11.

54   Blackledge, 2011. 벤 좌파 운동에 대해서는 다음을 참조. Cliff and Gluckstein, 1996, pp 348~355, 361~366.

55   Newman, 2002, pp 270~278.

56   Blackledge, 2006.

57   Thompson, 1960b, pp 298~305.

58   Fraser, 1988, p 61.

59   Miliband, 1976, p 139.

60   Miliband, 1982, pp 156~157.

61   Hallas, 1977, p 7.

62   Newman, 2002, pp 270~278; 299~308.

63   Newman, 2002, p 307.

64   Simon, 2007, p 81.

65   Harman, 1979, p 55.

66   Carrillo, 1977, 5장; Mandel, 1978.

67   Hallas, 1985, p 141.

68   Carrillo, 1977, pp 151; 153~154; 10; 104.

69   Jessop, 1985, p 297.

70   Gallas and others, 2011.

71 Poulantzas, 1978, p 256.

72 Poulanzas, 1978, p 251.

73 Poulantzas, 1978, p 252.

74 Poulantzas, 1978, pp 128~129; Jessop, 1985, p 61.

75 Poulantzas, 1978, p 256.

76 Hirsch, 1978, p 103.

77 Poulantzas in Block, 1987, pp 81~82.

78 Block, 1987, p 83.

79 Block, 1987, p 84~87.

80 예컨대 Barker, 1987에 실린 논문들 참조.

81 Barker, 1979, p 96에서 인용.

82 Callinicos, 1993.

83 Barker, 1979, pp 97~100.

84 Trotsky, 1971, p 158.

85 Jessop, 1985, p 307.

86 Barker, 1979, p 92.

87 Thompson, 1998, p 170.

88 Birchall, 1986, pp 142~166; Thompson, 1998, pp 166~176; Harman, 1988, pp 200; 332; 341~342; Spencer, 1979; Potter, 1981.

89 Harman, 1979, p 54; 1988, p 346.

90 Harman and Potter, 2010, p 96. 당시의 거의 모든 이들과 마찬가지로, 하먼은 잘못 번역된 기록을 보고 코민테른 4차 대회의 논쟁에 관해 논평했다. 그럼에도 하먼이 내린 전략적 결론은 여전히 유효하다(Riddell, 2012, pp 20~27).

91 Trotsky, 1973a, p 343.

92 Trotsky, 1973a, pp 344~345.

93 Harman, 2005; 2008b.

94 Luxemburg, Harman, 2008b, p 17에서 재인용. Harman 2005와 비교해 보라.

95 Rooksby, 2013; Kagarlitsky, 1990.

96 Kagarlitsky, 1990, p 149; Callinicos, 1990.

97 Fournier, 1986.

98   Kautsky, Salvadori, 1979, p 162에서 재인용.

99   Cliff, 1976, pp 9~10.

100 Riddell, 1991, p 478.

101 Trotsky, 1979, p 658.

102 Harman, 2008a.

103 Harman, 2008a, pp 43~47.

104 Harman, 1988, p 344.

노동자 정당이 집권하면 노동자 정부인가?

1   L Trotsky, *First Five Years of the Communist International*, Vol 2, p 173.

2   AO 4차 대회 테제들, p 75.

니코스 풀란차스의 정치 이론 비판

1   K Marx, "The Constitution of the French Republic Adopted November 4 1848", *Notes to the People*, London, no 7, (June 1851); Hal Draper, *Karl Marx's Theory of Revolution*, Vol I (1977), Monthly Review Press, p 316에서 재인용.

2   Ralph Miliband, *The State in Capitalist Society*, Weidenfeld & Nicolson, (1969), (현재는 4부작 페이퍼백); Nicos Poulantzas, *Political Power and Social Classes*, NLB, (1973); *Fascism and Dictatorship*, (1974); *Classes in Contemporary Capitalism*, (1975); *Crisis of the Dictatorships*, (1976). 밀리밴드와 풀란차스는《뉴 레프트 리뷰》의 여러 호에서 논쟁을 벌였다.

3   John Lea, "The State of Society", *International Socialism*, old series no. 41, Dec~Jan 1969; Simon Clarke, "Marxism, Sociology and Poulantzas's Theory of the State", *Capital and Class*, 2, summer 1977.

4   Isaac Balbus, "Modern capitalism and the state", *Monthly Review*, May 1971.

5   John Lea, 앞의 글.

6   예컨대, Simon Clarke, "Althusser's Marxism"(아직 출간되지 않았지만 워릭대학교 사회학과로 찾아가면 그에게서 등사판을 구할 수 있다); E P Thompson, *The Poverty of Theory and other essays*, Merlin, 1978.

7   Lucio Coletti, *From Rousseau to Lenin*, NLB, (1972).

8   Colin Barker, "Muscular Reformism" (review of *Marxism and Politics*) *International Socialism*, old series 102, (October 1977) 참조.

9   Nicos Poulantzas, *State, Power, Socialism* (이하에서 *SPS*로 표기함), New Left Books, (1978), £7.50. 풀란차스는 제4인터내셔널 프랑스 지부의 앙리 베베르와 흥미로운 대담도 했다. 이 대담은 *Critique Communiste* 16, (June 1977)에 처음 실렸고, *International*에 영어로 번역됐으며, 미국 잡지 *Socialist Review* no 38 (March~April 1978)에 재수록됐다. 내 인용의 출전은 이것으로, 이하에서 *Interview*로 표기하겠다.

10 *SPS*, p 256.

11 같은 책.

12 같은 책, p 257.

13 *Interview*, p 20.

14 거의 그런 것 같다. 풀란차스와 베베르의 다음 대화를 보면, 둘 중 누구도 분명하게 말하지 않지만 말이다.

    풀란차스: 다원주의를 신봉합니까?

    베베르: 물론입니다. 우리는 다원주의를 신봉하고 실천합니다.

    풀란차스: 적들에게도 다원주의를 인정합니까?

    베베르: 그렇습니다. 부르주아 정당들한테도 인정한다는 글을 쓰기도 했습니다.

    풀란차스: 아하, 부르주아 정당들도! 그런데, 순진하다는 얘기를 듣지 않으려면 여러 가지를 해명해야 할 듯합니다. 우리 내부의 비판도 두렵기 때문입니다.

    베베르: 물론입니다.

    풀란차스: 아주 좋은 말입니다. 그러나 어떤 형태의 제도로 다원주의를 보장할 수 있을지 잘 모르겠습니다. 물론 그것은 항상 부차적인, 그러나 중요한 문제입니다. … (*Interview*, p 23).

    제4인터내셔널이 부르주아 정당에도 다원주의를 보장하는 문제는 다음 기회에 살펴보겠다!

15 *SPS*, pp 264~265.

16 같은 책, p 260.

17 같은 책, p 256. 카를 마르크스의 불안정한 정신 상태가 사상 때문이라고 주장하는데 열심인 풀란차스가 정작 그 옛 혁명가에게 무관심하다는 사실에 주목하라. 엥겔

스를 대하는 풀란차스의 태도도 마찬가지다. "프롤레타리아 독재"를 이해하고 싶다면 파리코뮌을 보라고 얘기한 사람이 엥겔스였다. 마르크스와 엥겔스에게 "이정표"가 있었다면 그 이정표는 풀란차스가 가리키는 방향과 정반대를 가리켰을 것이다.

18 *SPS*, p 124.

19 같은 책, p 125.

20 예컨대, Norman Geras, *The Legacy of Rosa Luxemburg*, NLB, 1976, p 187. 룩셈부르크가 쓴 팸플릿들에는 다른 문제들로 볼셰비키를 비판하는 내용들이 있는데 역시 부적절한 게 꽤나 많다. Tony Cliff, *Rosa Luxemburg*, IS, 1969[국역:《로자 룩셈부르크의 사상》, 책갈피, 2014] 7장 참조.

21 Tony Cliff, 앞의 책, p 70 참조.

22 Norman Geras, 앞의 책, p 144.

23 같은 책, p 126.

24 Tony Cliff, *Lenin*, Vol. 3, Pluto, (1978)[국역:《레닌 평전 3》, 책갈피, 2010]을 참조했다.

25 *SPS*, p 253; *Interview*, p 21.

26 앙리 베베르가 *Interview*에서 이런 주장을 하지만 풀란차스는 자기 하고 싶은 말로만 대꾸한다. 풀란차스는 러시아 혁명이 내적으로 패배했다는 역사적 설명을 받아들이지 않은 채, 그 근거로 중국·쿠바·캄보디아 혁명에서도 민주주의가 없었다는 사실을 거론한다. 베베르는 이 혁명들에서 노동계급이 독자적 구실을 전혀 하지 않았고, 그것들은 모종의 사회주의 혁명도 아니었다는 사실을 지적하지 않는다. [그런 나라들을 변질된 노동자 국가나 기형적 노동자 국가로 보는 제4인터내셔널 지지자인] 베베르가 어떻게 그럴 수 있겠는가? 어쩌다가 제4인터내셔널은 개혁주의에 맞서 소비에트 사상을 옹호할 수 없는 지경으로까지 전락했단 말인가?

27 *Interview*, p 22.

28 풀란차스는 비밀투표를 옹호하는데, 앙리 베베르도 그러다니 정말 놀랍다(*Interview*, p 25).

29 예컨대, SPS, p 104를 보면, "국가에서 분리된 동일한 단자單子, monad들의 총체인 정치적 통일체[조직된 정치 집단으로 여겨지는 한 국가의 전 국민]의 개별화"라는 말이 나온다.

30 예컨대, Franz Neumann, "The change in the function of law in modern society", *The Democratic and the Authoritarian State*, Free Press, (1957); 풀란차스 자신도 이 점을 언급했다. 예컨대, *SPS*, p 172 참조.

31 *Interview*, p 20.

32 *SPS*, p 262.

33 풀란차스는 파리코뮌 이후의 마르크스 견해를 폐기한다. 마르크스는 노동계급이 기존 국가기구를 그냥 손에 넣어 자기 목적에 맞게 사용할 수 없다고 주장했다. 풀란차스는 "대의민주주의"를 계급 중립적인 영속적 형태로 취급한다. 그러면서도 딴소리를 한다. 예컨대, "국가의 구체적 제도에 정치적 지배가 아로새겨져 있다. … (자본주의 국가에서 부르주아지의 것인) 국가권력은 이렇게 구체적이다"(*SPS*, p 14). 풀란차스는 자본주의 국가가 육체노동과 정신노동을 분리한다고 말하지만 의회와의 관계 속에서 "어떤" 제도들은 다를 수 있다고 능친다. 예컨대, "국가와 대중의 관계가 표출되는, 다수의 이른바 간접민주주의 제도(정당, 의회 등등)가 동일한 메커니즘에 의존한다는 것도 분명하다."(*SPS*, p 56) 그러나 풀란차스는 무엇과 어떻게의 문제를 명시하지 않는다.

34 *Interview*, p 31.

35 예컨대, "The Weakening of the State", *SPS*, pp 241 이하 참조.

36 같은 책, pp 206~207.

37 *Interview*, p 20.

38 *SPS*, p 255. 같은 책, p 261도 참조.

39 같은 책, p 264.

40 같은 책, p 255.

41 같은 책, p 260.

42 *Interview*, p 13~14.

43 *SPS*, p 198.

44 같은 책, p 197.

45 같은 책, p 197.

46 그 중에서도 Nicolai Bukharin, *The Economics of the Transformation Period*, Bergman, (1971) 참조.

47 *SPS*, p 197.

48 같은 책, p 265.

참고 문헌

좌파적 개혁주의, 국가, 그리고 오늘날 사회주의 정치의 문제

Arthur, Chris, 1986, *The Dialectics of Labour*(Blackwell), http://chrisarthur.net/dialectics-of-labour/index.html

Baltas, Aristides, 2012, "The Rise of Syriza: An Interview" *Socialist Register* 2013(Merlin).

Barker, Colin, 1978, "The State as Capital", *International Socialism* 1(summer), www.marxists.de/theory/barker/stateascap.htm

Barker, Colin, 1991(1978), "A Note on the Theory of the Capitalist State", in Simon Clarke(ed), *The State Debate*(Macmillan), www.marxists.de/theory/barker/capstates.htm

Barker, Colin, 1979, "A New Reformism: A Critique of the Political Theory of Nicos Poulantzas", *International Socialism* 4(spring)[국역: 이 책 2부의 "니코스 풀란차스의 정치 이론 비판"], www.isj.org.uk/?id=294

Barker, Colin(ed), 1987, *Revolutionary Rehearsals*(Bookmarks)[국역: 《혁명의 현실성》, 책갈피, 2011].

Blackledge, Paul, 2006, "The New Left's Renewal of Marxism", *International Socialism* 112(autumn)[국역: "초기 신좌파의 마르크스주의", 《마르크스21》 3호

(2009년 가을)], www.isj.org.uk/?id=251

Blackledge, Paul, 2011, "Labourism and Socialism: Ralph Miliband's Marxism", *International Socialism* 129(winter), www.isj.org.uk/?id=700

Blackledge, Paul, 2012, *Marxism and Ethics*(State University of New York Press).

Block, Fred, 1987, *Revising State Theory*(Temple University Press).

Birchall, Ian 1986, *Bailing out the System*(Bookmarks)[국역: 《서유럽 사회주의의 역사》, 갈무리, 1995].

Burgess, Keith 1980, *The Challenge of Labour: Shaping British Society, 1850-1930*(Croom Helm).

Burgin, Andrew, and Kate Hudson, 2012, "Greece: Answering the Critics of a United Front", http://socialistunity.com/greece-answering-the-critics-of-a-united-front/

Callinicos, Alex 1990, "A Third Road?", *Socialist Review* 128, February 1990.

Callinicos, Alex 1993, "Socialism and Democracy", in David Held(ed), *Prospects for Democracy*(Polity).

Callinicos, Alex, 1995, *Socialists in the Trade Unions*(Bookmarks)[국역: 《노동조합 속의 사회주의자들》, 풀무질, 1996].

Callinicos, Alex, 2012a, "The Politics of Europe's Rising Left", *Socialist Worker*(19 May), www.socialistworker.co.uk/art.php?id=28461

Callinicos, Alex, 2012b, "The Second Coming of the Radical Left", *International Socialism* 135(summer), www.isj.org.uk/?id=819

Callinicos, Alex, 2013a, "Economic Blues", *International Socialism* 138(spring), www.isj.org.uk/?id=881

Callinicos, Alex, 2013b, "Where Next for the Left?", *Socialist Worker*(7 May) http://socialistworker.co.uk/art/33227/Where+next+for+the+left%3F

Carrillo, Santiago, 1977, "*Eurocommunism*" *and the State*(Lawrence & Wishart)[국역: 《유로코뮤니즘과 국가》, 새길아카데미, 1992].

Choonara, Joseph, 2008, "The United Front", *International Socialism* 117(winter), www.isj.org.uk/?id=397

Cliff, Tony, 1975, *The Crisis*(Pluto).

Cliff, Tony, 1976, *Lenin* II(Pluto)[국역: 《레닌 평전 2》, 책갈피, 2009].

Cliff, Tony, and Donny Gluckstein, 1986, *Marxism and Trade Union Struggle*(Bookmarks)[국역: 《마르크스주의와 노동조합 투쟁》, 책갈피, 2014].

Cliff, Tony, and Donny Gluckstein 1996, *The Labour Party: A Marxist History*(Bookmarks)[국역: 《마르크스주의에서 본 영국 노동당의 역사》, 책갈피, 2008].

Collier, Andrew, 2009 "Marx and Conservatism", in Andrew Chitty and Martin McIvor(eds), *Karl Marx and Contemporary Philosophy*(Palgrave)

Darlington, Ralph, and Martin Upchurch, 2011, "A Reappraisal of the Rank and File versus Bureaucracy Debate", *Capital and Class* 36(1).

Davanellos, Antonis, 2008, "Greek Workers Move Left", *International Socialist Review* 59(May-June), www.isreview.org/issues/59/rep-greece.shtml

Ellen, Geoff, 1984, "Labour and Strikebreaking 1945-51", *International Socialism* 24(summer).

Engels, Frederick, 1972, *The Origin of the Family, Private Property and the State*(Lawrence and Wishart)[국역: 《가족, 사유재산, 국가의 기원》, 두레, 2012].

Fournier, Jacques, 1986, "The Parliamentary Road to…Capitalism—The Socialist Party and the left in France 1981-86", *International Socialism* 33(autumn).

Fraser, Ronald 1988, *1968: A Student Generation in Revolt*(London)[국역: 《1968년의 목소리》, 박종철출판사, 2002].

Gallas, Alexander, Lars Bretthauer and Lars Kannankulam(eds), 2011, *Reading Poulantzas*(Pluto).

Gamble, Andrew, 1996, *Hayek: The Iron Cage of Liberty*(Polity).

Garganas, Panos, 2012, "Greece After the Election", *International Socialism* 136(autumn), www.isj.org.uk/?id=855

Gluckstein, Donny, 1985 *The Western Soviets*(Bookmarks)[국역: 《서구의 소비에트》, 풀무질, 2008].

Hallas, Duncan, 1977, "How Can We Move On?", *Socialist Register* 1977(Merlin).

Hallas, Duncan, 1980, "Trade Unionists and Revolution: A Response to Richard Hyman", *International Socialism* 8(spring).

Hallas, Duncan, 1985, *The Comintern*(Bookmarks)[국역: 《우리가 알아야 할 코민테른 역사》, 책갈피, 1994].

Harman, Chris, 1979, "Crisis of the European Revolutionary Left", *International*

Socialism 4(spring), www.marxists.org/archive/harman/1979/xx/eurevleft. html

Harman, Chris, 1988, *The Fire Last Time: 1968 and After*(Bookmarks)[국역: 《세계를 뒤흔든 1968》, 책갈피, 2004].

Harman, Chris, 1991, "The State and Capitalism Today", *International Socialism* 51(summer)[국역: 이 책 1부의 "오늘날 국가와 자본주의"], www.isj.org. uk/?id=234

Harman, Chris, 2004, "Spontaneity, Strategy and Politics", *International Socialism* 104(autumn)[국역: "자발성, 전략, 정치", 《마르크스21》 2호(2009년 여름)], www. isj.org.uk/?id=12

Harman, Chris, 2005, "The History of an Argument", *International Socialism* 105(winter), www.isj.org.uk/?id=58

Harman, Chris, 2008a, "The Crisis in Respect", *International Socialism* 117(winter) [국역: "영국 리스펙트의 분당 사태", 노동자연대 웹사이트, 2008], www.isj.org. uk/?id=396

Harman, Chris, 2008b, "Italian Lessons", *International Socialism* 119(summer), www.isj.org.uk/?id=452

Harman, Chris 2009, *Zombie Capitalism*(Bookmarks)[국역: 《좀비 자본주의》, 책갈피, 2012].

Harman, Chris and Tim Potter, 2010(1977), "The Workers' Government", in Chris Harman, *Selected Writings*(Bookmarks)[국역: 이 책 2부의 "노동자 정당이 집권 하면 노동자 정부인가?"], www.isj.org.uk/?id=295

Hill, Christopher 1996, *Liberty Against the Law*(Penguin).

Hirsch, Joachim, 1978, "The State Apparatus and Social Reproduction", in John Holloway and Sol Picciotto(eds), *State and Capital*(Edward Arnold).

Holloway, John, and Sol Picciotto, 1978, "Introduction: Towards a Materialist Theory of the State", in John Holloway and Sol Picciotto(eds), *State and Capital*(Edward Arnold).

Holloway, John, and Sol Picciotto 1991(1977), "Capital, Crisis and State", in Simon Clarke(ed), *The State Debate*(Macmillan).

Hyman, Richard, 1980, "British Trade Unionism: Post-War Trends and Future Prospects", *International Socialism* 8(spring).

Hyman, Richard, 2011, "Will the Real Richard Hyman Please Stand Up?", *Capital and Class* 36(1).

Jessop, Bob 1985, *Nicos Poulantzas*(Macmillan)[국역: 《풀란차스를 읽자》, 백의, 1996].

Johnson, Carol, 1980, "The Problem of Reformism and Marx's Theory of Fetishism" *New Left Review* 119(Jan/Feb).

Kagarlitsky, Boris, 1990, *The Dialectic of Change*(Verso)[국역: 《변화의 변증법》, 창비, 1995].

Kampagiannis, Thanasis, 2013, "Greece, Politics and Marxist Strategy", *International Socialism* 138(spring)[국역: "그리스, 정치, 마르크스주의 전략", 《그리스 외채 위기와 시리자의 부상: 좌파 정부는 긴축을 끝낼 수 있는가》, 책갈피, 2015], www.isj.org.uk/?id=889

Kellogg, Paul, 2012, "Greece in the eye of the storm(the Greek left, SYRIZA and the limits of the concept of 'left reformism')", http://links.org.au/node/3109

Lenin, V I, 1920, "Speech on Affiliation to the Labour Party", www.marxists.org/archive/lenin/works/1920/jul/x03.htm

Lenin, V I, 1968(1917), "The State and Revolution", in *Lenin's Selected Works* (Progress)[국역: 《국가와 혁명》, 아고라, 2015], www.marxists.org/archive/lenin/works/1917/staterev/

Looker, Bob, 1985, "Class Conflict and Socialist Advance in Contemporary Britain", in David Coates and others(ed), *A Socialist Anatomy of Britain*(Polity).

Luxemburg, Rosa, 1986(1906), *The Mass Strike, the Political Party and the Trade Unions*(Bookmarks)[국역: 《대중파업론》, 풀무질, 1995], www.marxists.org/archive/luxemburg/1906/mass-strike/

Luxemburg, Rosa, 1989(1900), *Reform or Revolution*(Bookmarks)[국역: 《사회 개혁이냐 혁명이냐》, 책세상, 2002], www.marxists.org/archive/luxemburg/1900/reform-revolution/

Mandel, Ernest, 1978, *From Stalinism to Eurocommunism*(NLB).

Marlière, Philippe 2013, "French voters have had enough of François Hollande and his government", *Guardian*(6 May), www.guardian.co.uk/commentisfree/2013/may/06/french-voters-have-had-enough-of-hollande

Marvis, Yianns 2012, "Greece's Austerity Election", *New Left Review*, II/76.

Marx, Karl, 1973(1861), *Grundrisse*(Penguin), " target="_blank")www.marxists.org/

archive/marx/works/1857/grundrisse/

Marx, Karl 1975(1843), "On the Jewish Question", Marx, Karl, *Early Writings*(Penguin) [국역: 《유대인 문제에 관하여》, 책세상, 2015], www.marxists.org/archive/marx/works/1844/jewish-question/

Marx, Karl, 1976(1867), *Capital*, volume I(Penguin), www.marxists.org/archive/marx/works/1867-c1/

Mason, Paul, 2012, "Greece: Trying to Understand Syriza", www.bbc.co.uk/news/world-europe-18056677

Mayer, Martin and Michael Lavellette 2012, "Can we Reclaim the Labour Party?", *Socialist Worker*(9 October), www.socialistworker.co.uk/art.php?id=29738

McGuinness, Fergal, 2012, "Membership of UK Political Parties", House of Commons Library, www.parliament.uk/briefing-papers/SN05125.pdf

Michels, Robert, 1962, *Political Parties*(Collier Press).

Miliband, Ralph 1972, *Parliamentary Socialism*(Merlin).

Miliband, Ralph, 1976, "Moving On", *Socialist Register 1976*(Merlin).

Miliband, Ralph, 1982, *Capitalist Democracy in Britain*(Oxford University Press).

Ness, Immanuel, and Dario Azzellini, 2011, *Ours to Master and to Own*(Haymarket).

Newman, Michael 2002, *Ralph Miliband and the Politics of the New Left*(Merlin).

Nimtz, August, 2000, *Marx and Engels: Their Contribution to the Democratic Breakthrough*(State University of New York Press).

Picciotto, Sol, 1979, "The Theory of the State, Class Struggle and the Rule of Law", in Bob Fine, Richard Kinsey, John Lea, Sol Picciotto and Jock Young(eds), *Capitalism and the Rule of Law*(Hutchinson).

Pemberton, Hugh, and Mark Wickham-Jones, 2013, "Labour's Lost Grassroots: the Rise and Fall of Party Membership" *British Politics*, volume 8, http://bit.ly/11c6NIC

Post, Charles 2010, "Exploring Working Class Consciousness: A Critique of the Theory of the 'Labour-Aristocracy'", *Historical Materialism* 18:4

Potter, Tim 1981, "The Death of Eurocommunism", *International Socialism* 13(summer).

Poulantzas, Nicos 1978, *State, Power, Socialism*(NLB)[국역: 《국가, 권력, 사회주의》, 백

의, 1994].

Riddell, John, 1991(ed), *Workers if the World and Oppressed Peoples, Unite!* volume 1(Pathfinder).

Riddell, John, 2012, "Editorial Introduction", in John Riddell(ed), *Towards the United Front*(Haymarket).

Rooksby, Ed, 2013, "Why It's Time to Realign the Left", *Socialist Review* 380(May), www.socialistrcvicw.org.uk/article.php?articlenumber=12302

Salvadori, Massimo, 1979, *Karl Kautsky and the Socialist Revolution 1880–1938*(NLB).

Schorske, Carl, 1983, *German Social Democracy, 1905–1917*(Harvard University Press).

Seymour, Richard, 2012a, "A Comment on Greece and Syriza", *International Socialism* 136(autumn), www.isj.org.uk/?id=854

Seymour, Richard, 2012b, "The Challenge of Syriza"[국역: "그리스와 시리자에 대한 논평", 《마르크스21》 14호(2014년 여름)], www.leninology.com/2012/06/challenge-of-Syriza.html

Simon, Rick, 2007, "Eurocommunism", in Daryl Glaser and David Walker(eds), *Twentieth Century Marxism: A Global Introduction*(Routledge).

Spencer, Phil 1979, "The 'Left' Face of Eurocommunism", *International Socialism* 5(summer).

Spourdalakis, Michael 2012, "Left Strategy in the Greek cauldron: Explaining Syriza's Success", *Socialist Register* 2013(Merlin).

Steenson, Gary 1981, *Not One Man! Not One Penny!: German Social Democracy 1863–1914*(Pittsburgh University Press).

Thompson, Edward, 1960a, "At the Point of Decay", in Edward Thompson(ed), 1960, *Out of Apathy*(Stevens & Sons).

Thompson, Edward, 1960b, "Revolution", in Edward Thompson(ed), 1960, *Out of Apathy*(Stevens & Sons).

Thompson, Willie, 1998, *The Communist Movement Since 1945*(Blackwell).

Trotsky, Leon, 1971, *The Struggle Against Fascism in Germany*(Pathfinder).

Trotsky, Leon, 1973a, *The Spanish Revolution*(Pathfinder)[국역: 《스페인혁명》, 풀무질, 2008].

Trotsky, Leon, 1973b, *Writings of Leon Trotsky(1939-40)*(Pathfinder).

Trotsky, Leon, 1975, *Writings of Leon Trotsky(1930)*(Pathfinder).

Trotsky, Leon, 1979, *Writings of Leon Trotsky, Supplement(1934-40)*(Pathfinder).

Watkins, Susan 2012, "Turning the Screw", *New Left Review*, II/75.

Webb, Beatrice and Sidney Webb, 1920, *The History of Trade Unionism*(Longmans, Green and Co)[국역: 《영국 노동조합운동사 1, 2》, 형성사, 1990].